ROUTE DER INDUSTRIEKULTUR RHEIN-MAIN

D1666313

SOCIETÄTS**VERLAG**

DIE ROUTE DER INDUSTRIEKULTUR RHEIN-MAIN: EIN ERFOLGSPROJEKT REGIONALER KOOPERATION

Pressekonferenz zur Präsentation des Veranstaltungsprogramms am 24. Juni 2005 vor dem Druckwasserwerk im Frankfurter Westhafen.

Von links nach rechts: Elisabeth Freytag (Landkreis Aschaffenburg), Hans Franssen (Bürgermeister von Hattersheim am Main), Dr. Bärbel Herbig (Amt für Wirtschafts- und Stadtentwicklung der Stadt Darmstadt), Dr. Peter Schirmbeck (Museum Rüsselsheim, inhaltliche Konzeption), Bernd Schiffler (Gemeinde Bischofsheim), Dr. Thomas Stöhr (Bürgermeister von Bad Vilbel), Dr. Ursula Jungherr (Oberbürgermeisterin von Bad Homburg und Vorsitzende des Arbeitskreises Kultur der Regionalkonferenz), Stephan Wildhirt (Verbandsdirektor Planungsverband Ballungsraum Frankfurt/Rhein-Main), Prof. D.W. Dreysse (Architekten ABS, städtebauliche Konzeption), Stephan Heldmann (Grünflächenamt der Stadt Frankfurt am Main), Gabriele Kotzke (Stadtplanungsamt Wiesbaden), Beate Hofmann (Museum Hanau-Großauheim) und verdeckt Hans-Günther Hallfahrt (Denkmalamt der Stadt Frankfurt am Main).

Die Route der Industriekultur Rhein-Main ist ein gelungenes Beispiel dafür, was entstehen kann, wenn sich zu einer guten Idee engagierte Beteiligte gesellen, wenn das daraus entstehende tragfähige Konzept vorhandene Ressourcen miteinander verknüpft, den Zeitgeist anspricht und EU-Fördergremien, regionale Entscheidungsträger sowie lokale Akteurinnen und Akteure zu überzeugen vermag.

Anschaulich vermittelt die Route der Industriekultur Rhein-Main Zusammenhänge im rhein-mainischen Wirkungsgefüge, gibt Einblicke in Geschichte, Gegenwart und Zukunft der Wirtschafts- und Kulturregion Frankfurt/Rhein-Main. Sie trägt dazu bei, dass die Menschen ihre Region mit ihren Unternehmen besser kennen lernen, verstehen und sich hier wohl fühlen – dass sie sich mit der Region identifizieren können.

Neben dem Planungsverband Ballungsraum Frankfurt/Rhein-Main unterstützt seit Anfang 2003 die KulturRegion Frankfurt RheinMain dieses regionale Kooperationsprojekt und bietet ihr in der Geschäftsstelle der Kulturinitiative Rhein-Main ein organisatorisches Dach. Noch ist die Route im Entstehen – doch viel ist bereits geleistet worden: Zeit, einmal innezuhalten und den Stand der Planungen sowie die Vielfalt einzelner Aktivitäten exemplarisch zu dokumentieren.

In den 28 Beiträgen gibt es Bekanntes und noch unbekannte Facetten der Route in der Region zu entdecken. Ein Serviceteil mit einer Übersicht technischer Sammlungen und Museen zur Industriekultur rundet diesen Band, mit dem das erste Schwerpunktthema der KulturRegion Frankfurt RheinMain dokumentiert wird, ab.

Viel Vergnügen beim Lesen wünscht Ihnen

Dr. Ursula Jungherr
KulturRegion Frankfurt RheinMain

ROUTE DER INDUSTRIEKULTUR RHEIN-MAIN

GRUNDLAGEN

BRANCHEN UND UNTERNEHMEN

6 Peter Schirmbeck
Die Route der Industriekultur Rhein-Main.
Von der Quelle bis zur Mündung

12 D. W. Dreysse
Route, Raum, Region –
Notizen zur Konzeption der Route der
Industriekultur Rhein-Main

18 Werner Plumpe, Clemens Reichel
Charakteristika der Wirtschaftsgeschichte
der Rhein-Main-Region

22 Martina Winkelmann
Industriestandort Frankfurt/Rhein-Main –
zukunftsfähig, innovativ, flexibel

24 Reinhard Henke
Zugängliche und nachhaltige Stadtlandschaften
oder: Was interessiert Europa an der Route der
Industriekultur Rhein-Main?

26 Jürgen Schultheis
Am Anfang standen die Schiffstouren ...

30 Sabine von Bebenburg
Die Tage der Route der Industriekultur
Rhein-Main

36 Rolf Höhmann
Industriedenkmale in Rhein-Main vor
20 Jahren und heute – ein Vergleich.
Trends, Tendenzen, Perspektiven

40 Peter Schirmbeck
Produzieren und Wohnen im Bereich der
Route der Industriekultur Rhein-Main.
Fabriken, Arbeitersiedlungen,
Unternehmervillen

48 Jürgen Vormann, Roland Mohr
Der Industriepark Höchst –
ein Standort mit Geschichte und Zukunft

54 Rosita Nenno
Von Buchbindern und Futteralmachern,
Babbschern und Portefellern:
Offenbacher Lederwaren im Wandel der Zeit

58 Ulrike Milas-Quirin
Phrix – Aufstieg und Fall einer Papierfabrik

63 Günter Hinkel
Quellenstadt Bad Vilbel – Mineralquellen als
sprudelnder Wirtschaftsfaktor

66 Claus C. Cobarg
85 Jahre Braun-Innovationen,
50 Jahre Braun-Design.
Von der einfachen Werkstatt für Apparatebau
zum Weltmarktführer

70 Volker Rödel
Wohin mit dem Unrat?
Fortschrittliche Maßnahmen für eine neue
Hygiene

76 Bernd Schiffler, Georg Böhm
Die Bedeutung der Eisenbahnlandschaft und
des Verkehrsknotenpunktes Mainz-Bischofsheim für die Route der Industriekultur Rhein-
Main

80 Helmut Winter
100 Jahre Industriegeschichte Großwelzheim –
Von der Braunkohle über die Kernkraft zum
Innovationspark

INDUSTRIEKULTURELLE ORTE

86   Richard Schaffer-Hartmann
Prinz Dampf erweckt Dornröschen Museum
aus ihrem Schlummer oder:
Die Route der Industriekultur Rhein-Main und
das Museum Großauheim

91   Wolfgang Metternich
Das Technische Verwaltungsgebäude von
Peter Behrens im Industriepark Höchst –
Industriearchitektur als Gesamtkunstwerk

96   D. W. Dreysse
Umnutzungspotenziale des ehemaligen
Sozialgebäudes der Allessa in Offenbach

100 Bärbel Maul
„Eisenbarone, Sektdynastien, Bierprinzessinnen" – Prunkvolle Unternehmervillen in Wiesbaden

105 Bernhard Kessler
Die Gentilhäuser in Aschaffenburg –
drei Unternehmervillen der besonderen Art

112 Kathrin Nessel
Zum Beispiel ehemalige Ziegelei Rosbach:
Umnutzung und Revitalisierung einer
Industriebrache

114 Klaus Hoppe
„Zwischen Sparta und Arkadien" –
Ein alter Flugplatz in Frankfurt

117 Björn Wissenbach
Die Großmarkthalle in Frankfurt am Main –
Vom „Bauch der Region" zum künftigen Sitz
der Europäischen Zentralbank

122 Thomas Schroth
„Pizzabrücke" in der Großmarkthalle

124 Willy Praml
Zum Beispiel Frankfurter Naxoshalle – Kultur
in alten Fabrikräumen

130 Peter Schirmbeck
Von der Trümmerzeit bis ins Zeitalter der
Roboter. Eine neue Ausstellung zur
Geschichte des Opel-Werks und der Stadt
Rüsselsheim ab 1945

134 D. W. Dreysse
Betonmodelle in Offenbach – Ein einzigartiges
Dokument des Neuen Bauens

ANHANG

136 Stationen zur Industriekultur entlang
des Mains. Erste Skizze zur Route der Industriekultur Rhein-Main

138 Technische Sammlungen und Museen
im Rhein-Main-Gebiet

148 Die Mitglieder der Route der Industriekultur Rhein-Main

150 Menschen – Akteure

152 Autoren

155 Bildnachweis/Literaturhinweise

DIE ROUTE DER INDUSTRIEKULTUR RHEIN-MAIN. VON DER QUELLE BIS ZUR MÜNDUNG

Peter Schirmbeck

Wie kommt eine Region mit einem von ‚Industriellem' ungetrübten Image aus Messe, Banken, Dienstleistungen und den Schönheiten des Rheingaus zu einer Route der Industriekultur, die – fünf Jahre nachdem die Idee geboren war – bereits 600 Bauwerke umfasst, die mit hunderten von Veranstaltungen nicht nur die Menschen der Region begeistert, sondern mittlerweile auch das Interesse der Fachwelt auf der anderen Seite des Atlantiks erregt, wie die Vorstellung der Route auf Einladung des National Museum of American History in Washington zeigte?

Erweitern wir hierfür einen Moment den regionalen Blickwinkel und visieren die Menschheitsgeschichte insgesamt an, so sind deren Epochen zweifellos jeweils mit ihren typischen Bauwerken verbunden, die sich hoher Wertschätzung erfreuen – den Pyramiden der Zeit der Pharaonen, den Tempeln der Antike, den Kathedralen des Mittelalters und den Schlössern des Absolutismus. Die Industrie-Epoche, deren Bedeutung unbestritten ist, denn sie hat wie kaum eine andere die Welt verändert, bekundet *ihren* spezifischen Bauwerken gegenüber, den Fabriken, Kraftwerken, Hochöfen etc., bedauerlicherweise bis heute eher Desinteresse als Wertschätzung.

WO BLEIBT DIE IDENTITÄT?

International stampften ganze Städte ihre industrielle Identität in den Boden, ‚Juwelen' der Industriearchitektur wie beispielsweise das Ensemble der Henschel-Werke in Kassel gingen unter.

Auch in unserer Rhein-Main-Region lagen die Bauwerke einer 150-jährigen Industriegeschichte, obwohl mit Namen von Weltrang verbunden wie Adler, Hoechst, Opel, Dyckerhoff, Henkell, in einer Art ‚Dornröschen-Schlaf', abseits des öffentlichen Interesses. Aus der Distanz betrachtet, verglichen mit dem Interesse, das alte Mühlen, Schmieden, Fachwerkhäuser hervorrufen, ein geradezu gespenstischer Zustand, ohne Beispiel in der Weltgeschichte: Da entwickelt eine Epoche eine Produktivität, die vorhergehende um das Hunderttausendfache übersteigt – der Turm der Opel-Automobile beispielsweise wäre 21 000 km hoch, der Turm der Dyckerhoff-Zementsäcke 2,4 Millionen km –, gelangt jedoch zu keiner entsprechenden Identität. Exemplarisch konnte ich diesem erstaunlichen Phänomen beim Aufbau des Stadt- und Industriemuseums der ‚Opel-Stadt' Rüsselsheim nachgehen, denn der bisherige in Museen lediglich auf Technik gerichtete Blick wurde hier auf Industriekultur insgesamt ausgeweitet, auf die industrielle Arbeitswelt, Technik, Produkte, Wirtschafts- und Sozialgeschichte sowie auf Kunstwerke zu Industrie, Arbeit und Technik – eine Innovation, die mit dem europäischen Museumspreis honoriert wurde.

Im Rahmen einer 25-jährigen Forschungs- und Ausstellungsarbeit kristallisierten sich hier für die Industrie-Epoche zwei strukturelle Hauptentwicklungslinien heraus: nach oben gerichtet die eine, die der atemberaubend ansteigenden industriellen Produktivität; abfallend dagegen die andere, die des durch die industrielle Arbeitsteilung bewirkten Verlustes an Stolz und Identität. So war etwa im Jahre 1912 die Herstellung einer einzigen Adler-Schreibmaschine auf 500 Arbeitsschritte und ebenso viele Personen zerteilt, bei der Herstellung der Millionen Automobile wiederholten sich die Arbeitsschritte am Opel-Fließband alle 60 Sekunden. Eine Basis für hohe Stückzahlen – allemal! Eine Basis zur Entstehung von Stolz und Identität – weniger. Zeigten frühindustrielle Belegschaftsfotos noch handwerklichen Stolz und Identität [1], so spiegelten die Gesichter um 1900 die Folgen von Arbeitsteilung, hohen Stückzahlen, Normierung und Entfremdung [2].

DIE IDEE WIRD GEBOREN

„Wirtschaftlich ist die Region ein Riese, identitätsmäßig ein Zwerg", gelesen vor dem geschilderten ‚Janus-Gesicht' industrieller Entwicklung bedeutete diese Schlagzeile einer unserer großen Tageszeitungen auf dem Höhepunkt der Diskussion um die der Rhein-Main-Region fehlende Identität für mich weder Rätsel noch Widerspruch, sondern entsprach exakt den beiden skizzierten entgegengesetzten Entwicklungslinien. Mit anderen Worten, fehlende Identität sagt im Falle des Industriezeitalters bedingt durch die Zerteilung der Arbeit überhaupt nichts darüber aus, welche atemberaubenden Entwicklungen sich dort de facto vollziehen. Das galt auch für die Rhein-Main-Region! Damit gab es eine Erklärung dafür, dass die bedeutende Industriegeschichte im Bewusstsein der Region fehlte – samt ihren zahlreichen Bauwerken. Erst diese strukturelle Einsicht gab mir Mut und den notwendigen wissenschaftlichen Rückhalt, für eine Region mit gänzlich anderem Image die Idee einer Route der Industriekultur Rhein-Main zu entwickeln und als Beitrag zur Identitätsbildung *im zweiten Schritt* im

[1] Die Opel-Belegschaft im Jahr 1876, geprägt noch von ‚handwerklichem' Stolz und Identität.

[2] Verlust von Identität durch industrielle Arbeitsteilung – die Opel-Belegschaft im Jahre 1902.

[3] Fabrikbauten bilden Kernpunkte der Route. Gebäude zur Farbenproduktion, errichtet im späten Jugendstil 1913. Firma Cassella, Frankfurt-Fechenheim.

Februar 2000 dem Umlandverband Frankfurt Rhein-Main vorzuschlagen. Dabei ging es mir darum, den hier schlummernden Schatz aus Architektur, Technik, Sozial-, Wirtschafts- und Kunstgeschichte in ein spannendes Angebot für die Region zu verwandeln. Geistiges Vorbild dabei war mir weniger die Route der Industriekultur im Ruhrgebiet, mehr die Enzyklopädie von Diderot in ihrer bewusst vorgenommenen, faszinierenden Zusammenführung von Technik und Arbeitswelt einerseits und dem Gedankengut der Aufklärung andererseits.

Meine Idee formulierte ich in einer Route mit 40 ‚Highlights' der Industriekultur zwischen Hanau im Osten und Wiesbaden im Westen, sie allesamt hier vorzustellen ist aus Platzgründen leider nicht möglich, jedoch ist die komplette Liste im Anhang auf Seite 136 abgedruckt. Den Auftakt dieser 40 Objekte bildete das monumentale Figurenpaar Arbeiter der Stirn und der Faust am Hanauer Hafen, gefolgt vom Schlachthof in Offenbach – seinerzeit eine Musteranlage. Frankfurt schloss sich mit zahlreichen berühmten Bauwerken an, z. B. dem Cassella-Werk in Fechenheim [3], der Großmarkthalle, der Naxoshalle – bestechend in ihrer klaren Stahlkonstruktion –, dem Hauptbahnhof – seinerzeit der größte Europas –, den Adlerwerken mit ihrer fortifikatorischen Architektur und natürlich der expressionistischen ‚Kathedrale der Arbeit' dem Verwaltungsgebäude von Behrens in Höchst. Hattersheim folgte mit einem ‚Traumobjekt' der Route, dem Jugendstil-Wasserwerk; Rüsselsheim mit den Opel-Villen und dem 2,5 qkm umfassenden Opel-Werksareal, einem Ensemble von Weltrang. Im Westen setzen Gustavsburg mit seiner architektonisch anspruchsvoll gestalteten MAN-Werkssiedlung und die Sektkellerei Henkell, ein wahrer ‚Palast der Arbeit' von Paul Bonatz die Route nach Wiesbaden fort.

INTEGRATION IN EU-PROJEKT

Der Umlandverband, heute Planungsverband Ballungsraum Frankfurt/Rhein-Main, nahm meinen Vorschlag dankenswerterweise positiv auf und integrierte die Route in das EU-Projekt „New ... Urban Landscapes". Ende des Jahres 2000 erhielt das Frankfurter Architekturbüro ABS den Auftrag zur Ausarbeitung der räumlichen und strategischen Konzeption der Route, die inhaltlich-didaktische Konzeption gab der Planungsverband zeitgleich beim Autor dieses Artikels in Arbeit.

In einem der beeindruckendsten Gebäude unserer Route, dem benannten Behrens-Bau in Höchst, wurden beide grundlegenden Studien anlässlich eines Fachkongresses 2001 vorgestellt, erweitert durch eine Ausstellung, mit der mich der Planungsverband beauftragt hatte. Der hierfür erarbeitete Gesamtüberblick zur Route mit Auswahl der relevanten Bauwerke von der Fabrik zum Kraftwerk, vom Bahnhof zum Wasserturm, von der Unternehmervilla zur Arbeitersiedlung bildete zugleich die Basis für die spätere von der Frankfurter Rundschau und mir gemeinsam produzierte 40-teilige Zeitungsserie, die Hunderttausende mit der Route und ihren Bauten bekannt machte.

[4] Modernste Stufe industrieller Fertigung: Industrieroboter im Opel-Werk.

SUBSTANZIELLE KENNZEICHEN DER ROUTE

Nachdem der Schatz der Industriekultur bewusstseinsmäßig für die Region ‚gehoben' war, galt es, ihn nun zu strukturieren. Konzeptionell wurden folgende Schwerpunkte gebildet: Die zahlreichen *Fabrikbauten* entlang der Route dokumentieren in markanter Weise den Wandel der Arbeitswelt weg vom kleinen Handwerksbetrieb hin zu großräumigen industriellen Produktionsstätten mit oft Hunderten oder Tausenden von Beschäftigten. Einzelne Fabrikbauten oder auch ganze Werksareale in Stilformen des Historismus bis zur Moderne bilden entsprechend Kernpunkte der Route. Zugleich repräsentieren sie die unterschiedlichen *Industriebranchen* unserer Region: Chemie, Papier, Zement, Glas, Maschinen- und Fahrzeugbau, Leder, Getränkeindustrie, um nur die wichtigsten zu benennen.

Diesen Produktionsstätten ordneten wir natürlich die entsprechenden *Industrieverwaltungsgebäude* hinzu, zumal hier bedeutende Architekten ‚am Werk' waren. Energieträger vorindustrieller Epochen waren Wasser, Wind, Muskelkraft von Mensch und Tier, die Industrieepoche gewann und gewinnt ihre Energie auch in der Rhein-Main-Region in *Kraftwerken,* dem dritten Schwerpunkt. Denn hier wurde und wird mit Dampfmaschinen und Turbinen Energie zum Betrieb Tausender von Maschinen oder auch Prozesswärme für Produktionsabläufe gewonnen. Auf Räder gestellte Dampfmaschinen – Lokomotiven genannt – läuteten auch in unserer Region den Siegeszug der mit dem Industriezeitalter verbundenen neuen Verkehrsfor-

men ein. Zunächst die Eisenbahn, Dampfschiffe folgten ebenso wie Automobil und Flugzeug. *Bauten des Verkehrs* wie Bahnhöfe, Brücken, Schleusen, Häfen und Flugzeughallen bilden entsprechend den vierten Schwerpunkt.

Mit der Industrialisierung wuchsen Städte und Gemeinden auch in unserer Region bevölkerungsmäßig gewaltig an, verbunden mit entsprechenden *Anlagen zur Ver- und Entsorgung* für die Kommunen.

Hierzu zählen als fünfter Schwerpunkt die zahlreichen Wasserwerke und Kläranlagen ebenso wie Markt- und Messehallen, gefolgt von den spezifischen Wohnbauten des Industriezeitalters im Bereich unserer Route, den *Arbeitersiedlungen* und *Unternehmervillen.* Konzeptionelle Bausteine aus dem Bereich der Kunst bilden historische *Denkmäler zu Technik, Arbeit und Industrie* im öffentlichen Raum oder auch für die Route neu zu schaffende künstlerische Elemente, z. B. der erste Maschinenpark der Welt.

Substanzielle Voraussetzung der Route ist natürlich, dass die benannten für die Industrieepoche signifikanten Bauwerke in ausreichender Zahl auch erhalten bleiben und nicht aufgrund rein finanzieller Erwägungen von der Bildfläche verschwinden. Eine Epoche, die sich ausschließlich unter Kosten-Nutzen-Gesichtspunkten begreift, löscht sich selber aus, das gilt auch für unsere Rhein-Main-Region. Von besonderer Bedeutung als konzeptioneller Kernpunkt der Route der Industriekultur Rhein-Main ist die Verbindung von Historie, Gegenwart und Zukunft. Die Route schaut einerseits zurück auf eine bedeutende, über 150-jährige industrielle Entwicklung, bezieht jedoch bewusst

[5] Erzbergwerk in Waldalgesheim, als ‚schlossförmige‘ Anlage aus den Jahren 1916–1920, das industrielle ‚Versailles‘ der Route.

aktuelle Produktion [4], wissenschaftliche Forschung und Zukunftsperspektiven mit ein.

LÜCKEN DARF'S NICHT GEBEN

Als Nächstes galt es, die Route in ihrem über hundert Kilometer langen Lauf systematisch auf Bauwerke, technische Anlagen und künstlerische Zeugnisse des Industriezeitalters in Historie und Gegenwart zu untersuchen und zu dokumentieren.

Im Rahmen der Erarbeitung der beiden Grundstudien war der Überblick einzubeziehender Bauwerke bereits auf ca. 220 Objekte angewachsen – es war jedoch klar, dass eine Route der Industriekultur Rhein-Main, um diesem Namen gerecht zu werden, letztendlich in ihrem auf die Strecke von Miltenberg bis Bingen gewachsenen Verlauf keinerlei weiße Flecke aufweisen durfte. Zunächst gaben drei Städte, die Landeshauptstadt Wiesbaden sowie Hanau und Rüsselsheim, entsprechende Studien in Auftrag. Sie enthielten jeweils nicht nur eine vollständige Übersicht aller signifikanten Bauwerke, technischen Anlagen und künstlerischen Zeugnisse, sondern überführten diese Zeugnisse des Industriezeitalters in Routen innerhalb des Stadtgebietes. Hinzu traten exemplarische Vorschläge zur Umnutzung brach gefallener Bauten und Industrieareale.

IN- UND OUTPUT

Abschnitt für Abschnitt entlang des Mains und Rheins, Kommune für Kommune wurde in zäher Arbeit teils durch die Städte selbst, teils durch beauftragte Experten die gesamte 160 km lange Strecke mit entsprechend wissenschaftlich ausgearbeiteten Kriterien ‚unter die Lupe genommen‘ mit einem überwältigenden Gesamtergebnis von 600 baulichen, technischen und künstlerischen Zeugnissen industrieller Entwicklung unserer Region. Epochentypisches trat dabei zu Tage aber auch faszinierende Neuentdeckungen: Ganz im Westen, oberhalb von Bingen in Waldalgesheim gelegen, ein Bergwerk in schlossförmiger Anlage, die Erzgrube Dr. Geier – ein wahres industrielles ‚Versailles‘. [5] In Bingen-Kempten die Siedlung eines Sägewerks, kreisförmig wie eine Wagenburg angelegt (Abb. S. 47). Im Osten, im Hanauer Forstwald, eine der letzten Samendarren zur Samenbearbeitung, in der industriell-technische Beschleunigung mit dem ‚ewigen‘ Rhythmus der Natur zusammentrifft. Oder als Endpunkt der Route im Landkreis Miltenberg die Villa eines Eisenwerkes, deren majestätisch aufragende Säulen zwar sandsteinern schimmern, de facto jedoch in Eisen gegossen sind (Abb. S. 47).

DAS ANGEBOT FORMEN

Es versteht sich von selbst, dass ein solch reicher und umfassender Schatz an Zeugnissen der Industriekultur für spätere Benutzer der Route in handhabbare Formen gegossen werden muss. Hierzu dient eine Kombination von lokalem und regionalem Routen-Reiseführer. Lokale Führer leiten jeweils zur Gesamtheit der im Stadtgebiet beheimateten Bauwerke. Der regionale Führer wählt aus der Zahl von 600 die

200 bedeutsamsten aus, wobei er die industriellen Schwerpunkte der Region ebenso berücksichtigt wie Branchen, technische Innovationen, Bauwerkstypen und Stilepochen. Fakten, die in die genannten Führer eingehen, bilden gleichzeitig die Grundlage für die vorgesehene Beschilderung der Bauwerke.

REGIONALE ZUSAMMENARBEIT

In ihrer ersten Entwicklungsphase wurde die Route durch den Umland-, später Planungsverband betreut, einen Einschnitt bildete hier das Ballungsraumgesetz ab dem Jahre 2001, nach dem die Realisierung des Projekts in andere Hände übergehen sollte. Am 8. Juli 2003 unterzeichneten Aschaffenburg, Hanau, Offenbach, Bad Vilbel, Frankfurt/Main, Hattersheim, Rüsselsheim, Wiesbaden, Mainz, Bingen sowie der Planungsverband Ballungsraum Frankfurt/Rhein-Main und die Kulturinitiative Rhein-Main eine Vereinbarung „um das Projekt ‚Route der Industriekultur Rhein-Main‘ in der Region voranzubringen". Dies bedeutete zum einen die wichtige Kooperation von Kommunen und regionalen Institutionen im Projekt der Route über zwei Landesgrenzen hinweg und zugleich eine personelle Verstärkung der konkreten Arbeit. Als weitere Unterstützung kam hinzu, dass die Kulturinitiative Rhein-Main die Route im Jahr 2003 zu ihrem Schwerpunktthema wählte.

Als Ergebnis zeitigte diese breite regionale Kooperation nicht nur die beschriebene Weiterentwicklung des Projekts, sondern auch – 2003 erstmals – die Durchführung der ‚Tage der Route der Industriekultur Rhein-Main‘ mit Werksbesichtigungen, Radtouren, Vorträgen und Ausstellungen. Diese jährlichen Veranstaltungen, deren Zahl 2005 auf 136 anstieg, erfreuen sich mittlerweile bei den Menschen der Region ebenso großer Beliebtheit wie die von der Frankfurter Rundschau initiierten Schiffsfahrten. Dem Vorschlag, jeweils eine Tour nach Westen und Osten auszuarbeiten, kam ich gerne nach, um dabei „Industriegeschichte nicht nur technisch, sondern auch menschlich gesehen" vom Schiff aus vorzustellen.

LAND HESSEN ALS PARTNER

Freilich gilt es bei einem Projekt dieser Größenordnung auch Partner auf Landesebene zu gewinnen. Auf Einladung des Landes wurde die Route in der Hessischen Landesvertretung in Berlin vorgestellt, ein erster Schritt, dem ein Gespräch mit dem hessischen Minister für Wirtschaft, Verkehr und Landesentwicklung folgte. Dr. Alois Rhiel befürwortete als Minister das Projekt und stellte personelle Unterstützung in Aussicht.

ZUKUNFT

Zweierlei ist zur Zukunft der Route der Industriekultur Rhein-Main zu sagen: zum einen hinsichtlich der noch ausstehenden Realisierungsschritte, zum anderen in Bezug auf die zukünftige Rolle der Route für die Region. Der wichtigste nächste Realisierungsschritt besteht darin, mit allen Eigentümern der Bauten – hier bestehen zum Teil bereits gute Kontakte – Vereinbarungen zur Kooperation innerhalb der Route zu treffen. Weitere Schritte sind die Beschilderung der Route, die Herausgabe eines Routen-Reise-Führers, natürlich unter Berücksichtigung aller Verkehrsformen. Auch an die Ausarbeitung spezieller Themenrouten ist gedacht: Energieerzeugung, Architektur, Wandel der Arbeitswelt, industrielle Verkehrsformen, Ver- und Entsorgung etc. Eine Route der Lederindustrie wurde bereits konzipiert.

Ein weiterer Schritt ist die Schaffung einer dauerhaften Organisationsform, die gewährleistet, dass das reichhaltige Angebot der Route mit seinen vielschichtigen Potenzialen inhaltlich wie organisatorisch optimal zum Tragen kommt.

ZUKUNFTSPLATTFORM FÜR DIE REGION

In ihrer dualen Konzeption, einerseits Historisches ins Bewusstsein zu heben und ihm Geltung zu verschaffen, andererseits Gegenwart und Zukunft einzubeziehen, bildet die Route sowohl eine ‚materielle‘ – was ihre Bauwerke anbetrifft – wie auch eine – was ihre Themen anbetrifft – ‚geistige‘ Plattform der Region Rhein-Main, auf der alle Themen der Industriekultur aus Technik und Wissenschaft, Architektur und Kunst, Wirtschaft und Gesellschaft im Spannungsbogen von Vergangenheit, Gegenwart und Zukunft ihren Platz haben.

Bereits zu Beginn des industriellen Zeitalters arbeitete die Diderot'sche Enzyklopädie nach diesem dualen Prinzip, indem sie ganz bewusst die materielle Welt von Arbeit und Technik einerseits und das Gedankengut der Aufklärung andererseits in einem Gesamtspektrum zusammenführte.

Identität zu schaffen, die Region zu verbinden, Wissen zu vertiefen, zu erweitern und der Öffentlichkeit zur Verfügung zu stellen sind Kernziele der Route. Je besser vergangene Entwicklungen verstanden werden, desto besser kann die Gegenwart eingeschätzt und die Zukunft entwickelt werden. In diesem Sinne ist die Zukunft der Route ‚offen‘! Sie wird stets das sein, was die Menschen der Region zu ihrem Nutzen daraus machen, und in diesem Sinne wird die Route hoffentlich niemals ‚fertig‘ sein.

ROUTE, RAUM, REGION – NOTIZEN ZUR KONZEPTION DER ROUTE DER INDUSTRIEKULTUR RHEIN-MAIN

D. W. Dreysse

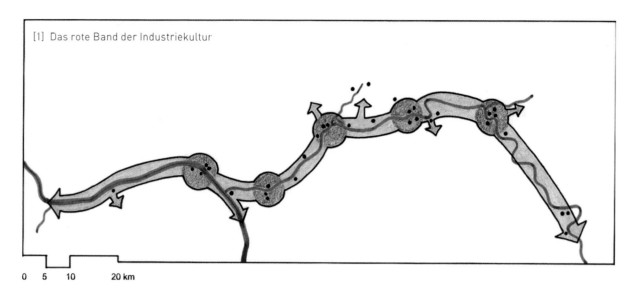

[1] Das rote Band der Industriekultur

0   5   10   20 km

In den vergangenen vier Jahren hat sich der ursprüngliche planerische Ansatz für die Konzeption der Route der Industriekultur bewährt. Der Ansatz verfolgt das Ziel, drei unterschiedliche räumliche Maßstäbe zu behandeln, die gleichgewichtig nebeneinander stehen. Diese Maßstäbe beziehen sich auf das Objekt oder den Ort der Industriekultur, auf die Stadt oder Gemeinde und auf die Region. Die räumliche Konzeption dieser drei Maßstäbe soll im Folgenden näher erörtert werden.

DIE REGIONALE ROUTE

Die Region Frankfurt Rhein-Main hat keine präzisen Grenzen. Sie besitzt aber im Zentrum ein einprägsames natürliches Band in Form der beiden Flüsse Rhein und Main, der Lebensader der Region. Es kommt nicht von ungefähr, dass sich um diese Lebensader, um diesen Transportweg die Industrie in ihrer ganzen Vielfalt entwickelte. Das gab uns seinerzeit den Anstoß, die Route der Industriekultur primär entlang der beiden namensgebenden Flüsse zu konzipieren. „Die Route ist der Fluss" ist bis heute das gestaltgebende und prägende Motto. Der Flusslauf selbst und die unmittelbar angrenzenden Uferzonen bilden das Rückgrat der Route, die sich im Kern über 120 Flusskilometer von Bingen im Westen bis Aschaffenburg im Osten erstreckt: Ein breites Band mit fünf Schwerpunkten in Mainz/Wiesbaden, Rüsselsheim, Höchst, Frankfurt/Offenbach und Hanau. [1]
Bei genauerem Hinsehen wird man feststellen, dass auf beiden Seiten der Flüsse Uferwege, alte Landstraßen und Eisenbahnlinien vorhanden sind. Diese Wegesysteme sind untereinander in teils engen Abständen über Brücken, Stege und Fähren verbunden.

Sie bilden ein wahres Netzwerk für unterschiedliche Verkehrsmittel wie Fahrrad, Auto, S-Bahn und im Zentrum das Schiff. Hieraus entstand die Idee einer gitterförmigen Struktur der Route, das Gitterband – ein abstraktes Abbild der real vorhandenen Wege und deren gegenseitige Verknüpfungen. [2]
Gleichsam über Antennen bezieht das Gitterband außerhalb liegende, wichtige Orte der Industriekultur mit ein: Bad Vilbel, Darmstadt, Miltenberg – um nur diese drei jüngsten Mitgliederkommunen zu benennen.

Die Route der Industriekultur Rhein-Main ist also nicht eine Route, wie wir sie aus anderen Regionen kennen (Weinstraße, Romantische Straße), sondern vielmehr ein Netzwerk, das aus den vier verschiedenen Verkehrswegen geknüpft ist. Dieses Netz ist weitestgehend vorhanden. Es bedarf allerdings für die Zukunft einiger wichtiger Maßnahmen, die die Benutzung und Orientierung erleichtern (z. B. einheitliche Beschilderung, höherer Fahrkomfort und Fahrradmitnahme in der S-Bahn, neue Anlegestellen und Schiffslinien).

DIE LOKALEN ROUTEN

Das Gitterband ist aber auch das Symbol für eine interkommunale Zusammenarbeit. Entlang der Flüsse liegen über 30 Gemeinden in drei Bundesländern. Eine gemeinsame Planungsinstanz ist nicht vorhanden. Der Planungsverband Ballungsraum Frankfurt/Rhein-Main konnte immerhin den Anstoß für die Konzeption der Route der Industriekultur geben, finanziell unterstützt durch Planungsmittel der Europäischen Union. Auf diesem Wege entstand die Idee und die inzwischen gefestigte Praxis, dass die Gesamt- oder Regionalroute aus einzelnen lokal zu betreibenden

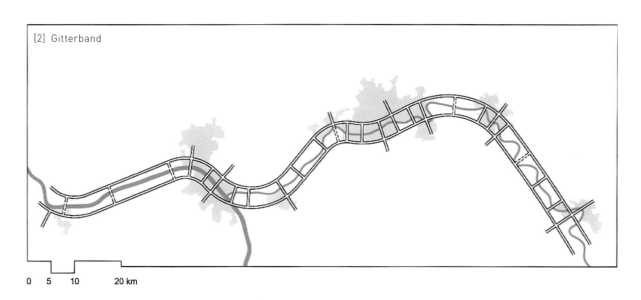

[2] Gitterband

0   5   10   20 km

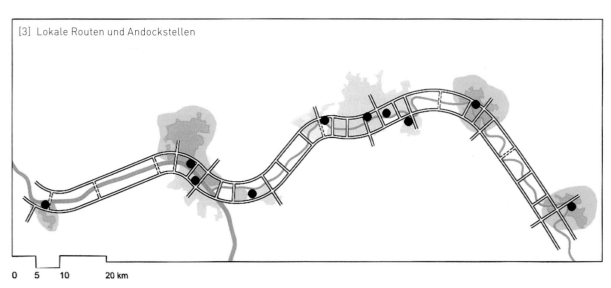

[3] Lokale Routen und Andockstellen

0   5   10   20 km

Lokalrouten zusammengefügt werden muss – vergleichbar den Gliedern einer Kette. So wie Kettenglieder nur Sinn in einer Kette machen, so definieren sich lokale Routen nur im Kontext der Regionalroute. [3] Die lokalen Routen unterliegen der Obhut der einzelnen Gemeinden. Sie verbinden die dort vorhandenen Areale der Industriekultur über Rundwege oder Stichstraßen und sind ihrerseits wiederum mit der Regionalroute verknüpft.

An diesen Verknüpfungspunkten oder Andockstellen sollten Informationspavillons, gastronomische Einrichtungen, Fahrradverleih-Stationen usw. angeboten werden können. Mit der Konzeption von lokalen Routen könnten darüber hinaus auch neue Stadtentwicklungsprojekte initiiert werden, wie z. B. in Wiesbaden, wo aus der vorgeschlagenen „Talroute" der Anstoß zu einer neuen und interessanten städtischen Verbindung zwischen Innenstadt und Rhein erwuchs.

Die planerischen Potenziale, die generell in dem Konzept der lokalen Routen liegen, sind noch bei weitem nicht erkannt oder gar ausgeschöpft. [4] [5]

DIE ORTE DER INDUSTRIEKULTUR

Bis heute wurden entlang der Route über 700 Orte der Industriekultur ermittelt. Die meisten dieser Orte, Fabriken wie Eisenbahnanlagen, Kraftwerke wie Arbeitersiedlungen, entstanden in einer schon weiter zurückliegenden Vergangenheit. Einige der älteren Anlagen sind auch heute noch – sei es im Originalzustand, sei es vielfach ergänzt – in Betrieb. Andere waren stillgelegt und wurden umgewandelt, und wieder andere liegen noch immer brach. Die Mehrzahl sind Orte von eher lokaler Bedeutung. Etwa 200 sind von regionalem Interesse und sind Teil der regionalen Route. Und rund ein Dutzend besitzt eine weit über

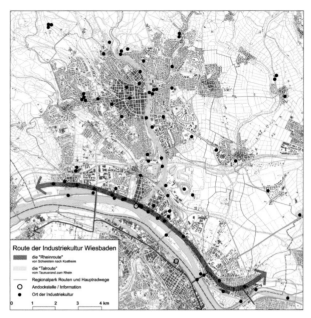

[4] Route der Industriekultur Wiesbaden

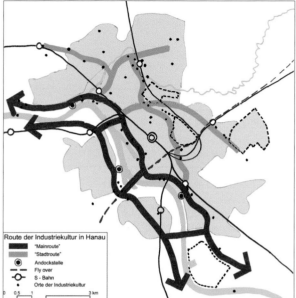

[5] Route der Industriekultur Hanau

die Region hinausragende Bedeutung. Dazu zählen beispielsweise das Opelwerk in Rüsselsheim, die Dyckerhoff-Zementfabrik in Wiesbaden oder die Groß- markthalle und der Hauptbahnhof in Frankfurt (siehe dazu auch die Beiträge auf S. 40, 117 und 122). Mit dem Projekt der Route der Industriekultur wurden und wer- den Anregungen gegeben, in welcher Weise mit den sehr unterschiedlichen Orten der Industriekultur in Zukunft umgegangen werden könnte. Dabei geht es immer darum, diese Orte in den Blick des Interesses zu rücken, sie aufzuwerten und sie als für die Region unverzichtbares Element fest im öffentlichen Bewusst- sein zu verankern. Für den zukünftigen Umgang mit Orten gelten je nach Fall drei unterschiedliche Anre- gungen:

ÖFFNUNG

All jene Orte, die weiterhin industriell genutzt werden und damit mehr oder weniger abgeschlossene Territo- rien bilden, sollten sich für Besucher öffnen – wenn auch nicht ständig, so doch gelegentlich. Viele der an- sässigen Unternehmen haben diese Anregung bereits aufgegriffen und öffneten ihre Fabriken für Besucher, so auch wieder im Sommer 2005 während der „Tage der Route der Industriekultur Rhein-Main". Diese Pra- xis erfreut sich inzwischen hoher Akzeptanz und trägt viel zur Kenntnis über Leistungen und Risiken indus- trieller Produktion sowie zum gegenseitigen Verständ- nis bei. Eine andere erfolgreiche Form ist die Öffnung der Fabriken für kulturelle Veranstaltungen wie „Jazz bei Opel", „Performance in der Ofenbauhalle", „Thea- ter im Kraftwerk", „Kunstausstellung in der Börse" – um nur einige wenige zu nennen. Insgesamt eignen sich etwa 80 Orte für derartige „Events".

UMNUTZUNG

Insgesamt gibt es augenblicklich etwa 60 Orte, die brach gefallen sind. Viele dieser Orte eignen sich für eine Umnutzung. Das können Nutzungen durch neue Unternehmen sein, kulturelle Nutzungen, Wohnungen oder ein Mix aus Verschiedenem. Manche Orte sind geeignet, gar neue Arbeits- und Lebenswelten zu er- proben. In den vergangenen Jahren konnte mit ent- sprechenden Projektvorschlägen eine Reihe interes- santer Anstöße gegeben werden, von denen – so ist zu hoffen – einige auch tatsächlich realisiert werden. Denn viele Akteure haben erkennen müssen, dass im Erhalt und Umbau gerade auch von Industriebauten ein Mehr an Architekturqualität und Identitätsbildung erreicht werden kann, als durch Abriss und Neubau. [6][7][8][9]

INSZENIERUNG

Entlang der Route existiert eine Vielzahl von Orten, die sich für einprägsame Lichtinszenierungen anbie- ten und mit denen die Region gleichsam in ein „neues Licht" gesetzt werden kann. Hierzu eignen sich insbe- sondere Brücken, Staustufen und höher aufragende Industriebauten. Um sich hierbei nicht zu verzetteln und in isolierten Einzelmaßnahmen zu verlieren, müsste vergleichbar der Idee der Regionalroute eine Gesamtlichtkonzeption für die Region erarbeitet werden.

Nur wenn das „Ganze und Große" im Auge behalten wird – beim Lichtkonzept wie bei der Route – lassen sich die einzigartigen Begabungen der Industrie- kultur für Frankfurt/Rhein-Main zu Nutze machen. [10][11]

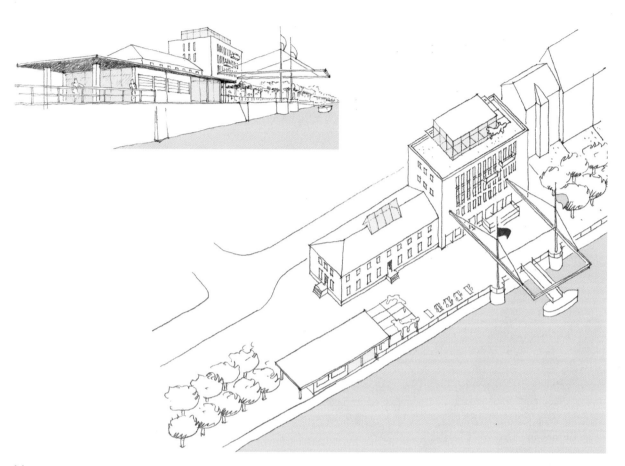

[6] Der Zollspeicher in Wiesbaden als mögliche Andockstelle mit Infostand, Gastronomie, Heimatmuseum und Festsaal.

z.B. EG - Läden
OG - Werkstätten

Passage - Musik - Bar - Café

Außenbereich

0   1   2   5 m

[7] Aus der Maschinenfabrik Bracker in Hanau könnte ein Atelier- und Marktgebäude für die Goldschmiedekunst werden.

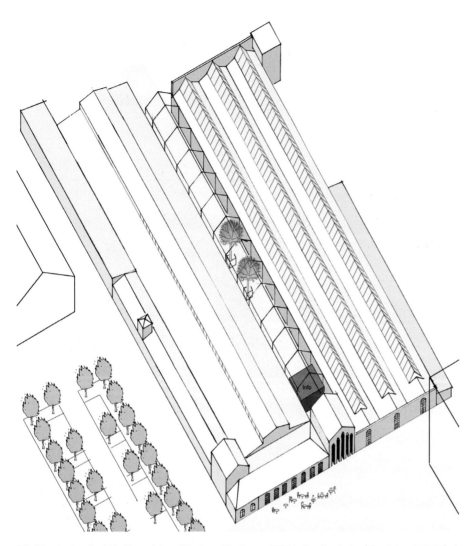

[8] Die riesige Stahlhalle auf dem Werksgelände von ABB in Großauheim (Baujahr ab 1907) eignet sich z. B. für Messen, Automobilmuseum, Möbelmarkt, Basar oder auch für ein Maschinenarchiv.

[9] Das kleine Wohnhaus eines Opel-Arbeiters in Rüsselsheim, fast in Orginalzustand von 1900 erhalten, könnte die Abteilung „Wohnen" des Industriemuseums übernehmen.

[10] Der Wasserturm von Schloss Philippsruhe könnte mit einer Lichtinszenierung „Original Hanau" die Industriestadt Hanau markieren.

[11] Die architektonisch hervorragenden Staustufen der 1920er und 1930er Jahre mit einer Lichtinszenierung, hier die Staustufe Kostheim (Montage von B. Kammer).

CHARAKTERISTIKA DER WIRTSCHAFTSGESCHICHTE DER RHEIN-MAIN-REGION

Werner Plumpe, Clemens Reichel

Die jüngsten Entwicklungen im Rhein-Main-Gebiet haben bei den wirtschaftlichen und politischen Entscheidungsträgern Besorgnis ausgelöst. Angesichts der zunehmenden Konkurrenz der europäischen und globalen Ballungsräume droht die Region ins Hintertreffen zu geraten. Die Geschichte der Region spielt in diesen Debatten in der Regel keine Rolle, obwohl gerade die historische Dimension manche aufschlussreiche Perspektive eröffnete. Die Frage nach den Ursprüngen der rhein-mainischen Wirtschaftsregion ist eben deshalb eine besondere, weil im Untermaingebiet die politischen Grenzziehungen bis zum heutigen Tag mit den ökonomischen Grenzen und Beziehungen nicht übereinstimmen. Nachfolgend soll untersucht werden, wie es trotz aller bis heute bestehenden Divergenzen zu der Herausbildung der Wirtschaftsregion Rhein-Main gekommen ist, und welche Besonderheiten sie auszeichnen.

Einige wesentliche Spezifika, aus denen sich die heutige und für das Rhein-Main-Gebiet prägende Struktur entwickelte, sind kurz anzusprechen: Zum Ersten ist die hervorragende geografische Lage zu nennen. Neben die Flüsse traten schon seit dem Altertum wichtige Handelsstraßen in Ost-West- und Nord-Süd-Richtung, im 19. Jahrhundert das Eisenbahnnetz, im 20. Jahrhundert schließlich der Flugverkehr und das Autobahnnetz. Diese Verkehrsträger sind im Rhein-Main-Gebiet wie kaum in einer anderen Region miteinander kombiniert. Insofern ist die gemeinsame Lage an einem bedeutenden Verkehrsknotenpunkt als die älteste regionale Gemeinsamkeit zu bezeichnen, die auch noch heute Bestand hat und von der die Menschen – wenn auch in unterschiedlichen Konstellationen – über die Epochen hinweg profitiert haben.
Daneben prägten aber auch konstante Spannungsfelder und Konfliktlinien, in ihren jeweiligen historischen Ausgestaltungen, die Entwicklung der Region. Mit den Spannungslinien innerhalb des Rhein-Main-Gebiets unmittelbar verbunden ist die Entwicklung von Frankfurt als der bedeutendsten Stadt. Das in seiner politischen und wirtschaftlichen Bedeutung weit über die Grenzen der Region hinausreichende Handelszentrum hat seit dem Hohen Mittelalter, beginnend mit dem Aufstieg der Frankfurter Messen, auf dem wirtschaftlichen Sektor die zentralen Funktionen innerhalb der Region übernommen. Trotz der großen wirtschaftlichen Bedeutung war Frankfurt allerdings nur in geringem Maße politisch handlungsfähig, da der Stadt eine Vielzahl von Territorialherren mit ausgeprägten Eigeninteressen gegenüberstand. Seit dem Hohen Mittelalter war daher – und ist bis heute – das Verhältnis zwischen Frankfurt und der Region spannungsgeladen. Teilweise lag dies auch am Frankfurter Desinteresse an Region und Umland, zumal seit der Reformation das reichsstädtische, nunmehr lutheranische Frankfurter Bürgertum auch kulturell wenig mit der katholischen Bevölkerung von Mainz oder Höchst und den Bauern in der Wetterau verband.

Trotz allem gab es schon im Mittelalter mannigfaltige wirtschaftliche Verflechtungen innerhalb der Region. Diese reichten jedoch nicht aus, um tatsächlich von einer umfassend verknüpften Wirtschaftsregion sprechen zu können. Eine solche bildete sich in einem langwierigen und mit der Industrialisierung einsetzenden, selten planvoll gesteuerten Prozess erst seit dem 19. Jahrhundert heraus. Die wesentlichen Faktoren zur Entstehung der „Wirtschaftsregion Rhein-Main", die Suburbanisierung und das wachsende Pendlerwesen sowie der Boom des Dienstleistungsgewerbes, waren sogar noch jüngeren Datums. Der zeitliche Schwerpunkt dieser Entwicklungen lag in den Jahrzehnten nach dem Zweiten Weltkrieg.

INDUSTRIALISIERUNG, BEVÖLKERUNGS-WACHSTUM UND SUBURBANISIERUNG

Der Übergang von der Phase der Früh- zur Hochindustrialisierung ist für das Rhein-Main-Gebiet auf die 60er und den Beginn der 70er Jahre des 19. Jahrhunderts zu datieren. Träger dieser Entwicklung waren der Maschinenbau, aber vor allem die chemische Industrie. Das Rhein-Main-Gebiet stieg zur Leitregion der deutschen Chemieindustrie auf. [1]
Hinzu kam die erfolgreiche Spezialisierung einzelner Städte auf bestimmte Industriezweige. In Offenbach gelang dies mit der Lederwarenindustrie, die noch in

---

[1] Vgl. Walter Wetzel: Die Industrielle Revolution im Rhein-Main-Gebiet. Das Beispiel der chemischen Industrie. In: Nassauische Annalen 112, 2001, S. 427-443; zur vor- und frühindustriellen Phase des Maschinenbaus vgl. Dieter Gessner: Metallgewerbe, Maschinen- und Waggonbau am Mittelrhein und Untermain (1800-1860/65). In: Archiv für hessische Geschichte und Altertumskunde, Neue Folge, 38. Band (1980), S. 287–339.

TABELLE 1 (6)

Die Entwicklung der Bevölkerung in Städten des Rhein-Main-Gebietes zwischen 1870/71 und 1914					
Stadt	1870/71	1880	1890	1900	1910
Frankfurt	84.700	136.831*	180.020	288.989*	414.576*
Mainz	53.902	61.328	72.058	84.251	118.107*
Wiesbaden	33.339	49.545	63.693	85.019	109.002
Darmstadt	39.549	48.769	56.399	72.381	87.089
Offenbach	22.689	28.597	35.085	50.468	75.584

* Zahlen in dieser Spalte enthalten Zuwachs durch Eingemeindungen

TABELLE 2 (9)

Bevölkerungsentwicklung in rhein-mainischen Städten und Landkreisen zwischen 1950 und 1991					
Städte/Kreise	1939	1950	1961	1970	1991
Frankfurt	548.220	532.037	683.081	696.268	654.079
Mainz	121.522	88.369	133.089	195.651	182.867
Wiesbaden	191.955	220.741	253.280	262.882	264.002
Darmstadt	110.552	94.788	136.412	146.144	140.040
Offenbach	87.043	89.030	116.195	118.841	115.790
Main-Taunus-Kr.	71.235	100.234	128.272	168.891	208.654
Kr. Groß-Gerau	91.565	123.581	164.669	217.544	237.627

* Zahlen in dieser Spalte enthalten Zuwachs durch Eingemeindungen

der Zeit nach 1945 der bedeutendste Wirtschaftsfaktor der Stadt war. Hanau erreichte bis in die 20er Jahre des 20. Jahrhunderts mit der Konzentration auf die Edelmetallindustrie Ähnliches, in Aschaffenburg dominierte die Bekleidungsindustrie. (2)

Der Prozess der „Urbanisierung" des Rhein-Main-Gebietes beschleunigte sich in der Phase der einsetzenden Hochindustrialisierung massiv. Bis zur Jahrhundertwende stieg die Bevölkerung in allen Städten stark an, wobei das Bevölkerungswachstum Frankfurts das mit Abstand kräftigste war und sich die Stadt zur modernen Großstadt mit der deutlich größten Bevölkerungszahl der Region entwickelte [TABELLE 1]. (3) Hierbei ist zu beachten, dass die typische Industriearbeitermigration jener Zeit zum Großteil außerhalb der Stadtgrenzen stattfand, wie das Beispiel Mainz zeigt: Betrug das Wachstum in Mainz zwischen 1895 und 1900 nur 9,5 %, stand dem ein Bevölkerungsanstieg von 33,3 % im Vorort Mombach, 22,9 % in Bretzenheim und rund 15 % in Weisenau gegenüber. (4) Eine ähnliche Entwicklung zeigt sich in den Frankfurter „Arbeitervororten" wie etwa Bockenheim, Höchst und Griesheim. (5)

Nach Ende des Zweiten Weltkriegs verstärkte sich der Suburbanisierungstrend entscheidend. Die Einwohnerzahl erreichte nach kurzer Zeit wieder das Vorkriegsniveau und übertraf es schnell. Von 2,3 Millionen (1939) stieg die Einwohnerzahl u.a. durch die sich zahlreich in der Region niederlassenden Heimatvertriebenen und Flüchtlinge stark an. Bis 1950 wuchs die Bevölkerung auf knapp 2,7 Millionen (+ 15 %); 1987 lag die Einwohnerzahl mit 3,85 Millionen schon wesentlich höher (+ 43,5 %). Die Zunahme der Bevölkerung in den Landkreisen übertraf das Bevölkerungswachstum in den Städten um ein Mehrfaches. In den Städten stieg die Zahl der Einwohner zwischen 1950 und 1987 um 21,3 %, das Wachstum der Landkreise lag im gleichen Zeitraum bei 59,2 % [TABELLE 2]. (7)

Ähnlich verlief auch die Entwicklung von etwa 1980 bis 1999: Während sich in den einzelnen Städten des Rhein-Main-Gebietes das Bevölkerungswachstum unterschiedlich entwickelte, war bei den Landkreisen durchweg ein hohes Wachstum auszumachen. Offenbach hatte deutliche Bevölkerungsverluste (- 8,7 %), Frankfurt stagnierte (+ 1,8 %), Wiesbaden (+ 7,1 %)

(2) Anneliese Krenzlin: Werden und Gefüge des rhein-mainischen Verstädterungsgebietes. In: Festschrift zur 125-Jahrfeier der Frankfurter Geographischen Gesellschaft 1836-1961. Frankfurt 1961 (= Frankfurter Geographische Hefte 37), S. 311–387; hier: S. 335 ff.

und Darmstadt (+ 5,6 %) wuchsen maßvoll, einzig Mainz (+ 14,1 %) hatte ein starkes Bevölkerungswachstum. Demgegenüber lag der Main-Taunus-Kreis mit einem Zuwachs von 33,9 % an der Spitze. [8]

PENDLERWESEN UND WIRTSCHAFTLICHER STRUKTURWANDEL

Für die Entwicklung der Region als polyzentrisches Verstädterungsgebiet war es bedeutsam, dass die sich ständig mehrende Zahl von Menschen, die aus dem agrarischen Umland in die Industriebetriebe des Rhein-Main-Gebiets zur Arbeit strömte, ihren Wohnsitz nur teilweise an den Arbeitsort verlegte. Erst die innere Verkehrserschließung durch die Eisenbahnen, später die Massenmotorisierung und der Straßen- und Autobahnbau, ermöglichten es den Arbeitern überhaupt, weiterhin im heimatlichen Dorf zu wohnen und ihren Landbesitz im Nebenerwerb weiter zu bewirtschaften. Hierbei wurde deutlich, dass die Pendlerwanderung als Phänomen die gesamte Region betraf, die Stadt Frankfurt dieses Geschehen aber deutlich bestimmte. 1927 und 1938 kamen knapp 28 000 Pendler nach Frankfurt, es folgte die Automobilstadt Rüsselsheim mit rund 15 000 Einpendlern. [10] Nach dem Zweiten Weltkrieg kam es zu einem sprunghaften Anstieg im Pendelverkehr, 1950 betrug die Zahl der Einpendler für Frankfurt 70 000, 1956 bereits 93 500. Sie stieg bis 1970 auf 200 000, erreichte 1987 mit 283 000 ihren Höhepunkt und blieb seitdem konstant. Auch in Wiesbaden und Mainz nahm die Zahl der Einpendler zu, beide Städte konnten hier dem Wachstumstrend Frankfurts folgen.

Die Pendlereinzugsbereiche der Städte weisen auch gegenwärtig große Unterschiede auf und überlappen sich kaum. Die unterschiedlichen Einzugsbereiche unterstreichen die Polyzentralität der Region und belegen die fortgeschrittene Wohnsuburbanisierung. Die intensive Pendlerwanderung innerhalb der Region und der nachweislich geringe Anteil von Bewohnern des Rhein-Main-Gebietes, die außerhalb der Region arbeiten, zeigen, dass tatsächlich von einer wirtschaftlich eng verknüpften „Region Rhein-Main" gesprochen werden kann. [11] Nicht zuletzt das die Wirtschaftsstruktur des Rhein-Main-Gebietes nachhaltig

verändernde Wachstum des Dienstleistungssektors führte zum Anstieg der Pendlerzahlen. Noch zu Beginn der 50er Jahre hatte die Gruppe der Industriearbeiter in allen rhein-mainischen Städten den größten Anteil an der arbeitenden Bevölkerung. Ab Mitte der 50er, spätestens aber zu Beginn der 60er Jahre jedoch wurde der Dienstleistungssektor deutlich stärker. Die größte Schrumpfung der Arbeitsplätze im Bereich des verarbeitenden Gewerbes erfolgte in Frankfurt gegen Mitte der 70er Jahre; schließlich pendelte sich der Anteil der in der Industrie Beschäftigten bei rund 18 % (1987) ein, der tertiäre Sektor umfasste zu diesem Zeitpunkt 76 % der Beschäftigten. Auch im regionalen Maßstab ging die Zahl der Beschäftigten im verarbeitenden Gewerbe deutlich zurück, wenn auch nicht auf ein solch niedriges Niveau wie in der Mainmetropole. Im Rhein-Main-Gebiet waren 1987 immerhin noch 27 % der Beschäftigten in der Industrie tätig, knapp 66 % im Dienstleistungsbereich. [12] Die Gründe für den deutlichen Bedeutungsverlust des verarbeitenden Gewerbes im Rhein-Main-Gebiet sind vielschichtig: vor allem teure Arbeitskräfte und fehlende innerstädtische Ausdehnungsflächen sorgten dafür, dass die Warenfertigung unter starken Druck geriet. Als Reaktion auf diese Entwicklung zog das verarbeitende Gewerbe in einem ersten Schritt aus den Städten in das Umland, besonders aus Frankfurt und Offenbach heraus. Die Zielorte dieser Verlagerung von Arbeitsplätzen lagen vornehmlich um Hanau und Darmstadt (Rodgau, Langen, Dreieich) und vor dem Taunus, zwischen Hochheim am Main und Bad Nauheim. [13]

Eine weitere Möglichkeit und der zweite Schritt vieler Industrieunternehmen in der Region lag in der Auslagerung von Teilen bzw. der gesamten Produktion ins Ausland oder dem Import von Fertigungsteilen aus dem Ausland (Automobil- und Zulieferindustrie) zwecks Weiterverarbeitung.

Der Verlagerung von Betrieben des verarbeitenden Gewerbes ins Umland schlossen sich aus denselben Gründen bald die Distributionsunternehmen an. Sie errichteten ihre Zentrallager in verkehrsgünstig gelegenen Gewerbegebieten (nahe der Autobahn). Speditionen, besonders die auf Luftfracht ausgerichteten, gingen nach Kelsterbach; Großhandelsbetriebe,

(3) Zum Industrialisierungsprozess und der Bevölkerungsentwicklung Frankfurts vgl. Dieter Rebentisch: Industrialisierung, Bevölkerungswachstum und Eingemeindungen. Das Beispiel der Stadt Frankfurt am Main 1870–1914. In: Jürgen Reulecke (Hrsg.): Die deutsche Stadt im Industriezeitalter. Beiträge zur modernen deutschen Stadtgeschichte, Wuppertal 1978, S. 92 f. (4) Für die Bevölkerungsentwicklung der Stadt Mainz: Michael Kläger: Mainz auf dem Weg zur Großstadt (1866-1914). In: Mainz – Die Geschichte einer Stadt, hrsg. v. Franz Dumont u.a., Mainz 1999, S. 429–417. (5) Vgl. Karl H. Asemann/ R. Kullmann: Stadtgebiet und Einwohnerzahl – ihre Entwicklung in den letzten 150 Jahren. In: Frankfurt am Main. Statistische Monatsberichte, Jahrgang 27, Heft 3/4 (1965) S. 25–34. (6) Zahlen nach: Olivier Löffler: Zuwanderung in das Rhein-Main-Gebiet 1871–1995, Frankfurt 1998, S. 5–33.

TABELLE 3 (14)

Entwicklung der Beschäftigung in den Kreisen und kreisfreien Städten der Region Rhein-Main zwischen 1980 und 1998		
Städte/Kreise	SV-Beschäftigte (%)	Beschäftigte im prod. Gewerbe (%)
Frankfurt	- 1,7	-4,4
Darmstadt	-4,0	-26,3
Offenbach	-16,4	-44,4
Mainz	+14,1	-29,7
Main-Taunus-Kr.	+46,7	+10,5
Wetteraukreis	+18,3	-10,3
Vogelsbergkreis	+7,1	-18,2
LK Darmst.-Diebg.	+19,6	-11,5

Handelsvertretungen und Verkaufsniederlassungen fanden immer wieder den Weg nach Eschborn. Bis Ende der 90er Jahre war auch in den Landkreisen des Rhein-Main-Gebietes dieser grundlegende Strukturwandel vollzogen [TABELLE 3]. Während die Zahl der Sozialversicherungspflichtigen in den Städten recht deutlich sank, erlebten die hier – stellvertretend für alle anderen – angeführten rhein-mainischen Landkreise allesamt einen enormen Anstieg bei den Beschäftigten. Insgesamt gesehen nahm die Zahl der im „sekundären Sektor" Arbeitenden deutlich ab, halbierte sich in Frankfurt und Offenbach sogar fast.

Sicherlich waren die Bedingungen für diesen Sektor abseits der städtischen Zentren günstiger, wobei wohl zuerst an das Lohngefälle zu denken ist, nicht zuletzt aber auch an die Grundstückspreise. Den Landkreisen, anders als den Zentren der Region, gelang es indes mehrheitlich, den starken Rückgang im produzierenden Gewerbe durch das Wachstum tertiärwirtschaftlicher Arbeitsplätze auszugleichen und teilweise sogar zu überkompensieren. Aber auch Frankfurt als

Dienstleistungsmetropole schaffte es, seine Spezialisierung auf diesem Sektor voranzutreiben und den Arbeitsplatzverlust im verarbeitenden Gewerbe zumindest teilweise auszugleichen.

Von Frankfurts Aufstieg zur Bankenmetropole und Dienstleistungshauptstadt profitierte das ganze Rhein-Main-Gebiet, denn die gleiche zentrifugale Verlagerung der Arbeitsplätze von der Stadt ins Umland, wie sie bei Industriebetrieben erfolgte, war auch bei Dienstleistungsunternehmen bzw. Unternehmensverwaltungen zu beobachten. Schließlich wurden die suburbanen Gemeinden auch zum Standort großer Büroflächen. Beispiele für spektakuläre Ansiedlungserfolge sind Eschborn und Oberursel.

FAZIT

In den vorherigen Ausführungen wurde deutlich, welchen Entwicklungsschub die Zeit nach dem Zweiten Weltkrieg für das Rhein-Main-Gebiet bedeutete. Im Zuge der Verlagerung von Industriebetrieben, später Dienstleistungsunternehmen aus den Kernstädten in das Umland, mit der Suburbanisierung, der fortschreitenden inneren Verkehrserschließung und dem starken Pendlerverkehr entstand das Rhein-Main-Gebiet als eine verflochtene Wirtschaftsregion. Diese Vernetzung hatte ihren Ursprung in der Industrialisierung und verdichtete sich nach dem Zweiten Weltkrieg bis heute weiter. Während mithin die Industrie das Rhein-Main-Gebiet als einheitliche Wirtschaftsregion ermöglichte, erfolgte ihre volle Ausbildung erst mit dem Rückgang des verarbeitenden Gewerbes und dem Aufstieg des Dienstleistungssektors. Dabei hat sich Rhein-Main trotz der bestehenden politischen und administrativen Zerrissenheit zu einer der dynamischsten Regionen Europas entwickelt. Dass dabei der innerregionale Konkurrenzkampf um Investitionen und Innovationen möglicherweise mehr zur Konkurrenzfähigkeit des Rhein-Main-Gebietes beigetragen hat, als eine regionale Vereinheitlichung dies zu leisten vermag, sollte in der gegenwärtigen Diskussion berücksichtigt werden.

(7) Zahlenangaben aus: Bodo Freund: Die Entwicklung von Wirtschaft und Bevölkerung im Rhein-Main-Gebiet. In: Rhein-Main: Die Region, Vorträge zu Wirtschaft, Verkehr, Umwelt und Bevölkerung, Mainz 1993, S.7–34, hier: Tabelle 5., S. 33; Die Zahlenangaben beziehen sich auf den Regierungsbezirk Darmstadt inklusive der Städte Mainz und Aschaffenburg sowie der Landkreise Aschaffenburg-Land und Mainz-Bingen. (8) Zahlenangaben aus: Ruth Bördlein: Region Rhein-Main: Region ohne Grenzen. In: Klaus Brake u.a. (Hrsg.): Suburbanisierung in Deutschland, Opladen 2001, S. 177. (9) Nach: Olivier Löffler, Tabellen S. 45, 49,50; Bodo Freund, Tabelle S. 36. (10) W. Decker: Die Tagespendlerwanderung der Berufstätigen nach Frankfurt, Diss. Frankfurt 1929; W. Hartke: Das Arbeits- und Wohngebiet im rhein-mainischen Lebensraum. In: Rhein-Mainische-Forschungen 18, Frankfurt 1938. (11) Vgl. Regionalatlas Rhein-Main, Natur – Gesellschaft – Wirtschaft (Rhein-Mainische-Forschungen, Heft 120), Frankfurt 2000. (12) Zahlenangaben nach: Bodo Freund, Tabelle S. 277. (13) Ebd., S. 280 f. (14) Zahlenangaben aus: Ruth Bördlein: Region Rhein-Main, Tabelle S. 178.

INDUSTRIESTANDORT FRANKFURT/RHEIN-MAIN – ZUKUNFTSFÄHIG, INNOVATIV, FLEXIBEL

Martina Winkelmann

Wissensgesellschaft, Dienstleistungsgesellschaft und Industriestandort – das sind Begriffe, die hier und dort unterschiedliche Bilder wecken: Wissensgesellschaft und Dienstleistungen sind der Weg der Zukunft, der Industriestandort gehört der Vergangenheit an. Diese Vorstellung ist ein gefährlicher Trugschluss.

FRANKFURT/RHEIN-MAIN: EINE REGION IM STRUKTURWANDEL

Frankfurt/Rhein-Main wird heute vielfach als reiner Dienstleistungsstandort wahrgenommen, in dem Banken, Börse, Messe und Flughafen dominieren und die Industrie in großem Ausmaß abwandert. Tatsächlich befindet sich Frankfurt/Rhein-Main wie alle Regionen in Deutschland in einem Strukturwandel.

Produzierende Unternehmen verlagern einfache Tätigkeiten ins Ausland. Darüber hinaus werden Teile des Unternehmens, die nicht die Kernkompetenz betreffen – wie etwa der Fuhrpark oder die Kantine – ausgelagert. Die entsprechenden Beschäftigten werden nun nicht mehr als Industriebeschäftigte, sondern als Dienstleister erfasst. Aufgrund der hohen Arbeitskosten und des wenig flexiblen Arbeitsrechts hält der Verlagerungsdruck für die ansässigen Industrieunternehmen weiterhin an. Aber auch in Zukunft wird Frankfurt/Rhein-Main ein herausragender und zukunftsfähiger Industriestandort sein. Schon heute sind Unternehmen in dieser Region nur dann wettbewerbsfähig, wenn ihnen kundenspezifische Innovationen gelingen. Frankfurt/Rhein-Main wird deshalb in Zukunft von Industrieunternehmen geprägt sein, die sich schnell und flexibel den Kundenwünschen anpassen können und deren hoch qualifizierte Mitarbeiter großes Wissen einbringen.

WIRTSCHAFTSSTRUKTUR FRANKFURT/RHEIN-MAIN

Mit rund 5,5 Millionen Einwohnern und einer Bruttowertschöpfung von rund 163 Milliarden Euro, die 8,5 % der gesamten deutschen Wertschöpfung entspricht, ist Frankfurt/Rhein-Main eine führende europäische Metropolregion. Sie verfügt über eine hervorragende Verkehrsinfrastruktur mit einem der größten Flughäfen Europas und der Welt. Darüber hinaus besitzt diese Metropolregion eine einmalige Ansammlung an Wissensquellen, die für deren wirtschaftliche Zukunft von eminenter Bedeutung sind:

25 Hochschulen und Fachhochschulen, mehrere Max-Planck- und Fraunhofer-Institute, hervorragende weitere nationale und internationale Forschungseinrichtungen sowie eine Vielzahl forschender Unternehmen. In diesem Umfeld waren am 30. Juni 2003 [1] rund 1,9 Millionen sozialversicherungspflichtig Beschäftigte tätig. Mit rund 400 000 Beschäftigten sind die Industrie und das produzierende Handwerk (das „Verarbeitende Gewerbe") der beschäftigungsstärkste Wirtschaftsbereich. Es folgen die industrienahen Dienstleistungen mit rund 310 000 Arbeitnehmern, der Handel mit fast 300 000 Beschäftigten, das Gesundheits- und Sozialwesen mit mehr als 180 000 Beschäftigten, Verkehr und Telekom mit fast 150 000 Arbeitnehmern sowie das Kredit- und Versicherungsgewerbe mit etwa 140 000 Arbeitnehmern.

INDUSTRIESTANDORT FRANKFURT/RHEIN-MAIN

Betrachtet man den Industriebereich näher, der Rhein-Main-weit einen Anteil von 21 % an der Gesamtbeschäftigung hält, fällt auf, dass der Ballungskern anders strukturiert ist als die Bereiche, die sich an diesen Ballungskern anschließen. Vor allem im Ring um den Ballungskern finden sich leistungs- und innovationsstarke industrielle Ansammlungen.

Da der Ballungskern eine hohe absolute Beschäftigungsintensität aufweist, sind auch hier noch starke industrielle Kerne vorhanden, selbst wenn der Beschäftigungsanteil der Industrie beispielsweise im IHK-Bezirk Frankfurt auf knapp 12 % und im IHK-Bezirk Wiesbaden auf rund 17 % gesunken ist. Die höchsten Industrieanteile befinden sich mit 38 % im IHK-Bezirk Aschaffenburg und mit 30 % im IHK-Bezirk Darmstadt.

Die Branchenstruktur in Frankfurt/Rhein-Main zeigt einen eindeutigen Schwerpunkt in der Elektroindustrie (Elektrotechnik, Elektronik, Medizin- und Messtechnik mit rund 66 000 Beschäftigten), gefolgt von der chemischen Industrie (56 000 Beschäftigte), dem Maschinenbau (55 000 Beschäftigte), dem Fahrzeugbau (50 000 Beschäftigte) sowie dem Metall erzeugenden

---

(1) Die Daten beziehen sich auf das Jahr 2003, da aufgrund eines statistischen Wechsels die neueren Zahlen nicht mehr mit den früheren Zahlen vergleichbar sind.

WIRTSCHAFTSSTRUKTUR FRANKFURT/RHEIN-MAIN 2003

Sozialversicherungspflichtige Beschäftigte zum 30. Juni 2003 (Anteil in %)

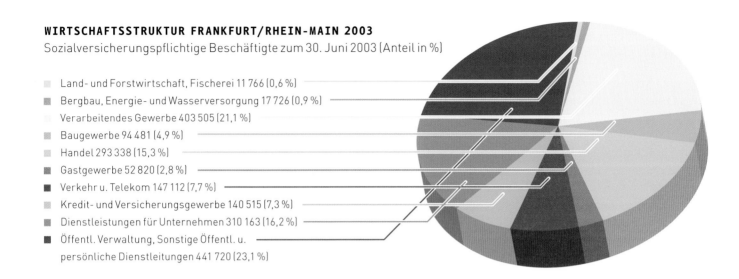

- Land- und Forstwirtschaft, Fischerei 11 766 (0,6 %)
- Bergbau, Energie- und Wasserversorgung 17 726 (0,9 %)
- Verarbeitendes Gewerbe 403 505 (21,1 %)
- Baugewerbe 94 481 (4,9 %)
- Handel 293 338 (15,3 %)
- Gastgewerbe 52 820 (2,8 %)
- Verkehr u. Telekom 147 112 (7,7 %)
- Kredit- und Versicherungsgewerbe 140 515 (7,3 %)
- Dienstleistungen für Unternehmen 310 163 (16,2 %)
- Öffentl. Verwaltung, Sonstige Öffentl. u. persönliche Dienstleitungen 441 720 (23,1 %)

und verarbeitenden Gewerbe (39 000 Arbeitnehmer). Diese statistische Beschreibung gibt nur zum Teil die tatsächliche Landkarte der Industriestruktur wieder. Heute laufen die Wertschöpfungsketten der Produktion quer durch die genannten Wirtschaftsbereiche. So werden im Fahrzeugbau Zulieferbetriebe aus dem Gummi- und Kunststoffbereich (z. B. Reifen und Schläuche) nicht erfasst. Löst man sich von den Branchenbeschreibungen, sind in Frankfurt/Rhein-Main folgende Schwerpunktindustrien ansässig: Automation – die Entwicklung, Konzeption, Bau und Systemintegration von Anlagen erfasst – , Automotive, Chemie, Biotechnologie – die als Bereich „Health Care" auch die Pharmazie, Medizintechnik, Life Science und das Gesundheitswesen beinhaltet – sowie der gesamte Bereich der Materialwissenschaften und neuen Werkstoffe.

Der Industriesektor musste in den Jahren zwischen 1999 und 2003 einen Beschäftigungsrückgang von gut 8 % hinnehmen, der alle Branchen traf.

Die industriellen Schwerpunktbranchen der Region haben den Arbeitsplatzabbau besser auffangen können und haben unterdurchschnittlich stark Beschäftigung abgebaut.

DIENSTLEISTUNGEN FÜR UNTERNEHMEN

Mit einem Anteil von ca. 16 % an der Gesamtbeschäftigung in Frankfurt/Rhein-Main bilden die industrienahen Dienstleistungsunternehmen einen wesentlichen Wirtschaftssektor der Region. Als stärkste Dienstleistungsbranche hat sich der Bereich „Consulting" etabliert, in dem Rechts-, Steuer- und Unternehmensberatungen zusammengefasst sind (84 000 Arbeitnehmer). Mit weitem Abstand folgen die Datenbanken und Datenverarbeitung (39 000 Beschäftigte),

die Gebäudereinigungsbranche (29 000 Beschäftigte) sowie die Architektur- und Ingenieurbüros (29 000 Arbeitnehmer).

Unternehmen der Dienstleistungsbranche, die von der Industrie leben, sind in den vergangenen Jahren stark gewachsen (Anstieg der Beschäftigtenzahl um 19 % im Vergleich 30. Juni 1999 zu 30. Juni 2003).

Die in Frankfurt/Rhein-Main strukturbestimmenden Branchen weisen ein besonders hohes Wachstum auf: Consulting (+ 29 %), Datenbanken und Datenverarbeitung (+ 30 %), Gebäudereinigung (+ 27 %).

AUSBLICK – WAS IST ZU TUN?

Die Industrieunternehmen werden auch in Zukunft einem deutlichen Verlagerungsdruck ausgesetzt sein. Nach wie vor sind die Kosten in Frankfurt/Rhein-Main hoch und das Arbeitsrecht zu wenig flexibel, um schnell auf die Bedürfnisse des Marktes reagieren zu können. Im nahen und fernen Ausland finden diese Unternehmen hingegen deutlich niedrigere Lohnkosten, gut qualifizierte Arbeitskräfte und flexible Arbeitsgestaltungsmöglichkeiten vor.

Es wird notwendig sein, die zukunftsfähigen Industrieunternehmen dennoch in Frankfurt/Rhein-Main zu halten. Ohne die industrielle Basis ist den anderen Wirtschaftszweigen, insbesondere den sich dynamisch entwickelnden Dienstleistungen für Unternehmen, aber auch dem Handel, die wirtschaftliche Grundlage entzogen. Der Erfolg der heute ansässigen Industrieunternehmen beruht vor allem auf ihrer Stärke, spezifische Kundenwünsche zu erfüllen, sowie auf ihren hochinnovativen Produkten. Diese Fähigkeit gilt es zu steigern und zu stärken.

WAS INTERESSIERT EUROPA AN DER ROUTE DER INDUSTRIEKULTUR RHEIN-MAIN?

Reinhard Henke

Man könnte es sich einfach machen: Europa interessiert sich herzlich wenig für die Route der Industriekultur Rhein-Main. Gleichwohl zahlt „Europa" knapp 150 000 Euro für dieses Projekt, eine finanzielle Förderung, ohne die die Route der Industriekultur Rhein-Main mit Sicherheit nicht existieren würde. Wie passt das zusammen?

Die Antwort darauf lässt sich nicht in wenigen Sätzen geben, denn es spielen verschiedene Aspekte eine Rolle: europäische Traditionen, europäische Entwicklungsstrategien, Raumplanung, Partnerschaften über Grenzen hinweg – und einiges an Bürokratie.

EINHEIT IN DER VIELFALT

Europa ist ein Kontinent mit verschiedenen Sprachen und Traditionen und mit gemeinsamen Werten. Für die Menschen wird Europa, wird Europapolitik greifbar, wenn es gelingt, den richtigen Weg zwischen Einheit und Vielfalt zu finden. Industriekultur kann ein Schlüssel dazu sein: Industrie hat die Entwicklung der Mitgliedstaaten der Europäischen Union geprägt, ihre Gesellschaften und ihre Landschaften. Sie war und ist Basis des Wohlstandes und Quelle von Konflikten. Industrielle Entwicklung hat Ländergrenzen übersprungen – man denke etwa an Dampfmaschinen, Eisenbahn und Steinkohlebergbau; und sie hat überall ähnliche, aber nicht gleiche Spuren hinterlassen. Industrie kann, gut vermittelt, Interesse und Begeisterung wecken, Abläufe werden sichtbar und spürbar, und oft hat sie unmittelbar mit dem Alltag der Bürgerinnen und Bürger zu tun: die Fabrik, in der der Großvater gearbeitet hat, der Bahnhof, den man täglich durchfährt, das Werk, aus dem das Auto stammt, mit dem man fährt ...

MEHR UND BESSERE ARBEITSPLÄTZE DURCH FÖRDERUNG VON WISSEN UND INNOVATION

Wir reden mit Bedacht nicht von Industriegeschichte, sondern von Industriekultur, weil wir auch das Geschehen von heute einbeziehen. Und tatsächlich spielt – entgegen dem Klischee von Börse, Banken und Flughafen – die Industrie in der Region Frankfurt Rhein-Main auch heute eine tragende Rolle. Die Europäische Union hat sich vor fünf Jahren in Lissabon zum Ziel gesetzt, die EU bis 2010 zum wettbewerbsfähigsten und dynamischsten Wirtschaftsraum der Welt zu machen. Dieser Prozess ist etwas ins Stocken geraten.

Zur Halbzeitbilanz propagiert die EU-Kommission einen neuen Aufbruch, und das EU-Parlament hält in einer entsprechenden Entschließung fest, „dass die Europäische Union im Rahmen des globalen Zieles der nachhaltigen Entwicklung ein Vorbild für den wirtschaftlichen, sozialen und ökologischen Fortschritt in der Welt sein kann" (Entschließung des Europäischen Parlaments zur Halbzeitprüfung der Lissabon-Strategie, 38/PE 356.371, Nr. 1). Diese Modernisierung wird nur gelingen, wenn Europa sich auf seine Stärken und Traditionen bezieht und nachhaltig die Lebensqualität in den Regionen sichert und verbessert.

FÜR EINE AUSGEWOGENE UND NACHHALTIGE ENTWICKLUNG DES TERRITORIUMS DER EU

Raumplanung ist die entscheidende Schnittstelle zwischen der Route der Industriekultur Rhein-Main und der verfassten europäischen Union. Die wenig publikumswirksame Raumplanung (hier als Sammelbegriff für Raumordnung, Regionalpolitik, Regionalplanung und verwandte Disziplinen verwendet) ist Gegenstand des Europäischen Raumentwicklungskonzepts, kurz EUREK, das 1999 von den für Raumordnung zuständigen Ministern der Mitgliedstaaten der EU einstimmig verabschiedet worden ist. Es enthält gemeinsame Ziele bzw. Leitbilder für die zukünftige Entwicklung des Territoriums der Europäischen Union. Erhaltung und Management der natürlichen Lebensgrundlagen und des kulturellen Erbes sowie eine ausgeglichenere Wettbewerbsfähigkeit des europäischen Raumes sind darin Schlüsselbegriffe. Die Route der Industriekultur Rhein-Main ist ein Beispiel für die integrierte Umsetzung der Ziele „Kreativer Umgang mit Kulturlandschaften" und „Kreativer Umgang mit dem Kulturerbe" und der im EUREK dazu aufgeführten Optionen (EUREK, Politische Ziele und Optionen für das Territorium der EU Nr. 3.4.4 und 3.4.5). Denn genau dort liegt die Stärke der Route der Industriekultur Rhein-Main: In der Einbindung der Objekte in ein räumliches Konzept.

NEUE STADTLANDSCHAFTEN – EUROPÄISCHE PARTNER FÜR NACHHALTIGE ENTWICKLUNG

Alle bisher genannten Zutaten sind wichtige Grundlagen dafür, dass „Europa" sich für die Route der Industriekultur interessiert. Letztlich entscheidend aber

INTERREG IIIB – NORTH WEST EUROPE

E.U. regions

zones outside the E.U.

Non-E.U. areas are indicative only.
© EuroGeographics Association for
the administrative boundaries

0   50   250km

sind der Wille, die Bereitschaft und die Fähigkeit verschiedener europäischer Akteure, zusammenzuarbeiten. Damit wird „Europa" greifbar: Anders als die fernen Organe Rat, Kommission und Parlament handelt es sich bei diesem Team, das Behörden und ein Netz aus regionalen und subregionalen Akteuren repräsentiert, um Fachleute, Praktiker, Kolleginnen und Kollegen, die an verschiedenen Stellen in Europa, in London, Amsterdam, Luxemburg, Saarbrücken, Essen, Dortmund und Frankfurt am gleichen Thema arbeiten: Der Verbesserung der Lebensqualität in den Metropolregionen mit Mitteln der Raumplanung. Diese Partnerschaft hat sich mit dem Namen SAUL ein Programm gegeben: Es geht um Sustainable and Accessible Urban Landscapes – nachhaltig zugängliche Stadtlandschaften. SAUL umfasst Aktionen und Investments einerseits und gemeinsam zu erarbeitende Analysen und Schlussfolgerungen andererseits. Der entscheidende Erfolg lag darin, diese Partnerschaft davon zu überzeugen, dass die Route der Industriekultur Rhein-Main einen wesentlichen Beitrag zu den SAUL-Schlüsselthemen leisten kann: Die Rolle hochwertiger öffentlicher Räume für die nachhaltige Entwicklung von Metropolregionen, einschließlich Fragen der regionalen Identität, der Raumplanung, der Partnerschaftlichen Planung und der „Lernenden Region". Die Genehmigung des Projektes 2003 ist die Basis für die Arbeit an der Route der Industriekultur, aber auch Verpflichtung. Mit anderen Worten: EU-Zuschüsse sind nichts, auf das man einen Anspruch hätte, man muss sie sich vielmehr erarbeiten – gemeinsam und mit guten Ideen.

„BRÜSSEL" FÜR FORTGESCHRITTENE – ES GEHT NICHT NUR UMS GELD

Mittel zum Zweck ist ein Konstrukt mit der imponierenden Bezeichnung „Gemeinschaftsinitiative Interreg IIIB Nordwesteuropa": Damit stellt die EU Geld bereit, das zur Umsetzung des EUREK genutzt werden soll. Kein Besucher der Route der Industriekultur muss darüber Bescheid wissen, aber der Vollständigkeit halber sei es hier doch kurz erläutert: Im Haushalt der EU stehen Mittel zur Förderung der Regionalen Entwicklung bereit, im Europäischen Fonds für Regionalentwicklung (EFRE). Das meiste Geld dient zur Förderung von Regionen mit besonderen Problemen, z. B. der Förderung von Infrastrukturmaßnahmen in abgelegenen Gebieten. Ein kleinerer Teil des Budgets ist für die Umsetzung des EUREK reserviert. Angesprochen

sind Behörden und andere öffentliche Einrichtungen, die sich mit Raumplanung befassen – mit der finanziellen Förderung sollen sie in die Lage versetzt werden, über Grenzen hinweg zusammenzuarbeiten. Folglich ist es auch eine Grundbedingung, dass sich Partner aus mehreren Mitgliedstaaten zusammenfinden. Das Spektrum der möglichen Kooperationsthemen orientiert sich am EUREK, es ist in einem Programmdokument festgelegt, das auch Antragstellung, Projektdurchführung und viele Formalitäten regelt.

Leider sind die Kooperationsmöglichkeiten räumlich begrenzt, Frankfurt Rhein-Main gehört definitionsgemäß zu Nordwesteuropa, daher kommen unsere Partner aus England, Luxemburg, den Niederlanden und deutschen Regionen nördlich und westlich von hier. Interreg-Mittel sind immer Zuschüsse, das heißt: In der Regel müssen die Partner die Hälfte des Budgets ihrer Projekte selbst aufbringen. Notabene: Das Klischee vom „Geld aus Brüssel" stimmt nicht – die Mittel werden von einem Gremium verwaltet, dem Ministerialbeamte aus den Mitgliedstaaten angehören.

FAZIT ODER: WARUM INTERESSIERT UNS EUROPA?

Hier wäre eine kurze Antwort – „des Geldes wegen" – völlig unangebracht. Der Erfahrungsaustausch mit den Kolleginnen und Kollegen aus den anderen Regionen ist ein Wert an sich. Er fördert die Kompetenz der Beteiligten und qualifiziert über das institutionelle Lernen die beteiligten Organisationen. Indirekt führt die europäische Kooperation auch zu Kooperation innerhalb der Regionen, wie die Route der Industriekultur Rhein-Main überzeugend beweist! Präsenz in Europa ist Öffentlichkeitsarbeit, Werbung für Unternehmen, Behörden, Regionen und Standorte. Und schließlich gelingt es gemeinsam viel besser, Interessen und Standpunkte zu vertreten und europäische Politik zu beeinflussen. Interreg ist ein Erfolgsmodell. Bleibt zu hoffen, dass es auch nach 2006 fortgesetzt wird.

AM ANFANG STANDEN DIE SCHIFFSTOUREN ...

Jürgen Schultheis

Ende der 90er Jahre hatten sich in Frankfurt mehrere kleine Diskussionszirkel gebildet, die sich mit gewisser Stetigkeit im Café „Dichtung und Wahrheit" am Goethehaus trafen. Stadtplaner, Landschaftsarchitekten, Kulturschaffende, politische Wahlbeamte aus Stadt und Region, Sympathisanten aus dem Ruhrgebiet, interessierte Bürger und ein Redakteur kamen dort zu informellen Runden zusammen, um über die Zukunft der Region Frankfurt/Rhein-Main zu diskutieren. Tiefes Unbehagen über die politische Stagnation in der Region und die Absicht, praktisch zu wirken, prägte die Atmosphäre in den Zirkeln.

Die in sich gespaltene und weitgehend von falschem Konkurrenzgedanken geprägte Region Frankfurt/Rhein-Main sollte vorangebracht werden und die inzwischen 100-jährige Debatte über die Gestalt der Region endlich Ergebnisse zeitigen.

US-McKinsey-Direktor Ed Michaels hatte gerade den „war for talent", den Kampf um hoch qualifizierte Beschäftigte, als eine der wichtigsten strategischen Aufgaben für Unternehmen in den nächsten 20 Jahren postuliert, und der US-amerikanische Regionalökonom Richard Florida (Pittsburgh) hatte eben auf die wachsende Bedeutung von Stadtregionen aufmerksam gemacht, deren Lebensqualität vor allem darüber entscheidet, wo sich die hoch qualifizierten Beschäftigten niederlassen. Auch in Deutschland wuchs in jener Zeit das Bewusstsein für die knappe Ressource Humankapital, weil niemand mehr vor den sinkenden Geburtenraten die Augen verschließen konnte. „Da geht es nicht mehr ums Gehalt, weil alle relativ gut zahlen, sondern darum, ob meine Familie

den Standort gut findet und wie ich mich am Standort entfalten kann", sagte Manfred Kirchgang, Professor für Marketingmanagement an der Handelshochschule in Leipzig, in einem Gespräch mit der Frankfurter Rundschau.

ES GIBT KEIN BILD DER REGION

Aber welches Image, welche Bilder in den Köpfen der Menschen gibt es von der Metropolregion Frankfurt/Rhein-Main? Die Bestandsaufnahme fiel damals eher negativ aus: Mit Bankentürmen und dem Flughafen als internationalem Drehkreuz allein lässt sich kein Bild zeichnen, das attraktiv wirkt auf jene Gruppe Hochqualifizierter, die nicht unerheblich über den ökonomischen und damit auch sozialen Erfolg einer Region entscheiden. Deshalb sollte ein Bild der Region erarbeitet werden. Dieses Bild war seinerzeit und ist womöglich auch heute nicht verfügbar, weil die Region keine gemeinsame politische Geschichte und damit keinen verbindenden Anknüpfungspunkt hat und es bislang keiner Initiative gelungen ist, dieses Bild in die soziale Kommunikation dauerhaft einzuspeisen. Ein Bild, das die Region nach außen profiliert und denen, die im Rhein-Main-Gebiet leben und arbeiten, Angebote zur Identifikation macht.

Damals entstand – publizistisch begleitet von einer Serie der Frankfurter Rundschau mit dem Titel „Die Zukunft der Regionen" – das Projekt einer Landschafts- und Strukturausstellung Regionale. Nach dem Vorbild der Internationalen Bauausstellung im Ruhrgebiet sollte die Regionale im Rhein-Main-Gebiet

über verschiedene Projekte die strukturelle Einheit einer bedeutenden Wirtschaftsregion verdeutlichen und erfahrbar machen. In der Grundsatzerklärung, die vom Städteplaner Thomas Sieverts (Büro S.K.A.T., Bonn), vom Stadtsoziologen Walter Siebel (Universität Oldenburg), vom Architekten und Städtebauer Wolfgang Christ (Bauhaus-Universität Weimar) und vom Umweltgestalter Peter Lieser (Universität Mainz) ausgearbeitet worden ist, heißt es: „An der Schwelle zum 21. Jahrhundert entwickelt sich das Rhein-Main-Gebiet rapide zu einem hochgradig vernetzten urbanen Raum, dessen Identität entwickelt und dessen Flair entfaltet werden muss. Die Region braucht deshalb ein Bild und einen Begriff von sich, um gleichermaßen als Lebens- und Arbeitsstandort weltweit attraktiv zu sein." Die Regionale, die später in Metropolitana umbenannt worden war, scheiterte zwar. Aber die unvermindert aktuelle Forderung nach regionaler Identität hatte das Bewusstsein in den informellen Zirkeln besonders für einen Vorschlag geschärft – den für eine Route der Industriekultur, wie sie im Ruhrgebiet erfolgreich aufgebaut worden ist.

KEINE MUSEALE ROUTE

Seit dem Jahr 2000 lagen das inhaltlich-didaktische Konzept von Peter Schirmbeck (Stadtmuseum Rüsselsheim) und das räumlich-strategische Konzept vom Architekturbüro ABS (Frankfurt) für eine Route der Industriekultur vor – in Auftrag gegeben vom Planungsverband Ballungsraum Frankfurt/Rhein-Main. Konzepte, die auch in den 70 Vorschläge umfassenden Projektkatalog der Metropolitana unter der Rubrik „Region der Kultur und Wissenschaft" aufgenommen worden waren. Konzepte aber auch, die unter all den vielen Vorschlägen die zweifellos reizvollsten waren, weil mit der Route die bislang unentdeckte gemeinsame Geschichte der Region über zwei Flüsse – Rhein

und Main – im Wortsinne erfahrbar gemacht und ein Weg hin zu produzierenden Unternehmen erschlossen werden sollte. Worin im Übrigen der entscheidende Unterschied liegt zur Route im Ruhrgebiet: Hier soll keine rein museale Route, kein Pfad zu stillgelegten und umgenutzten Produktionsarealen, sondern ein Erlebnisweg aufgebaut werden, der gleichermaßen alte, stillgelegte und neue, produzierende Anlagen verbindet.

Konzepte – so originell und überzeugend sie sein mögen – sind immer gefährdet. Sie verschwinden meist ungelesen in dunklen Schubladen oder scheitern spätestens im zuweilen komplizierten politischen Abstimmungsprozess – wie Mitte der 90er Jahre die brillante Idee einer Internationalen Bauausstellung für Rhein-Main. Ende 2001 reifte deshalb der Gedanke in der Redaktion der Frankfurter Rundschau, über die Serie zur Zukunft der Regionen hinauszugehen und den seinerzeit ungewöhnlichen Gedanken einer Route der Industriekultur in Rhein-Main zu popularisieren und einzelne Bauten vorzustellen. Zwei Ziele waren seinerzeit bestimmend: Das Projekt einer Route – wenngleich vom Planungsverband politisch und ideell getragen und von der EU finanziell unterstützt – sollte über das fragile Planungsstadium hinauskommen und öffentliches Bewusstsein stimuliert werden, um Akzeptanz für das Projekt zu schaffen. Zugleich sollte die kommunale und regionale Politik angeregt werden, die Route im Rhein-Main-Gebiet aufzubauen.

Im Februar 2002 leitete die Frankfurter Rundschau mit einer Sonderseite die Serie zur Route der Industriekultur ein. In einem Gastbeitrag schrieb der damalige Direktor des Planungsverbandes, Horst Faeser, unter der Überschrift „Industrielle Vergangenheit vermitteln": „Während andernorts Industriebauten zu Denkmälern erklärt und eine Route der Industriekultur ins Leben gerufen wurde, um den Strukturwandel der

Wirtschaft zu beschleunigen und nach außen hin zu dokumentieren, will der Planungsverband mit dem Projekt die Region Frankfurt/Rhein-Main als Standort für produzierendes Gewerbe profilieren ... Für die Region ist die Route der Industriekultur also kein rückwärts gerichteter Denkmalschutz. Es soll keine ‚Romantische Straße der Industriekultur' entstehen, sondern das Wissen von der großartigen industriellen Vergangenheit als Beitrag zur Orientierung der Region in die Zukunft verstanden werden."

KOOPERATIONSPROJEKT SCHIFFSTOUR

Dass dieses Wissen von der industriellen Vergangenheit im Grunde verfügbar, aber nicht öffentlich präsent ist, war die vielleicht beeindruckendste Erfahrung im Frühjahr und Sommer 2002. Im Verlauf der FR-Serie, in der 40 Objekte der Industriekultur zwischen Bingen und Aschaffenburg vorgestellt worden waren, meldeten sich zahlreiche Leserinnen und Leser, die der Redaktion Hinweise und Anregungen zur Industriegeschichte der Region gaben. Technisch und historisch interessierte und häufig genug engagierte Menschen, die meist in kleinen Kreisen vorzügliche Erinnerungsarbeit leisten. Vor allem aber meldeten sich ehemalige Mitarbeiter von Unternehmen.

Es waren diese Rückmeldungen der Leserinnen und Leser, die die Rhein-Main & Hessen-Redaktion der FR damals im Gedanken bestärkt haben, den journalistischen Pfad zu verlassen und als Zeitung, als corporate citizen, aktiv zu werden. So sind die Schiffstouren zur Route der Industriekultur entstanden.

Schon die Vorbereitungen haben damals gezeigt, wie überzeugend die Idee ist, eine Route an Rhein und Main aufzubauen. Kooperationspartner wie die Frankfurter Primus-Linie von Anton Nauheimer, Peter

Schirmbeck und D.W. Dreysse als Mitautoren der beiden Routen-Konzepte und kompetente Referenten während der Touren, Infraserv in Höchst, auf deren Gelände eines der Schmuckstücke industrieller Architektur steht – der Peter-Behrens-Bau – waren umgehend gewonnen und die Karten für die erste Tour mit einem Landgang zum Behrens-Bau (siehe dazu auch den Beitrag auf S. 91) schnell verkauft: Innerhalb von zwei Tagen waren keine Tickets mehr verfügbar, viele, die nachgefragt hatten – ob die Familie mit Kindern oder das Japanische Generalkonsulat – gingen bei der Premiere leer aus.

Die „Nautilus" legte am 31. August 2002 am Eisernen Steg um 9 Uhr zur ersten Tour ab, um 300 Teilnehmern zwischen Frankfurt und Mainz einen tieferen Einblick in die industrielle Geschichte der Region zu ermöglichen. An diesem Tag stiegen der Wiesbadener Planungsdezernent Joachim Pös und der Mainzer Oberbürgermeister Jens Beutel zu, um das letzte Stück der Schiffstour mitzufahren – Vertreter zweier Landeshauptstädte, die sich seither intensiv für das industrielle Erbe in der Region engagieren. Es war nicht der einzige symbolische Akt an diesem Tag: Gut 250 Kilometer entfernt sprach der damalige Bundespräsident Johannes Rau etwa zur gleichen Stunde in der Zeche Zollverein in Essen über die Bedeutung des industriellen Erbes. Die Zeche im Stadtteil Katernberg war damals zum Weltkulturerbe der UNESCO erklärt worden. Das Bauwerk sei ein großartiges Symbol der Montangeschichte, sagte Rau. „Wir brauchen lebendige Denkmalpflege, damit wir nicht zu Analphabeten der Erinnerung werden." Und Kulturstaatsminister Julian Nida-Rümelin ergänzte seinerzeit: „Jeder möchte Geschichten erzählen über sich und seine Vergangenheit – jedes Individuum und auch jede Gesellschaft braucht diese Geschichten."

GEGENGEWICHT ZU DELOKALISIERUNG UND VIRTUALITÄT

Geschichten erzählen von der Vergangenheit heißt zu wissen, wo man ist, den Ort zu kennen und dem Raum die Fremdheit zu nehmen. Wo aber Fremdheit überwunden wird und so etwas wie Bindung entsteht, steigt zugleich die Aufenthalts- und damit Lebensqualität für Menschen an ihrem Lebens- und Arbeitsort. In einer bedeutenden Wirtschaftsregion wie Frankfurt/Rhein-Main, die gerade wegen des Arbeitsplatzangebotes für viele Menschen attraktiv ist, ist dieses Bedürfnis nach Wiederverankerung, nach Hei-

Vor der ehemaligen Großmarkthalle, dem zukünftigen Standort der Europäischen Zentralbank

mat auf Zeit, vermutlich besonders ausgeprägt, weil viele Beschäftigte nicht in der Region aufgewachsen sind, in der sie arbeiten, und das neue Umfeld – weil es niemand erklärt – für sie weitgehend fremd bleibt. In der aber auch viele Einheimische wegen der fehlenden gemeinsamen Geschichte der Region sich vielleicht in der eigenen Kommune und am bevorzugten Urlaubsort auskennen, aber wenig oder gar nicht in der eigenen Region.

Jutta Grönefeld und Erika Heinzmann – Menschen, die an der ersten Schiffstour teilgenommen haben und des Arbeitsplatzes wegen nach Frankfurt gekommen sind – stehen vermutlich für viele, die Interesse zeigen an der industriellen Vergangenheit, um sich die Region zumindest über diesen Weg zu erschließen. Viele Zuzügler wüssten eben nicht, warum Frankfurt/Rhein-Main „so ist, wie es ist", sagten die Teilnehmerinnen damals. So gesehen geht die Bedeutung der Route der Industriekultur weit über die intendierte Absicht hinaus. Geschichte und Gegenwart des produzierenden Gewerbes bewusst zu machen, ist ihr Zweck; ihr großes Thema aber kann und sollte ihr Beitrag zu eben jener Wiederverankerung in einer häufig als fremd erlebten Rhein-Main-Region sein. Eine Wiederverankerung – und sei es auf Zeit –, die bislang kaum geleistet wird und in einer beschleunigten, mobilen und erzwungenermaßen flexiblen Gesellschaft umso wichtiger ist. „Delokalisierung und Virtualität werden in einem bisher nicht gekannten Maße das Bedürfnis nach dem wirklichen Ort, nach authentischer Zugehörigkeit erzeugen. Mobilität verlangt nach einem Ort der Heimkehr und des Verweilens", schreibt der Philosoph und Unternehmensberater Reinhard Sprenger. Richard Sennett hat vor einiger Zeit notiert: „Ein Ort wird zu einer Gemeinde, wenn Menschen das Pronomen ‚Wir' zu gebrauchen beginnen. So zu sprechen, setzt Bildung voraus, im Kleinen wie im Großen. Eine der unbeabsichtigten Folgen des modernen Kapitalismus ist die Stärkung des Ortes, die Sehnsucht der Menschen nach Verwurzelung in der Gemeinde. All die emotionalen Bedingungen modernen Arbeitens beleben und verstärken diese Sehnsucht."

15 TOUREN MIT 5000 TEILNEHMERN

Es geht um das ‚Wir' im Sennett´schen Sinne, um das ‚Wir' in einer Region, die zu keiner Gemeinde gewachsen ist und in der die Fremdheit noch immer schneller wächst als die Gemeinsamkeit. Darin liegt die Mehrfachbedeutung der Route, die Teil eines starken Bandes sein könnte, das die Region im Innern zusammenhält; die hilft, falsch verstandene Technikfeindlichkeit und gedankenloses Desinteresse an der Vergangenheit zu überwinden; und die eine Brücke schlagen könnte zwischen Wirtschaft und Gesellschaft, zwei Bereichen, die sich in Deutschland noch immer weitgehend fremd gegenüberstehen. Vor diesem Hintergrund wäre die Route der Industriekultur Teil eines großes Integrationsprojektes, das viele unerzählte Lebens- und Arbeitsgeschichten der Vergangenheit für die Gegenwart und Zukunft retten und öffentlich zugänglich machen könnte; die dabei helfen könnte, die Region als Sinnzusammenhang zu erfassen, um auf diesem Wege aus einem fremden Raum einen heimatlichen Ort auch für jene zu machen, die nicht in Frankfurt/Rhein-Main geboren oder aufgewachsen sind.

15 Schiffstouren entlang der Route der Industriekultur hat die Frankfurter Rundschau seit Ende August 2002 organisiert. 5000 Menschen haben an diesen Fahrten in die Vergangenheit und Gegenwart der Region teilgenommen; 5000 Multiplikatoren, die in ihrem Umfeld Botschafter eines faszinierenden Projektes sind. Das allein ist viel, reicht aber bei weitem nicht aus. Wer die Chancen erkennt, die eine Route in der Rhein-Main-Region bietet – vielleicht auch eines Tages als ökonomisch Gewinn bringendes Touristenziel oder als regionales Bildungsprojekt für Kinder und Erwachsene –, wird sowohl auf kommunaler wie auf staatlicher Seite nicht umhinkommen, das Projekt weitaus intensiver als bislang zu unterstützen.

DIE TAGE DER ROUTE
DER INDUSTRIEKULTUR RHEIN-MAIN

Sabine von Bebenburg

Sag es mir und ich vergesse es.
Zeige es mir und ich werde mich erinnern.
Lasse es mich tun und es wird Teil von mir.
(Konfuzius)

DIE AUSGANGSLAGE

Nach Vorarbeiten und zwei Basisstudien 2001 wird seit 2003 mit EU-Hilfe weiter systematisch an der Route der Industriekultur Rhein-Main gearbeitet: Da werden Objekte anhand einheitlicher Kriterien erfasst und dargestellt, Daten ausgewertet, thematische und räumliche Routen skizziert und Beschilderungen entworfen. Es werden Gespräche geführt: mit Unternehmen, mit Politikern, mit Fachleuten aller Art. Keine dieser vielfältigen Tätigkeiten dringt zunächst an das Licht der Öffentlichkeit.

Zu Beginn des EU-Projektes „SAUL – Sustainable and Accessible Urban Landscapes" (Nachhaltige und zugängliche Stadtlandschaften) stellte sich deshalb die Frage, ob die Route im Stillen entwickelt werden sollte, um sie Jahre später der Öffentlichkeit zu präsentieren – oder ob wir das Thema bereits von Anfang an interaktiv nicht nur mit Fachleuten, sondern Interessengruppen und den Bürgerinnen und Bürgern der Region erarbeiten sollten.

Der enorme Erfolg der von der Frankfurter Rundschau organisierten Schiffstouren wies darauf hin, dass Veranstaltungen und Exkursionen vor Ort den richtigen Ansatzhebel dafür bieten. Offensichtlich hatte dieses Angebot den Zeitgeist getroffen, wobei ein Schlüssel zum Erfolg war, das Angenehme mit dem Nützlichen in sinnlicher Erfahrung zu verbinden. Dieses Credo machten wir, die „Routenmacher", uns zu Eigen.

Im Jahr 2003 gaben wir ein freizeitorientiertes Sommerprogramm und im Winter ein eher wissenschaftlich geprägtes Programm mit Veranstaltungen an verschiedensten industriekulturellen Orten heraus.

Und veranstalteten zum ersten Mal den „Tag der Route der Industriekultur Rhein-Main". Gebündelt wurden an diesem Tag quer durch die Region auf einer Strecke von über 120 km entlang Main und Rhein Orte der Industriekultur zugänglich gemacht, gezeigt und erläutert, bespielt und inszeniert – also unmittelbar erlebbar gemacht.

WIE KOMMEN DIE VERANSTALTUNGEN ZUSTANDE?

Die Arbeit am Projekt „Route der Industriekultur Rhein-Main" ist dezentral organisiert und umfasst drei Ebenen: zum einen das regionale Projektmanagement und zum anderen die lokalen Projektmanager, die z. B. im Stadtplanungsamt, im Kulturamt, im Denkmalamt oder im PR-/Pressestab ihrer Kommune arbeiten und dort als Multiplikatoren wirken – gegenüber der örtlichen Verwaltung und Politik, örtlichen Unternehmen und Interessengruppen. Die Letzteren, die im Englischen „stakeholder" genannt werden, bilden die dritte Ebene. Ohne das ehrenamtliche Engagement dieser Experten vor Ort könnten die Tage der Route nicht stattfinden. Grundprinzip ist, dass Veranstaltungen vor Ort selbstständig organisiert und eigenständig finanziert werden. Seitens des Projektes gibt es politische und fachliche Unterstützung sowie eine übergreifende Öffentlichkeitsarbeit: Zwischen 40 000 und 60 000 Veranstaltungsprogramme werden vor den Tagen der Route in der Region verteilt, zudem wird auf Plakaten und in den Medien darauf hingewiesen.

In einem Facharbeitskreis werden zunächst Datum und mögliche Themenschwerpunkte für das folgende Veranstaltungswochenende besprochen und festgelegt. Sodann gibt es Gesprächsrunden mit Experten vor Ort, in denen angeregt wird, ohnehin geplante Veranstaltungen (z. B. eine Schiffstour oder einen Tag der offenen Tür) an diesem Termin zu bündeln.

Veranstaltungschronik

24.08.2003

ca. 40 Veranstaltungen mit knapp 3000 Besuchern

15. – 18. 07.2004

ca. 60 Veranstaltungen mit knapp 3500 Besuchern

14. – 17.07.2005

ca. 130 Veranstaltungen mit ca. 7000 Besuchern

24. – 27.08.2006

Architekt und Bauherr des Umbaus der ehemaligen Union-Brauerei in Frankfurt

Führung durch den King-Kamehameha-Club im ehemaligen Kesselhaus der Union-Brauerei, 16.07.04

Es folgen Impulse für neue Veranstaltungen, bei denen mehrere Akteure zusammenarbeiten: Da gibt es z. B. jemanden mit einer interessanten Sammlung von Computern (die sonst im Depot lagert) oder ein freies Theater mit einem Werk, das thematisch passt. Ein Unternehmensvertreter oder Eigentümer kann möglicherweise dafür am Veranstaltungswochenende einen attraktiven Ort (z. B. eine historische Fabrikhalle oder einen Lokschuppen) anbieten. Ein Dritter wiederum verfügt vielleicht über eine passende Infrastruktur (z. B. Beleuchtungsanlagen, Vitrinen oder Catering) – und der oder die lokale Koordinator/in sorgt für einen reibungslosen Ablauf, auch im Umgang mit den Behörden. Das Ganze ist dann mehr als die Summe seiner Teile – zum Wohle der Besucher. Gleichzeitig eröffnet die praktische Zusammenarbeit zwischen den verschiedenen Akteuren neue Perspektiven für eine weitere Kooperation.

DIE ANGEBOTE

Einige Beispiele von Veranstaltungen mögen die Potenziale, die in dem Projekt stecken, verdeutlichen: Im Winter 2003 veranstalteten wir in der Offenbacher Heynefabrik eine Podiumsdiskussion über die wirtschaftliche Tragfähigkeit von Umnutzungen industriekultureller Orte. Vorab gab es eine Führung durch die ehemalige Schraubenfabrik, in der heute neben dem Großhandel (Outlet) auch viele Kreative ihre Büros und Ateliers haben. Im Sommer 2004 wurde mit etwa 70 Teilnehmern eine Radtour durch den „wilden Osten" Frankfurts in Zusammenarbeit mit dem innovativen Immobilienentwickler Ardi Goldman durchgeführt, inklusive Führungen durch die jeweiligen Architekten des Um- bzw. Neubaus des Union-Brauerei-Areals, des Jadehauses und des UFO.

Das Theater Willy Praml bot im Sommer 2004 Führungen durch die Frankfurter Naxoshalle an der Wittelsbacher Allee an (siehe dazu auch den Beitrag auf S. 124), von ehemaligen Mitarbeitern der Naxos-Union geleitet. Anschließend wurden szenische Lesungen von Mitgliedern des Theaterensembles angeboten, in denen die von Naxos-Mitarbeitern erzählten Geschichten sich dramaturgisch zu einem Ganzen verwoben.

Solche Ansätze, die auf den authentischen Erfahrungen Beteiligter beruhen und als „Oral History", mündlich überlieferte Geschichte, bezeichnet werden, spielen überhaupt eine bedeutende Rolle: Bei Führungen auf der Route der Industriekultur Rhein-Main kommt es nicht selten vor, dass unter den Teilnehmern ehemalige Arbeiter oder Angestellte der jeweiligen Firma spontan von ihren einstigen Erlebnissen im Betrieb berichten.

Fester Bestandteil der Schiffstouren zur Route mit der 300 Personen fassenden „Nautilus" ist ein Landgang mit Besichtigung eines Ortes der Industriekultur. Im Jahr 2005 ermöglichte eine Zusammenarbeit zwischen

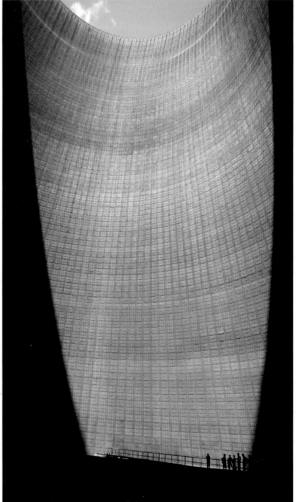

der Frankfurter Rundschau, der Evangelischen Kirche und dem Unternehmen E.ON ein ganz besonderes Erlebnis. Nicht nur die schieren Dimensionen der Anlagen im Kraftwerk Staudinger in Großkrotzenburg, die einen Menschen wie eine Ameise erscheinen lassen, beeindruckten die Teilnehmer, als Krönung des Ganzen wurde mit einem Chor und den Teilnehmern ein Klangerlebnis menschlicher Stimmen in einem riesigen Kühlturm inszeniert (siehe Abb. S. 32).

Es sind Erlebnisse dieser Art, die man nicht vergisst: den Klang der Stimmen im Kühlturm oder die staubige Kühle im alten Druckwasserwerk am Frankfurter Westhafen bei 35 Grad in der Sonne draußen. Die spürbare Abwärme der abkühlenden Glasblöcke, groß und rund wie Wagenräder, in der Mainzer Produktion von Schott. Die Geräuschkulisse der schnell laufenden Produktionsbänder in der Druckerei einer Tageszeitung, den Blick in die Tiefe vom Dach des Hauptbahnhofes, die Entdeckung eines verwunschenen, mit duftenden Rosen zugewachsenen Faulturms in einem ehemaligen Klärwerk. Die spektakuläre nächtliche Licht- und Feuerinszenierung bei den „Feuerwelten" im Mainzer Zollhafen.

INTENTION – ZIELE – ERGEBNISSE

Obwohl die Route noch nicht in der Stadtlandschaft sichtbar ist, kann sie doch am Veranstaltungswochenende bereits unter fachkundiger Führung erlebt werden.

• Durch die breite positive Medienresonanz werden die Bewohnerinnen und Bewohner auf das Projekt aufmerksam – es hat inzwischen einen hohen Bekanntheitsgrad und einen festen Platz im jährlichen Veranstaltungskalender der Region Frankfurt/Rhein-Main.

• Versuch und Irrtum: Die Wünsche und Reaktionen der Teilnehmer weisen auch auf Schwächen bzw. Verbesserungswürdiges hin. Eine Besucherbefragung 2004 ergab z. B., dass Führungen oder Radtouren für verschiedene Zielgruppen gekennzeichnet werden sollten – eine Anregung, die im Folgejahr aufgegriffen

wurde. Durch gezielte Angebote für jüngere Teilnehmer erweitert sich der Kreis der Interessenten. Weitere Anregungen umfassen u. a. ein Rhetorik-Training für technische Experten, die Führungen anbieten.

• Die Kooperation mit Industrieunternehmen wird erprobt: Unternehmensvertreter berichten immer wieder positiv erstaunt über das fachkundige und konstruktive Interesse der Besucher, die an ihren Führungen teilnehmen. Diese Erfahrung kann dazu führen, dass feste Besuchertermine vereinbart werden können, die über die Website der Route (www.route-der-industriekultur-rhein-main.de) kommuniziert werden. Und das ist möglicherweise erst ein Anfang für weitere Kooperationen mit Win-win-Effekten.

• Erfolgreiche interkommunale Zusammenarbeit wird an einem konkreten Projekt erlebt. Beispielhaft sei hier der Eisbrecher genannt, der bei den Tagen der Route 2004 zwischen Wiesbaden und Mainz im Einsatz war. Durch den direkten Kontakt und das persönliche Gespräch zwischen den verschiedenen am Projekt beteiligten bzw. interessierten Menschen entstehen neue Ideen und Impulse, die das Projekt voranbringen.

• Ein Bewusstsein für die Bedeutung industriekultureller Orte (z. B. Schornsteine als Landmarken) entsteht. Wenn Abrissarbeiten geplant sind, werden immer öfter Experten der Route hinzugezogen, um Wertvolles nach Möglichkeit zu erkennen und zu erhalten.

• Viele der Orte, die am Veranstaltungswochenende besichtigt werden können, sind sonst nicht öffentlich zugänglich. Gleichzeitig lädt das Programm dazu ein, sich auch in Teile der Region zu begeben, die man bislang noch nicht kennt. Diese Orte dann zu erleben, ihre Existenz und ihre Funktion im regionalen Gefüge zu verstehen, kommt dem Bedürfnis nach Orientierung in einer zunehmend komplexen Welt entgegen: Ein neues Verständnis für die Region entwickelt sich.

• Mit diesem Lerneffekt kann zugleich eine emotionalere Bindung entstehen – Voraussetzung zur Bildung einer regionalen Identität.

AUSBLICK

Der Erfolg und die Rückmeldungen von Teilnehmern zeigen, dass wir auf dem richtigen Weg sind. Die Liste von Interessenten wird länger und länger. Wie auch immer wir diese Nachfrage bewältigen werden, ob mit einem Sommerprogramm über mehrere Monate oder gezielt am Veranstaltungswochenende (oder beidem), ist noch offen. Klar ist aber: Auch wenn die Route so weit entwickelt wurde, dass sie beschildert ist und mithilfe von lokalen bzw. regionalen Routenführern individuell bereist werden kann, wird eine Nachfrage bleiben nach Führungen, nach Inszenierungen und dem gemeinsamen Erleben dieser besonderen Momente. Das kann am ehesten geleistet werden, wenn wir unsere Kräfte bündeln in Partnerschaften z. B. mit Unternehmen zum Vorteil aller Beteiligten (Win-win-Situation).

Auch wächst die Anzahl und Bereitschaft von Bürgern, oft nach Erreichen des Pensionsalters, aktiv bei der Route mitzuwirken. Es gilt, einen Rahmen für dieses ehrenamtliche Engagement zu finden. Beispielhaft mag die Gründung eines Fördervereins für das ehemalige Klärwerk Mainz-Kostheim in Wiesbaden sein (www.klaer-werk.com), bei dem sich vom Ortsvorsteher bis zum ehemaligen Betreiber, vom Theatermacher bis zum Mitarbeiter des Stadtplanungsamtes Menschen zusammengefunden haben, die gemeinsam verantwortlich eine nachhaltige Nutzung und Öffnung dieses besonderen Ortes befördern. Vom Londoner SAUL-Partner gibt es Erfahrungen mit einer Charta für freiwilliges Engagement in Gemeinschaftsprojekten. Auch von den Erfahrungen eines anderen SAUL-Partners, dem Ruhrgebiet mit seiner Route der Industriekultur (www.route-der-industriekultur.de), können wir lernen, obwohl die Rahmenbedingungen dort völlig andere sind. So fügt sich innerhalb eines Netzwerkes ein Mosaikstein zum anderen, wird die Idee Schritt für Schritt gemeinsam mit den Beteiligten umgesetzt.

Perspektivwechsel: neue Ansichten der Region – von oben (S. 34 oben: Blick vom Westhafentower in Frankfurt) – vom Fluss (oben: Westhafenansicht) – bei Inszenierungen (unten: Illumination des Kieswerks Menz in Mainz-Kastel am 15.07.05)

INDUSTRIEDENKMALE IN RHEIN-MAIN VOR 20 JAHREN UND HEUTE – EIN VERGLEICH

TRENDS, TENDENZEN, PERSPEKTIVEN

Rolf Höhmann

Das Bewusstsein für die reiche Industriegeschichte des Rhein-Main-Gebietes wurde schon vor etwa 25 Jahren durch die verdienstvolle Arbeit von Peter Schirmbeck beim Museum der Stadt Rüsselsheim geweckt, wobei zunächst vor allem die enge Verbindung des größten industriellen Arbeitgebers Opel mit der Stadt und den damit verbundenen sozialen und wirtschaftlichen Fragen dargestellt wurde. Eine vergleichbare Auseinandersetzung mit anderen historisch bedeutenden Industrien fand zunächst nicht statt. Im Bereich der Denkmalpflege gab es vereinzelte Initiativen wie die Inventarisation früher Eisenbahnbauten. Eine systematische Bearbeitung des Themenkomplexes „Technische Denkmale" durch spezialisierte Referenten, wie z. B. in Nordrhein-Westfalen, war wegen mangelnder personeller Ausstattung des Landesamtes für Denkmalpflege nicht möglich.

Eine Ausnahme bildete die Stadt Frankfurt, die in Person des seit 1981 dort tätigen Volker Rödel einen wissenschaftlichen Referenten in ihrem Denkmalamt besaß, der durch seine Veröffentlichungen zur Ingenieurbaukunst und Fabrikarchitektur weit über Frankfurt hinaus Maßstäbe setzte und gleichzeitig die fachlich fundierte Betreuung der ebenso zahlreichen wie wichtigen städtischen Objekte gewährleisten konnte. Ein von Giselher Hartung zur gleichen Zeit an der Architekturfakultät der TU Darmstadt eingerichtetes Seminar „Industriearchäologie" konnte in Kooperation mit dem Landesamt für Denkmalpflege Hessen und dem Frankfurter Denkmalamt eine größere Anzahl von Objekten durch studentische Arbeiten dokumentieren, die in vielen Fällen sehr hilfreich waren und bis heute nutzbar sind. Aus dem Seminar entstand der Ansatz, in einem Forschungsprojekt die Industriebauten des Rhein-Main-Gebietes systematisch zu inventarisieren und zu dokumentieren. Dieses Projekt erhielt 1984 von der Stiftung Volkswagenwerk eine Förderung für 30 Monate und wurde vom Verfasser bearbeitet.

SCHÄRFUNG DES BEWUSSTSEINS FÜR DEN HISTORISCHEN WERT TECHNISCHER DENKMALE

Eine erste Möglichkeit, die reiche Industrie- und Technikgeschichte Hessens einem breiten Publikum vorzustellen, entstand mit dem Ausstellungs- und Buchprojekt „Denkmäler der Industrie und Technik in

Hessen". Beteiligt waren wiederum das Museum Rüsselsheim und der Nicolai-Verlag in Berlin, der bereits technikgeschichtlich und fotokünstlerisch orientierte Bücher („Tote Technik" und „Sterbende Zechen") herausgebracht hatte und nun eine Buchreihe für alle Bundesländer plante. Als Herausgeber fungierte der wohl bekannteste Technikdenkmalpfleger Deutschlands, Axel Föhl. Leider wurde diese Reihe nach der Veröffentlichung des zweiten Bandes (Niedersachsen) nicht weitergeführt.

Für dieses Projekt waren umfangreiche Objektrecherchen in ganz Hessen notwendig, wobei auf nur

[1] Flusskraftwerk und Staustufe Hanau-Kesselstadt, abgerissen (Foto vom November 1985)

wenige Vorarbeiten zurückgegriffen werden konnte. Aus den in Rüsselsheim gesammelten Informationen, den vereinzelten Fachveröffentlichungen, den Inventaren des Landesamtes und des Forschungsprojektes der TU Darmstadt sowie der fast vollständigen Auflistung der Frankfurter Beispiele konnte eine Auswahl getroffen werden, die in sechs Hauptgruppen unterteilt einen Überblick über die thematische und regionale Verteilung der bedeutendsten Denkmale der Industrie und Technik in Hessen vermittelte. Besonderer Wert wurde vom Fotografen Peter Seidel und dem Verleger auf hochwertige Abbildungen gelegt, die in der Tradition der von Bernd und Hilla Becher entwickelten Dokumentationsfotografie die besonderen ästhetischen und formalen Reize industrieller und technischer Anlagen darstellen sollten. Naturgemäß konnte damit kein vollständiges Inventar historischer Industriebauten in Hessen vorgestellt werden. Die Auswahl beschränkte sich vielmehr auf bekannte, erschließbare und repräsentative Bauten und Anlagen, Einschränkungen thematischer Art oder auch wegen der Ablehnung durch Eigentümer waren hinzunehmen, fast alle wichtigen Objekte jedoch vertreten. Positiv ist anzumerken, dass nur ganz wenige der aufgeführten Denkmale inzwischen verloren gingen. Die Ausstellung wanderte durch zahlreiche hessische Museen, einige der Bilder hängen heute in den Gängen des Kultusministeriums. Ausstellungskatalog und Buchausgabe sind seit langem vergriffen.

Erfolg und Einfluss dieser Ausstellungen und Veröffentlichungen lassen sich nur schwer messen. Zeit-

fielen diesem teils ungestümen Modernisierungsbestreben zum Opfer, ebenso viele waren schon im Zweiten Weltkrieg zerstört worden. Die Probleme bei der Erhaltung technischer Denkmale im Rhein-Main-Gebiet vor etwa 20 Jahren werden am Beispiel des Flusskraftwerkes Hanau-Kesselstadt und des Bahnwasserturms am Darmstädter Hauptbahnhof deutlich. Mit dem Kesselstädter Kraftwerk [1] und dem dazugehörigen Stauwehr nebst Schleuse ging die älteste der Mainstauanlagen – geplant schon vor dem Ersten Weltkrieg – verloren. Dem mit kaum überprüfbaren technischen Gründen argumentierenden

[2] Wasserturm und Brücke des Dornheimer Wegs, Darmstadt (Foto vom November 1985)

[3] Empfangsgebäude Egelsbach, abgerissen (Foto vom November 1987)

gleich wurde aber auch die Diskussion um örtliche Technikmuseen aktiv betrieben – mit unterschiedlichem Erfolg, wie die Beispiele in Darmstadt, Hanau, Kassel und andernorts zeigen. Anerkennung fand indessen die Kategorie Technische Denkmale im Bereich der staatlichen Denkmalpflege, wie die Aufnahme vieler derartiger Objekte in die seitdem bearbeiteten Denkmaltopografien hessischer Städte und Landkreise belegt.

ZÄHES RINGEN UM ERHALT

Das Bewusstsein vom historischen und kulturellen Wert der Denkmale der Industrie- und Technikgeschichte hat sich nur langsam entwickelt.

Hessen gehörte nach dem Zweiten Weltkrieg zu den fortschrittlichen, aufstrebenden Bundesländern mit schnellem Wandel vom Agrar- zum Industrieland. Viele Bauten und Anlagen der Frühindustrialisierung

Abrissantrag der Bundeswasserstraßenverwaltung konnte seitens der Denkmalpflege wenig entgegengesetzt werden. Anders beim Wasserturm in Darmstadt, dessen Schicksal prototypisch für den Umgang der damaligen Deutschen Bundesbahn mit ihrem umfangreichen baulichen Erbe steht: Zunächst abrissgefährdet, dann vernachlässigt und beinahe Objekt gerichtlicher Auseinandersetzung, bei der die nach Bundesgesetz agierende Bahn wie so oft die Geltung des Landesdenkmalgesetzes in ihrem Bereich zu negieren suchte, wurde er schließlich an einen privaten Besitzer veräußert, der nach langem Leidensweg des Streitobjektes 2004 endlich die Instandsetzung beenden konnte, zeitgleich mit der daneben liegenden Ausleger-Stahlbrücke des Dornheimer Weges. Wasserturm und Brücke [2] bilden den nördlichen Abschluss des historischen Bahnhofensembles. Ähnlich zäh und nahezu erfolglos waren die Verhandlungen beim Ausbau der S-Bahn-Strecke Frankfurt –

Darmstadt, dem das Empfangsgebäude in Egelsbach [3] mit seinem Fürstenzimmer und beinahe auch die vom Darmstädter Ludwigsbahnhof umgesetzten Bahnsteigdächer zum Opfer gefallen wären – hätten nicht die ausführenden Ingenieurbüros gegen den Willen der ignoranten Bundesbahntechniker diese Dächer in Buchschlag [4] und Langen in die Umbauten integriert. Auch bei der neu gegründeten Bahn AG sind gerade diese kleineren Bauten und Anlagen durch Vernachlässigung und Kompetenzmangel hoch gefährdet. Einzelne Erhaltungsprojekte, wie z. B. in Bischofsheim, scheitern schon daran, dass auch bei der Bahn AG kaum Verhandlungspartner zu finden sind, mit denen längerfristige Konzepte ausgehandelt oder gar vertraglich vereinbart werden könnten.

Im Gegensatz dazu stehen die gegenwärtig laufenden, denkmalgerechten Instandsetzungen der großen Bahnsteighallen in Frankfurt, Wiesbaden und Darmstadt, allein in Mainz ging die historisch weniger bedeutende Halle wegen der großräumigen verkehrlichen Umstrukturierung verloren. Die kurz vor dem Abschluss stehende, aufwändige Instandsetzung der Frankfurter Gleishallen [5] kann – trotz des notwendigen Austauschs großer Teile der Stahlkonstruktion – als eines der erfolgreichsten Erhaltungsprojekte für Bahnanlagen nicht nur im Rhein-Main-Gebiet betrachtet werden. Bei den Bahnhöfen der Groß- und Mittelstädte scheinen endlich Faktoren wie Kundenorientierung, Attraktivität und historisches Bewusstsein auch im Bahnbereich vereinbar und durchsetzungsfähig. Bleibt nur zu hoffen, dass auch die zahlreicheren kleineren Bahnobjekte von diesem Wandel profitieren können.

[4] Bahnsteigüberdachung am Bahnhof Buchschlag-Sprendlingen (Foto vom März 1986)

[5] Erneuerung der Bahnsteighalle des Frankfurter Hauptbahnhofes (Foto vom März 2004)

ANHALTENDER STRUKTURWANDEL ALS BEDROHUNG

Historische Bauten der Großindustrien des Rhein-Main-Gebietes schienen vor 20 Jahren weitgehend bekannt und gesichert – die nachfolgenden radikalen Umstrukturierungen (z. B. bei Adler und Hoechst) verschonten glücklicherweise den historischen Baubestand. Die Adlerwerke [6] können geradezu als Musterbeispiel gelungener Umnutzung gelten. Dies wird hoffentlich die anstehenden Veränderungen bei in Architektur, Struktur, Nutzung und Bedeutung ähnlichen Objekten (so z. B. dem älteren Werksteil von Opel in Rüsselsheim) positiv beeinflussen. Problematischer gestaltet sich dagegen die Erhaltung großtechnischer Anlagen. Die beiden Wärmetauschertürme der Dyckerhoff-Zementwerke in Wiesbaden-Amöne-burg, herausragende Landmarken am Rhein und bedeutende Architekturen des bekannten Industriearchitekten Ernst Neufert, werden zum Erhaltungsproblem, wenn sie ihre wirtschaftliche Funktion verloren haben. Von ihrem Baujahr her (1966) waren sie vor 20 Jahren noch kaum denkmalwürdig, müssen inzwischen aber infolge der schnellen Innovationszyklen moderner Industrien als Zeugen einerseits des besonderen Architekturanspruchs, andererseits der fast ausgestorbenen Verarbeitung heimischer Rohstoffe geschützt werden.

Neben diesen Großobjekten dürfen die zahlreichen kleineren Industrieanlagen nicht übersehen werden, die teilweise erst in den letzten Jahren bekannt geworden sind. Zwei Beispiele in Offenbach zeigen zum einen zwar positive Entwicklungen auf (wie die inzwischen häufig gewürdigte Heyne-Fabrik), zum anderen aber

[6] Adler-Werke in Frankfurt

auch noch immer bestehende Gefahren, wie beim innerstädtischen Werksareal der MAN-Roland, einem seltenen Fabrikensemble mit einheitlicher Architektur aus der Wiederaufbauzeit nach 1945.

Wie schwierig sich die Umnutzung von Industriebrachen trotz des immer noch vorhandenen Flächenbedarfs im Rhein-Main-Gebiet gestaltet, zeigt das ehemalige ENKA-Gelände in Kelsterbach. Investorenkonzepte, die denkmalpflegerische Belange mit wirtschaftlicher Nutzung verbinden, konnten hier bis dato nicht vorgelegt werden.

Selten kann eine Stadt eine so große Zahl bedeutendster Denkmale der Versorgung aufweisen wie Frankfurt. Pionierbauten der Wasser- und Abwasserwirtschaft wie das Wasserwerk Hattersheim und die Kläranlage Niederrad (siehe dazu auch den Beitrag auf S. 70), das ehemalige Gaswerk Ost mit herausragenden Bauten von Peter Behrens, die umfangreichen städtischen Hafenanlagen und vieles mehr geben Zeugnis vom einstmaligen Engagement der Verwaltung für das Wohlergehen und die Versorgung ihrer Bürger. Obwohl heute teilweise privatisiert, sind die meisten der historischen Objekte gesichert. Eine besondere Rolle spielt dabei die Umnutzung der Großmarkthalle für die Europäische Zentralbank (siehe dazu auch den Beitrag auf S. 117), eine vor wenigen Jahren noch undenkbare Entwicklung.

Von den Privatisierungen der letzten Jahre besonders betroffen sind die zahlreichen Arbeiter-Wohnsiedlungen der Industrien und der Bahn. Die schon lange bekannten Erfahrungen mit den Bergbausiedlungen etwa des Ruhrgebietes scheinen nur wenig Einfluss auf den Umgang mit diesen Ensembles im Rhein-Main-Gebiet zu haben. Wenige positive Beispiele lassen sich

finden, so z.B. die MAN-Werkssiedlung in Gustavsburg. Die Diskussion um die Erhaltung der architektonisch außergewöhnlichen Eisenbahnersiedlung in Bischofsheim [7] dagegen hat gerade erst begonnen.

VERSÖHNUNG VON GESCHICHTSBEWUSSTSEIN UND FORTSCHRITTSGLAUBE?

Die Route der Industriekultur Rhein-Main kann eine große Zahl wichtiger und interessanter Objekte vorweisen, deren Erhaltung in vielen Fällen schon dauerhaft gelungen ist, in manchen schwierigen Fällen jedoch noch viel Engagement erfordern wird. Die noch in den 70er und 80er Jahren allgegenwärtige Abrissfreudigkeit scheint zunächst überwunden, könnte aber unter neuen wirtschaftlichen und politischen Vorzeichen (z. B. einer „Entbürokratisierung" zu Lasten des Denkmalschutzes) neu aufleben.

Ein Vorteil der Initiative im Rhein-Main-Gebiet ist die frühe Einbeziehung noch tätiger und erfolgreicher Betriebe in die Präsentation der Industriegeschichte. In der gemeinsamen Darstellung von Industrie- und Techniktradition mit Innovation und fortschrittlicher Technologie zeigt die Route der Industriekultur Rhein-Main einen weiter gehenden Ansatz als jenen der Vorbild gebenden Route im Ruhrgebiet.

Wenn diese Verbindung von Geschichte und Tradition mit zukunftsorientierten Techniken und Produktionen künftig auch von der Bevölkerung und den Eigentümern der Objekte verstanden, akzeptiert und gefördert wird, dann hätte die Route ein großes Ziel erreicht, nämlich die Versöhnung von Geschichtsbewusstsein und Fortschrittsglaube.

[7] Eisenbahnersiedlung in Bischofsheim

PRODUZIEREN UND WOHNEN IM BEREICH DER ROUTE DER INDUSTRIEKULTUR RHEIN-MAIN

FABRIKEN, ARBEITERSIEDLUNGEN, UNTERNEHMERVILLEN

Peter Schirmbeck

[1] Produktion, Kraftwerk und Unternehmer-Wohnhaus noch auf engstem Raum vereint. Erstes Fabrikgebäude des Opel-Werks mit Schlot für die Dampfmaschine und Wohnhaus der Familie Opel im Jahre 1868.

Im Verlauf der Industrialisierung von ihren Anfängen im England des 18. Jahrhunderts bis zur Gegenwart hat die Epoche des industriellen Zeitalters spezifische Formen des Produzierens und Wohnens hervorgebracht, die entsprechend auch in der Route der Industriekultur Rhein-Main sowohl in typischer als auch in exzeptioneller Weise verankert sind. Ehe wir dafür den Blick über 160 km Routenverlauf schweifen lassen, ist es vielleicht sinnvoll, sich zunächst an einem exemplarischen Beispiel die Konstellation industriellen Produzierens und Wohnens vor Augen zu stellen.

Wir wählen hierfür einen Standort etwas westlich der Mitte unserer Route: die Stadt Rüsselsheim mit dem Opel-Werk. 1862 begann Adam Opel in einer kleinen Werkstatt im bäuerlichen Anwesen seines Onkels Nähmaschinen herzustellen. Die bauliche Entwicklung des sich heute auf zweieinhalb Quadratkilometer ausdehnenden Werks begann 1868 mit einem ersten zweistöckigen Fabrikgebäude im Stil des Historismus für ca. 20 Mitarbeiter [1]. Die Grundfläche des Gebäudes betrug 200 qm, als Bauschmuck trug es seitlich zwei ‚gotisierende‘ Staffelgiebel. Der Arbeitssaal im Parterre, bestückt mit Maschinen zur Herstellung von Nähmaschinen – dem ersten Produkt der Firma Opel –, war in der Mitte von einer Transmission durch-

zogen, von der aus die diversen Werkzeugmaschinen durch Lederriemen angetrieben wurden. Diese in Fabriken des 19. Jahrhunderts allgemein übliche Art des Antriebs hielt sich bis ins 20. Jahrhundert hinein, bis die Maschinen jeweils ihren eigenen Elektromotor als Antrieb bekamen.

ARBEITEN UND WOHNEN NICHT MEHR UNTER EINEM DACH

Während in der Epoche des Handwerks in eher kleinen Werkstätten mit von Hand geführten Werkzeugen produziert wurde, trat mit der Industrialisierung zwischen menschliche Hand und Produkt die Werkzeug(führende)-Maschine, für die ein entsprechender maschineller Antrieb erforderlich war.

In der ersten Phase industrieller Entwicklung war dies vor allem die Dampfmaschine, die sich bei unserem Ausgangsbeispiel ‚Opel‘ entsprechend seitlich des ersten Fabrikgebäudes in einem Anbau mit noch viereckigem Schornstein befand; das erste ‚Kraftwerk‘ der Firma. In direkter Nachbarschaft zur Fabrik ließ der Firmengründer Adam Opel sich ein Wohnhaus errichten, ein bescheidener Bau mit Erd- und Obergeschoss und einem Satteldach als Abschluss. Eigens errichtete ‚Arbeiterhäuser‘ für Opel-Mitarbeiter exis-

[2] Maschinensaal der Firma Opel mit halbautomatischen Drehbänken 1912. Rekonstruktion im Stadt- und Industriemuseum Rüsselsheim.

tierten zu dieser Zeit noch nicht. Sicherlich wohnten sie in den Fachwerkhäusern aus der bäuerlich-handwerklichen Zeit in Rüsselsheim selbst oder in umliegenden Ortschaften und kamen von dort aus zur Arbeit in die Fabrik. Damit war der Schritt zur strukturellen räumlichen Trennung von Wohnen und Arbeiten – in der handwerklichen Epoche häufig ‚unter einem Dach' – vollzogen.

Gehen wir einen Schritt weiter und betrachten uns die Konstellation von Produktion und Wohnen im Jahre 1912, dem Jahr des 50. Jubiläums der Firma Opel. Aus dem ersten Fabrikgebäude von 200 qm Grundfläche hatte sich auf einem Areal von ca. 15 000 qm eine imposante Fabrik aus zahlreichen mehrgeschossigen Hochbauten und ebenerdigen Hallen entwickelt, in denen mit über 1500 Maschinen 4500 Arbeiter und Arbeiterinnen Fahrräder und Automobile herstellten. Die lang gestreckten Fabrikbauten waren geprägt von Stilformen des Historismus und des Jugendstils und zeigte bereits eine ‚rasterförmige' Fassadenglie-

derung. Im Inneren wiesen sie weitläufige, durch große Fenster belichtete Arbeitsräume auf. Die Bauweise war bereits feuersicherer Eisenbeton, häufig nach außen hin mit typischem rotem Industrie-Backstein verkleidet.

Der Produktionsprozess selbst war geprägt durch eine Unterteilung in Hunderte von Einzelschritten – die in Fabriken allgemein übliche repetitive Arbeitsteilung – sowie durch Normierung der Einzelteile und das Akkordsystem. Entsprechend wurden die Arbeiten vergütet: „Für Abbiegen von 100 Verstärkungswinkeln (No. 185) gab es ... 80 Pfg." und „Benzinbehälter anfertigen wurde ... mit 1,70 Mk. bezahlt." [1] Energie zum Betrieb der Maschinen in den gigantischen Maschinensälen [2] wurde innerhalb des Werks selbst, in einem 1905 im Jugendstil errichteten Kraftwerk mit hohem rauchendem Schlot produziert. Zwei Dampfmaschinen erzeugten 1000 und 2000 PS, die Aufstellung einer 3600 PS starken Dampfturbine war in Vorbereitung.

(1) Peter Schirmbeck, Dieter Kramer: Vom Beginn der Industrialisierung bis 1945. Katalog Museum der Stadt Rüsselsheim. Rüsselsheim 1988, S. 67.

[3] Opel-Werk in Rüsselsheim, Süd-Seite, erbaut 1916–1929.

VILLA NEBEN DER FABRIK

An Stelle des ersten bescheidenen Wohnhauses der Familie Opel waren zu diesem Zeitpunkt zwei prächtige Unternehmervillen getreten, erbaut – typisch noch für das 19. Jahrhundert – in direkter Nachbarschaft der Fabrikgebäude. „Villa Sophienheim", errichtet 1894 und benannt nach Sophie Opel, der Ehefrau des Firmengründers, war ein prächtiger zweigeschossiger Bau im Stil der Neo-Renaissance, bekrönt von Dächern und Türmen. Allein das Parterre verzeichnete folgende Räumlichkeiten: Haupttreppe, Nebentreppe, Vorplatz, Salon, Wohnzimmer, Herrenzimmer, Schlafzimmer, Garderobe, Bad, Frühstückszimmer, Speisezimmer, Küche, Fräuleinzimmer und zwei Veranden. ,Villa Martha', 1897 für Wilhelm Opel, den zweiten der fünf Opel-Söhne, ebenfalls im historistischen Gründerzeitstil errichtet, stand in Sichtweite der ersten Villa, beide umgeben von einem kleinen Park inmitten des Werksgeländes.

Für die im Jahre 1912 auf 4500 angewachsene Zahl der Opel-Mitarbeiter reichte der Wohnraum im handwerklich-bäuerlich geprägten Ortskern von Rüsselsheim bei weitem nicht mehr aus und so entstand ab 1895 östlich der Altstadt ein erstes Arbeiter-Wohngebiet. Schnurgerade, einheitlich in unverputztem Backstein errichtet, reihten sich die neuen Arbeiterhäuser mit Parterre und einem Obergeschoss aneinander. Hier wies der Grundriss des Erdgeschosses in der Regel drei Räume auf: Küche, Zimmer, Zimmer. Hinter den Häusern befanden sich Nutzgärten und Ställe zur Kleintierzucht. Ratenweise wurden die Baukosten abgezahlt, Kredite hierzu vergab die Rüsselsheimer Volksbank und die Firma Opel. Zusätzliche Einkünfte erreichte man durch die Vermietung des ersten Stockwerks an so genannte ‚Schläfer', die während der Woche in Rüsselsheim arbeiteten und schliefen, am Wochenende jedoch jeweils in ihren Heimatort zurückkehrten.

Insgesamt gesehen war die Zahl der Pendler bereits damals beachtlich: Weniger als die Hälfte der 4600 Beschäftigten (1928) wohnten in Rüsselsheim, die übrigen pendelten aus Mainz, Frankfurt/Main, Darmstadt und zahlreichen umliegenden kleineren Ortschaften ein (siehe dazu auch den Beitrag auf S. 18). Viele Arbeiter legten den Weg zur Fabrik trotz eines 10-stündigen Arbeitstages zu Fuß zurück. Im Winter, bei hohem Schnee, übernahm im Turnus ein Kollege

[4] Sektkellerei Henkell, erbaut 1909.

die Rolle des ‚Vorläufers' um mit zeitlichem Vorsprung die Fußstapfen im Schnee für die Nachkommenden zu setzen.

Nach diesem exemplarischen Blick auf einen Industriestandort nehmen wir die Route der Industriekultur Rhein-Main insgesamt in den Blick und halten Ausschau nach typischen und exzeptionellen Beispielen aus dem Bereich von Produktion und Wohnen, wobei Fabriken am Anfang stehen, Arbeitersiedlungen und Unternehmervillen sich anschließen. Beim Blick von den Rüsselsheimer Opel-Werken mit ihrer Nähmaschinen-, Fahrrad- und Automobilproduktion in Richtung Osten taucht zuerst die zinnenbewehrte Silhouette des großen Konkurrenten in Frankfurt/Main auf – der gewaltige Baukomplex der Adlerwerke mit ihrer Schreibmaschinen-, Fahrrad- und Automobilproduktion (Abb. S. 39).

BEISPIEL ADLERWERKE

Entlang der Kleyerstraße – benannt nach dem Firmengründer Heinrich Kleyer – erstreckt sich hier eine monumentale Fabrik, heute im Erscheinungsbild ein einheitliches, rechteckig geschlossenes Ensemble, de facto jedoch in mehreren Schritten zwischen 1889 und 1912 gewachsen. Neben zweifarbigen Klinkern und weiten Fensteröffnungen in der Fassade bilden jedoch bis heute markant aufragende, ‚mittelalterlich' zinnenbewehrte Türme das Hauptkennzeichen dieser industriellen Produktionsanlage.

Was entsprach dieser nach außen hin bewusst Bauformen des mittelalterlichen Burgenbaus aufgreifenden Architektur im Inneren der Fabrik? Nichts! Wurden hier etwa ‚Schreibmaschinen' in mittelalterlicher Manier in Form von Federkielen per Hand gefertigt, oder ‚Räder' an per Tretpedal mit Muskelkraft betriebenen Drechselbänken hergestellt? Keineswegs. Unter der ‚mittelalterlichen' Silhouette des Werks befanden sich die seinerzeit modernsten industriellen Produktionsanlagen der Branche. Hier wurden mit Stanzmaschinen und Pressen mit bis zu 300 000 kg Druck die Eisenteile für Schreibmaschinen, Fahrräder und Automobile geformt. Mittels transmissionsgetriebener Drehbänke und automatischer Fräsmaschinen wurden Einzelteile der Mechanik bearbeitet – und natürlich stand auch hier wie im Opel-Werk zentral im Werksareal ein Kraftwerk mit Kesselhaus und zwei Dampfmaschinen, die zusammen 2000 PS zum Antrieb der Maschinen erzeugten. Während in den Fabriksälen ein eher nüchterner Charakter vorherrschte, waren die Dampfmaschinen stets – so auch im Adler-Werk – in künstlerisch, ‚weihevoll' gestalteten Hallen, mit Fliesen-, Kachelschmuck und Schaltwand in Marmor installiert.

Auch die Organisation der Produktion hatte keinerlei ‚mittelalterlichen' Zuschnitt mehr, bei dem der Handwerker jeweils ein Produkt komplett fertigte, vielmehr wurde die Arbeitsweise der Firma im Jahre 1912 wie folgt beschrieben: „In der Fabrikation der Schreibmaschinenteile kommen die sogenannten dezentralen Arbeitsmethoden zur Anwendung, d.h. die Arbeiten, die an den einzelnen Teilen vorgenommen werden müssen, werden auf verschiedene Arbeiter verteilt und zwar derart, daß jedem Arbeiter ganz bestimmte Arbeiten zugewiesen sind, die er immer und immer wieder auszuführen hat. Eine solche, bis ins Kleinste durchgeführte Arbeitsteilung hat oft zur Folge, daß 400 bis 500 Arbeiter an der Herstellung ein und derselben Schreibmaschine mitwirken ... Auch in der Automobilfabrik der Adlerwerke ist auf möglichst ausgedehnte Arbeitsteilung großer Wert gelegt worden". (2)

Der hier ins Auge fallende Gegensatz zwischen einer ans Mittelalter gemahnenden Architektur einerseits und industriellen Produktionsmethoden andererseits führt geradezu automatisch zu einer Fragestellung, auf die es bis zum heutigen Tage keine schlüssige Antwort gibt: Welche Architekturform ist der industriellen Produktionsform eigentlich angemessen?

Zunächst wenden wir uns jedoch zwei weiteren bedeutenden Bauwerken innerhalb unserer Industrieroute zu, der Henkell'schen Sektkellerei in Wiesbaden und dem Peter Behrens-Bau der Farbwerke Hoechst. Schon beim ersten Blick auf ‚Henkell' fällt die bauliche Verwandtschaft zu einem Schloss ins Auge. Dem 1909 von Paul Bonatz entworfenen Gebäude stellte der Architekt einen ‚Ehrenhof' voran, beidseitig von Kolonaden umstellt. [4] Auch die prächtige Eingangshalle mit Freitreppe im Inneren besitzt schlossähnlichen Charakter. Dennoch diente das Bauwerk keineswegs nur repräsentativen Zwecken oder ausschließlich der Verwaltung: Die Arbeitswelt war hier gleichermaßen beheimatet wie die Degorgierhalle im Parterre belegt. Vermischten sich hier Bauformen des Neoklassizismus und des Jugendstils, so war das von Peter Behrens für die Farbwerke Hoechst entworfene Gebäude

aus dem Jahr 1924 eindeutig ein Werk des Expressionismus. In gezackten, farbigen Klinkerpfeilern wächst die Architektur den bizarren Lichtkuppeln entgegen. Nicht zu Unrecht wurde das Gebäude häufig als ‚Kathedrale der Arbeit' bezeichnet (siehe dazu auch den Beitrag auf S. 91).

‚BURG', ‚SCHLOSS' ODER ‚KATHEDRALE' DER ARBEIT

‚Burg' im Falle Adler, ‚Schloss' im Falle Henkell, ‚Kathedrale' bei Hoechst – erneut stellt sich die Frage einer den Bauten des Industriezeitalters angemessenen Architektur. Damals wie heute verkörperte die industrielle Revolution zwei ganz unterschiedliche Seiten: Eine großartige, in der Weltgeschichte zuvor niemals gekannte Steigerung der Produktivität einerseits, andererseits die alltägliche industrielle Arbeitsmethode, aufgeteilt in hunderte repetitiver Einzelschritte. Welche dieser beiden untrennbar verbundenen Seiten sollte die Architektur zum Ausdruck bringen, die ‚weltgeschichtliche' oder die ‚alltägliche'? Walter Gropius, einer der bedeutendsten Architekten unseres Jahrhunderts, verkündete 1911 emphatisch: „Der Arbeit müssen Paläste errichtet werden, die dem Fabrikarbeiter, dem Sklaven der modernen Industriearbeit, nicht nur Licht, Luft und Reinlichkeit geben, sondern ihn auch etwas spüren lassen von der Würde der gemeinsamen großen Idee". (3) ‚Heroisch', ‚monumental' konzipiert waren die Fabrikbauten des bereits damals für seine Industriearchitektur hochberühmten Peter Behrens, womit dieser eher die ‚großartige' Seite der industriellen Revolution betonte. Gerade dies wurde ihm jedoch in harten Worten zum Vorwurf gemacht: „Peter Behrens aber schuf die zyklopischen Tempel der Arbeit mit seinen AEG-Bauten. Was hat man nicht über diese Bauten für Lobgesänge angestimmt. ‚Rhythmus der modernen Industrie', ‚Adel der Arbeit', ‚Ausdruck der neuen dynamischen Zeit' – als ob die große Gebärde dieser Schauseiten auch nur das Geringste an der Lohnsklaverei der Arbeiter geändert hätte. Wohl, es lag nicht in der Hand des Baukünstlers, dies zu leisten. Aber es lag in seiner Hand zu vermeiden, daß Stätten des Schweißes und der herdenweisen Arbeit um das liebe Brot ein Gesicht bekamen, als seien sie Stätten der Erhebung". (4) Das Opel-Werk in Rüsselsheim, entworfen von Paul Meißner von der T.H. Darmstadt, versuchte beiden Seiten gerecht zu werden. [3] Auf der Länge eines halben Kilometers

---

(2) Historisch-biographische Blätter Industrie, Handel und Gewerbe. VI. Lieferung, Berlin o. J. (3) Zit. nach Peter Schirmbeck: Fabrikstadt Opel. 130 Jahre Industriearchitektur von Weltrang, Berlin 2002, S. 60 (4) Ebd., S. 61

[5] Automobilproduktion am Fließband, Firma Opel um 1930.

,schießt' der südliche Fabrikbau parallel zur Bahnlinie von Ost nach West, überragt von einem Turm als Abschluss. Das im Prinzip endlos fortsetzbare Rastersystem der Architektur entsprach dem endlosen Lauf der Fließbänder im Inneren. [5] Zugleich formte jedoch ein zurückhaltender Klassizismus das Rastersystem und verlieh dem 1916 bis 1929 in mehreren Abschnitten errichteten Fabrikbau damit ,Würde'.

ARBEITERSIEDLUNGEN

Mit Blick auf die heutige Arbeitsweise im Opel-Werk, der derzeit modernsten Automobilfabrik der Welt mit einem Roboter-Anteil von 99 % in der Rohmontage, erscheint die bereits in den 20er Jahren entwickelte Vision einer Fabrik ohne Arbeiter durchaus real. Ein anderes Bild zeigten hier die ersten 100 Jahre industrieller Entwicklung. Allerorten wuchsen – auch in der Rhein-Main-Region – Siedlungen für Arbeiter aus dem Boden. Um hiervon eine Vorstellung zu vermitteln und eine anschließende zum Thema ,Unternehmervillen' bleibt angesichts des begrenzten Umfangs dieses Beitrags nur die Möglichkeit eines exemplarischen Überblicks, vorzugsweise aus der Vogelperspektive, aus der sich architektonische Anlagen von Siedlungen und Villen gut erschließen lassen.

EIN VIRTUELLER FLUG ENTLANG DER ROUTE

Ein ,virtueller Flug' entlang der Route am häuslichen Computer wird sicherlich in einigen Jahren im Bereich des Möglichen liegen, vielleicht sogar ein routeneigener Helikopter für Besucher mit wenig Zeit, in den wir in visionärem Vorausgriff nun einsteigen.

Unser Flug soll in Hanau beginnen, einem ,Mekka' des Arbeitersiedlungsbaus. Im Nordwesten leuchten die schlichten roten Backsteinhäuser der Arbeitersiedlung Josefstraße auf, ab 1898 vom katholischen St. Joseph-Spar- und Bau-Verein errichtet. In Richtung Kinziqufer liegt eine ästhetisch anspruchsvollere Werkssiedlung der benachbarten Edelmetallfabrik Heraeus, 1907 fertiggestellt. Beeinflusst wurde die Kolonie mit Zwei- und Dreizimmerwohnungen nebst Nutzgarten sowohl vom Jugendstil wie der Gartenstadtbewegung. Über das Werksgelände hinaus fliegen wir weiter in Richtung ,Dunlop', denn hier wurde ein ganzes Stadtviertel durch Arbeitersiedlungen geprägt. Frappiert blicken wir im Bereich der Buchbergstraße auf die den Arbeiterwohnungen zugehörigen, ,in Serie' markant aufgereihten Stallbauten. Wie kommt ein solcher ,Manchester-Look' in die Rhein-Main-Region? Vielleicht ist ,Dunlop' die Antwort. Westlich des Werkes reiht sich Wohnblock an Wohnblock, jeweils Innenhöfe umschließend. Die Bauten der Jahrhundertwende mit steilen Dächern und Torbögen, die der 20er Jahre mit Flachdächern und lang gezogenen ,Fensterbändern'.

Den krönenden Abschluss bildet die 20er-Jahre-Wohnanlage am Beethovenplatz im Stil der Neuen Sachlichkeit. Kreisförmig konzipiert mit ,fortifikatorischen' Eckbauten verweist sie natürlich auf berühmte Vorbilder im Wohnungsbau der Stadt Wien.

Der Mainlinie folgend trägt uns unser virtueller Helikopter in Richtung ,Farbwerke Hoechst', dem heutigen ,Industriepark'. Weithin sichtbar tauchen nordwestlich des Werks in Zeilsheim die roten Dächer einer Arbeiterkolonie für Werksangehörige auf. In den Jahren 1900 bis 1914 wurden hier meist in Doppelhäusern 456 Wohnungen geschaffen, im Stil einer Gartenstadt mit schmalen begrünten Wegen und Nutzgärten. Wohnungen unterschiedlicher Größe standen dabei zur Wahl, jeweils mit Küche und Bad – seinerzeit noch keineswegs selbstverständlich. Im ‚Weiterflug' drehen wir der Chronologie zuliebe über Bischofsheim und Gustavsburg eine Schleife. Dem MAN-Werk gegenüber zeichnet sich der eher ‚dörfliche' Grundriss der ab 1896 erbauten Werkssiedlung ab. Ziel des Architekten Hoffmann aus Darmstadt war ein abwechslungsreiches und ‚anheimelndes Gesamtbild'. Ein Stück ‚heile Welt' im Zeichen der Hochindustrialisierung. Im benachbarten Bischofsheim, ehemals Eisenbahnknotenpunkt, blicken wir auf die Flachdächer eines kleinen ‚Juwels' der Architektur der 20er Jahre: die 1927 entstandene Eisenbahnersiedlung im roten Backstein, mit weißen Fensterbändern, gerundeten Ecken und begrünten Innenhöfen (siehe Abb. S. 39). In Richtung Rhein gewinnen wir nun an Höhe und folgen dem Strom entlang unserer Route nach Norden. Wie eine Wagenburg liegt sie linksrheinisch unter uns, die kreisförmig um einen Innenhof konzipierte Richtberg-Siedlung [6] in Bingen-Kempten, die 1922–1924 als Wohnanlage für ein lokales Sägewerk errichtet wurde. Die polygonale Anlage mit kreisförmig angeordneten Häusern, flachen Verbindungsbauten, umliegenden Kleingärten und markantem Torbogen unter geschweiften Giebeln schafft ein exzeptionelles Ensemble, das seinesgleichen sucht.

UNTERNEHMERVILLEN

Der Wechsel zur gegenüberliegenden Rheinseite ist zugleich der Wechsel zum Thema ‚Unternehmervillen', denn Bingen gegenüber liegt Rüdesheim mit seinem bekannten Asbach-Werk. Ganz in der Tradition des 19. Jahrhunderts liegen hier Fabrikation und Villa unmittelbar beieinander. Die bereits 1875 von der Vorgängerfirma, der Sektkellerei Schleif errichtete Villa schließt in ihrer Architektur nahtlos an die zahlreichen Burgen beiderseits des Rheins an und verweist damit – wie die Adler-Werke in Frankfurt/Main – eher auf das Mittelalter als auf die in der zweiten Hälfte des 19. Jahrhunderts vehement aufbrechende Industrie-Epoche.
Wir nehmen Kurs auf Wiesbaden, einem ‚Eldorado' des Themenstrangs ‚Unternehmervillen'. Teils wurden sie am Rheinufer in direkter Nachbarschaft der Werke Rheinhütte, Kalle und Dyckerhoff errichtet, teils in Nachbarschaft zum Kurpark, teils in Taunusrand-Hanglage. Nicht nur Unternehmer der Region erstellten hier ihre Villen wie der Mainzer Fabrikant Mayer seine Neo-Renaissance-Villa ‚Clementine' oder der Sektfabrikant Söhnlein sein zweites ‚Weißes Haus' im

Stil des Neoklassizismus. Auch Unternehmer des Ruhrgebiets bauten hier, beispielsweise die Familie Haniel eine Villa in fast schon ‚römisch-imperialer' Gestalt. In Referenz und im Anklang an die Gepflogenheit des ersten ‚Weißen Hauses' in Washington geht unser virtueller Hubschrauber zu einem kurzen Zwischenstopp vor der Villa Söhnlein-Pabst, dem ‚Weißen Haus' Wiesbadens, nieder. Hier treffen wir auf Frau Bärbel Maul, die dem Thema Unternehmervillen in Wiesbaden im vorliegenden Buch ein eigenes Kapitel gewidmet hat (siehe S. 100). Das historische Foto vom Inneren der Villa (siehe S. 104), das sie uns zeigt, verschlägt uns geradezu den Atem.
Östlich von Wiesbaden, malerisch oberhalb des Maindamms platziert, liegt die zweite Generation der Unternehmervillen der Familie Opel in Rüsselsheim. Die kleinere der beiden ‚Opel-Villen' wurde ursprünglich für einen leitenden Mitarbeiter des Werks, Wilhelm Wenske, 1916 erbaut. Säulen schmücken die historisierende Fassade, Einflüsse des Jugenstils zeigen sich auf der rückwärtigen, dem Fluss zugewandten Terrasse. 1920 erwarb Dr. Fritz Opel die Villa und ergänzte sie – durch einen Wintergarten verbunden – 1931 durch ein imposantes Herrenhaus. Dessen Architekt ist uns bereits bekannt: Paul Meißner, Erbauer des Opel-Werks. Mit der Villa Dr. Fritz Opel schuf er eine faszinierende Symbiose aus Tradition und Moderne. Für die Moderne steht die Konzeption der Villa als ‚weißer Kubus', für die Tradition Pilaster, Gesimse und Attika im Stil des Klassizismus.
In weitem Bogen nehmen wir nun Kurs auf eine Villa ganz am östlichen Ende der Route. Dabei überfliegen wir Höchst mit seiner am Main gelegenen neobarocken weitläufigen Villenanlage des Hoechst-Gründer-Sohns Wilhelm Meister und den Frankfurter Wiesenhüttenplatz in der Nähe des Hauptbahnhofs mit der hier gelegenen historistischen Villa ‚Elvira', Wohnsitz der Familie Kleyer, Besitzer der Adlerwerke.
Am Weilbacher Eisenhammer, heute ein Unternehmen der Linde AG, nahe Amorbach im Kreis Miltenberg gelegen, gehen wir am Ende unserer virtuellen Reise nochmals nieder und richten dort den Blick auf die um 1830 erbaute Villa des Firmengründers Johann Michael Reubold. [7] Am stattlichen dreigeschossigen Herrenhaus sind es besonders die hoch aufschießenden Säulen der Südfassade mit Altan, die unsere Aufmerksamkeit erregen. Ihr rötlicher Schimmer entstammt keinem landestypischen Sandstein, ein sanfter Rotton hat die Säulen überzogen, die passend zum Hammerwerk in Eisen gegossen wurden! ‚Stimmigkeit' ist eher Ausnahme als Regel auf der Welt – umso schöner, wenn sie uns wie in diesem Fall überraschend begegnet.

[6] Arbeiterwohnanlage „Richtbergsiedlung", Bingen-Kempten, erbaut 1922–1924.

[7] Villa Reubold , Weilbacher Eisenhammer, erbaut um 1830.

DER INDUSTRIEPARK HÖCHST – EIN STANDORT MIT GESCHICHTE UND ZUKUNFT

Jürgen Vormann, Roland Mohr

[1] Blick in die Ausstellung „Zeitstreifen".

Der Industriepark Höchst ist Industriegeschichte und -gegenwart, aber auch industrielle Zukunft zum Anfassen, zum Erleben. Es gibt nur wenige Industriestandorte, die eine vergleichbare Historie vorzuweisen haben und deren Wurzeln so gegenwärtig sind – die sich zugleich aber dynamisch und kontinuierlich entwickeln, permanent verändern, neuen Herausforderungen stellen. Die Historie des Industrieparks ist spannend und vielseitig, voller interessanter Geschichten rund um diese einzigartige Geschichte. Die Zukunft verspricht nicht weniger spannend zu werden ...

Über 140 Jahre Industriekultur spiegeln sich im Industriepark Höchst nicht zuletzt in den Bauwerken wider. Im Norden des 4,6 Quadratkilometer großen Standortes prägen denkmalgeschützte Bauten, allen voran der weltberühmte Peter-Behrens-Bau, das urbane Stadtbild, unweit von hochmodernen Produktionsanlagen sowie Büro- und Laborgebäuden, in denen

die Zukunft erforscht wird – auf den Gebieten der Pharmazie, Biotechnologie oder Spezialchemie, der Nanotechnologie oder der Brennstoffzellentechnologie. Hier wird Zukunft gemacht.

DER INDUSTRIEPARK IST FESTER BESTANDTEIL DER REGION

Der Industriepark Höchst hat die Region geprägt. Die Schornsteine im Westen von Frankfurt stehen sehr viel länger als die Bankentürme der City, die den Ruf der Stadt als Finanzmetropole prägen. Und anders als die Hochhäuser in der Innenstadt dominieren die schlanken Schornsteine des Industrieparks die Silhouette nicht, auch wenn sie die Kirchtürme der benachbarten Stadtteile überragen. Dennoch ergibt sich ein harmonisches Bild: Der Industriepark ist ein fester, integraler Bestandteil der Region.

Die Besinnung auf die industriellen Wurzeln der Region ist gerade vor dem Hintergrund des Strukturwandels hin zur Dienstleistungsgesellschaft wichtig für die gemeinsame Identität der Region. Infraserv Höchst unterstützt daher das Projekt „Route der Industriekultur" sowie alle Bemühungen, die Industriedenkmäler der Region stärker in das Bewusstsein der Bevölkerung zu rücken.

„ZEITSTREIFEN": ENTDECKUNGSREISE DURCH DIE INDUSTRIEGESCHICHTE

So ist der Industriepark ganz selbstverständlich auch Bestandteil der „Route der Industriekultur", mit dem Peter-Behrens-Bau und mit der Dauerausstellung „Zeitstreifen", die am Besucherempfang Tor Ost zu sehen ist. [1] „Zeitstreifen" ist als Einladung zu verstehen, durch die Zeit zu streifen und eine Entdeckungsreise durch 140 Jahre Industriegeschichte zu unternehmen. Zudem besteht die Ausstellung aus „Zeit-

streifen": Die Informationstafeln ragen streifenartig aus dem Parkettboden. Jede von ihnen ist einem Zeitabschnitt und einem der thematischen Schwerpunkte gewidmet: Pharma, Fasern, Kunststoffe, Infrastruktur und Farben. Auf 300 Quadratmetern werden einzelne Zeitabschnitte dargestellt, ohne dabei einer üblichen Einteilung in Epochen zu folgen. Die Dauerausstellung vermittelt hochinteressante Eindrücke der vielfältigen Geschichte dieses traditionsreichen Standortes.

Die Erfolgsgeschichte des Industrieparks dauert an. Wobei die ersten Kapitel dieser Geschichte von einem Wachstum geprägt sind, mit dem sich die rund 80 heute im Industriepark Höchst ansässigen Firmen bei weitem nicht messen können. Nicht, weil die Unternehmen heute nicht erfolgreich wären, sondern weil die rasante Entwicklung von der kleinen Farbenfabrik zum Weltkonzern auch aus heutiger Sicht noch immer beeindruckend ist.

[2] Nach der Arbeit ist die Reinigung im Badehaus obligatorisch (vor 1900).

1863: GRÜNDUNG DER „CHEMISCHEN FABRIK MEISTER LUCIUS & CO."

1863 gründen der Chemiker Dr. Eugen Lucius sowie dessen Teilhaber, der Kaufmann Carl Friedrich Wilhelm Meister und August Ludwig Müller die „Chemische Fabrik Meister, Lucius & Co.", die auf einer Wiese am Stadtrand von Höchst die Produktion von Teerfarbstoffen aufnimmt. Diese synthetischen Farbstoffe, die seit Mitte des 19. Jahrhunderts aus Steinkohleteer und dem daraus gewonnenen Anilinöl hergestellt werden können, sind bei der Textilindustrie sehr gefragt. Die Belegschaft besteht anfangs aus fünf Mitarbeitern, einem Kontoristen sowie dem Chemiker Adolf Brüning, der 1865 die Anteile Müllers übernimmt.

„FUCHSIN" BEGRÜNDET DEN RUF DER „ROTFABRIK"

Fuchsin – ein rotvioletter Farbstoff – ist das erste Produkt der Anilin- und Anilinfarbenfabrik, die im Volksmund die „Rotfabrik" genannt wird. Eine Bezeichnung, die ebenso wie der ehemalige Firmenname „Farbwerke" noch heute im Frankfurter Westen weit verbreitet ist und auch ein Stück Industriekultur darstellt.

Mit dem ersten Patent nahm der Aufstieg des jungen Unternehmens seinen Lauf: Im Herbst 1863 gelang es,

den synthetischen Farbstoff „Aldehydgrün" zu gewinnen, der reißenden Absatz fand und die Firma rasch auch im Ausland bekannt machte.

„Meister Lucius & Brüning", wie die Firma ab 1869 heißt, wächst und baut. In den Jahren 1869 bis 1873 wird die ursprünglich direkt bei Höchst gelegene Fabrik um etwa einen Kilometer nach Westen verlagert – die eigentliche Geburtstunde des heutigen Industrieparks. Hier entstehen 1869 Anlagen zur Herstellung des roten Farbstoffes Alizarin sowie ein erstes Wasch- und Badehaus für die Arbeiter. [2] 1874 wird ein eigenes Wasserwerk errichtet, ab 1875 entstehen die ersten Werkswohnungen. Inzwischen zählt das Unternehmen, das 1880 in eine Aktiengesellschaft umgewandelt wird, über 400 Mitarbeiter. 1879 erhält der Standort den ersten Gleisanschluss.

DIE FARBWERKE WERDEN ZUM PHARMA-STANDORT

Die Geschichte des Industrieparks als Pharma-Standort beginnt im Jahr 1883. Auf der Grundlage der Erkenntnis, dass chemische Verbindungen, aus denen Farbstoffe bestehen, auch gegen Krankheiten wirken, werden in den „Farbwerken" fiebersenkende Medikamente hergestellt. Das 1884 patentierte „Antipyrin" erweist sich bei einer Grippe-Epidemie im Jahr 1888 als sehr wirksam, das Nachfolgemedikament „Pyramidon" war noch bis 1978 auf dem Markt. Die Zusammenarbeit mit den Nobelpreisträgern Robert Koch, Emil von Behring und Paul Ehrlich begründet die Tradition des Pharma-Unternehmens Hoechst. So wird 1892 am Standort die Produktion von „Tuberkulin" aufgenommen, einem von Robert Koch entwickelten Heilmittel zur Bekämpfung der Lungentuberkulose. Auch ein Serum gegen Diphterie sowie „Salvarsan", ein hochwirksames Medikament zur Bekämpfung der Syphilis, werden in Höchst hergestellt. Hierbei handelt es sich um eine Entwicklung von Emil von Behring bzw. Paul Ehrlich.

Der Standort entwickelt sich prächtig. 1889 wird das erste Forschungszentrum, das „Hauptlabor" gebaut, 1891 erhält das Werk das erste Telefon mit Anschluss an die Hauptpost, 1898 wird eine zentrale „Licht- und Kraftzentrale" für die Energieversorgung des Geländes in Betrieb genommen. Auch die Mitarbeiterzahlen steigen: Sind kurz vor der Jahrhundertwende rund 3650 Mitarbeiter in den Farbwerken beschäftigt, so zählt die Belegschaft im Jahr des 50-jährigen Firmenbestehens 1913 bereits 8900 Mitarbeiter. Der Umsatz liegt bei über 100 Millionen Mark.

SOZIALLEISTUNGEN FÜR DIE MIT-ARBEITER

Und das Unternehmen sorgt für die Belegschaft. Schon Mitte der 70er Jahre des 19. Jahrhunderts kümmert sich ein Werksarzt um die medizinische Versorgung der Mitarbeiter. Dank einer Werksküche und Badeeinrichtungen sind gesunde Ernährung und Hygiene gewährleistet. Bis 1914 entstehen rund um das Werk über 1300 Wohnungen für die Mitarbeiter.
Mit der Gründung der „Beamten-Pensionskasse für die Angestellten" begründen die „Farbwerke" im Jahr 1886 die bis heute fortgeführte Tradition der betrieblichen Altersversorgung.

Der Erste Weltkrieg unterbricht die rasante Entwicklung des Unternehmens: 1914 wird fast die Hälfte der Beschäftigten zum Kriegsdienst eingezogen, ein Großteil der Anlagen muss stillgelegt werden. Auch die ausländischen Standorte gehen verloren: Bereits 1878 hatten die Farbwerke in Moskau die erste ausländische Produktionsstätte eröffnet, weitere folgten in England und Frankreich. Innerhalb Deutschlands wurde in Gersthofen bei Augsburg im Jahr 1900 ein Produktionsstandort eröffnet.
Nach dem Ersten Weltkrieg sind die wirtschaftlichen Probleme in Deutschland groß, doch in den Farbwerken entwickeln sich rasch neue Produktionen. Ab 1921 werden Dünge- und Pflanzenschutzmittel am Stand-

ort hergestellt. 1923 bringen die Farbwerke ein nach eigenem Verfahren produziertes Insulin auf den Markt. Noch heute ist der Industriepark einer der weltweit größten Insulin-Produktionsstandorte. 1924 wird nach rund vierjähriger Bauzeit das Technische Verwaltungsgebäude (siehe dazu auch den Beitrag auf S. 91) der Farbwerke Höchst fertig gestellt, das der Berliner Designer und Architekt Peter Behrens entworfen hat.

DIE I.G. FARBENINDUSTRIE UND DIE ZEIT DER NATIONALSOZIALIS-TISCHEN DIKTATUR

Bereits 1916 hatten sich die großen deutschen Chemieunternehmen, darunter Bayer, BASF und die Farbwerke Hoechst, zu einer Interessengemeinschaft zusammengeschlossen, um während des Krieges beispielsweise Probleme bei der Rohstoffversorgung gemeinsam zu lösen. Die Unternehmen stimmen ihre Entscheidungen untereinander ab, bleiben aber zunächst selbstständig. Ende 1925 erfolgt die vollständige Fusion zur I.G. Farbenindustrie mit Sitz in Frankfurt. Während der Weltwirtschaftskrise ab 1929 werden innerhalb der I.G. Farben Produktionen zusammengelegt – oft zulasten des Standortes Höchst. Auch in den Farbwerken müssen ab 1933 zunehmend die Vorgaben der neuen Machthaber umgesetzt werden. Die Nationalsozialisten nehmen die I.G. Farbenindustrie für ihre Kriegsvorbereitungen in Anspruch. Als in den Kriegsjahren die Arbeitskräfte fehlen – 1938 waren über 9500 Mitarbeiter am Standort beschäftigt – werden auch im Werk Höchst Zwangsarbeiter und Kriegsgefangene eingesetzt.

Nach Kriegsende steht das Werk, das von Bombenangriffen weitgehend verschont geblieben war, unter amerikanischer Verwaltung. Nach der Entflechtung der I.G. Farbenindustrie erfolgt Ende 1951 die Neugründung der „Farbwerke Hoechst AG, vormals Meister Lucius & Brüning."

DER WELTWEITE SIEGESZUG VON TURM UND BRÜCKE

Im Mai 1950 wird die größte und modernste Penicilin-Anlage in Kontinentaleuropa in Betrieb genommen. Den bereits Ende des 19. Jahrhunderts begründeten Ruf als „Apotheke der Welt" lässt Hoechst mit dem neuen Firmenlogo, bestehend aus „Turm und Brücke", in den Wirtschaftswunderjahren wieder aufleben. Gleichzeitig prägen aber auch neue Produktsparten den Aufstieg des Unternehmens zum Weltkonzern: Kunststoffe wie „Hostalen" halten Einzug in das tägliche Leben der Bundesbürger. Aus der Entdeckung

[3] Industriepark Höchst, aus der Vogelperspektive. Rund 22 000 Menschen in über 80 Unternehmen arbeiten hier.

vollsynthetischer Chemiefasern entwickelt Hoechst eine Polyesterfaser mit dem Markennamen „Trevira". Die Petrochemie verändert das Werk: Grundlage für chemische Synthesen sind nicht mehr die Abfallprodukte der Steinkohle, sondern Ethylen, das aus kostengünstigem Erdöl gewonnen wird.

Das Werk wächst und schließt seine Tore – allerdings nur für den öffentlichen Verkehr. Bis 1954 kann der Verkehr zwischen Höchst und dem benachbarten Stadtteil Sindlingen durch die Fabrik rollen, dann wird die Straße geschlossen und durch eine neue Trasse ersetzt, die nördlich der Werksmauer verläuft. Fast gleichzeitig beginnt das Unternehmen, das Areal südlich des Mains zu erschließen. 1960 weiht der damalige Ministerpräsident Georg August Zinn die heutige Mittelbrücke ein, die beide Werksteile verbindet. Als erster Gebäudekomplex südlich des Flusses ist das neue Forschungszentrum entstanden. Und nicht nur das Werk, sondern das gesamte Unternehmen wächst: In Deutschland, wo Produktionsstätten in Griesheim, Knapsack, Wiesbaden und Marburg übernommen werden, und international.

Hoechst baut nicht nur Büro- und Laborgebäude, Produktionsanlagen und Infrastruktureinrichtungen, sondern auch Kulturstätten – anlässlich des 100-jährigen Bestehens der Farbwerke wird 1963 mit der Planung der Jahrhunderthalle begonnen, die eine Kuppel mit einem Durchmesser von 100 Metern aufweist. Das Unternehmen ist schon 111 Jahre alt, als es den letztendlich bekanntesten Namen der Firmengeschichte erhält: 1974 wird aus der „Farbwerke Hoechst AG, vormals Meister Lucius & Brüning" die „Hoechst AG". Der Abschied von dem langen, noch an die Firmengründer erinnernden Namen trägt nicht zuletzt dem Umstand Rechnung, dass Hoechst längst ein „Global Player" ist, der in vielen Ländern der Erde Forschungseinrichtungen und Produktionsstätten betreibt.

IMMER NEUE ANFORDERUNGEN AN DIE INFRASTRUKTUR

Im Stammwerk der Hoechst AG, dem heutigen Industriepark Höchst, stellen beachtliche Produktionssteigerungen immer neue Herausforderungen an die Infrastruktur. Unter anderem in logistischer Hinsicht: 1972 wird eine zweite Mainbrücke an der Westseite des Werksgeländes gebaut, die auch den Südteil des Standortes an das Schienennetz anbindet. Zudem gewährleistet ein eigener Autobahn-Anschluss an der südlichen Werksgrenze eine optimale Verbindung zum Rhein-Main-Flughafen. Auch Ver- und Entsorgungseinrichtungen müssen permanent errichtet und erweitert, modernisiert und optimiert werden: 1967 wird die erste europäische Großkläranlage für Chemieabwässer in Betrieb genommen. 1978 nimmt die Rückstandsverbrennungsanlage den Betrieb auf. Die biologische Kläranlage wird Anfang der 80er Jahre weiter ausgebaut, allein in die dritte Ausbaustufe werden 40 Millionen Euro investiert. 1991 wird mit dem Bau der Klärschlammverbrennungsanlage begonnen, die jährlich über 100 000 Tonnen verbrannten Klärschlamm thermisch nutzen kann.

ÖFFNUNG DES INDUSTRIEPARKS UND REKORDINVESTITIONEN AM STANDORT

Rund 170 000 Mitarbeiter hat Hoechst zu diesem Zeitpunkt weltweit. Mitte der 90er Jahre beginnt die Umstrukturierung des Konzerns, der sich durch den Verkauf von Beteiligungsgesellschaften, aber auch durch neue Joint Ventures zunächst auf zentrale Arbeitsgebiete und Wachstumsmärkte konzentriert. Dieser Prozess führt letztendlich zur Bildung neuer, selbstständiger Unternehmen und 1997 zur Öffnung des Industrieparks für konzernfremde Unternehmen. Seit 1998 fungiert das Industrie-Dienstleistungsunternehmen Infraserv Höchst als Standortbetreibergesellschaft des Industrieparks, in dem im Jahr 2005 rund 80 Unternehmen ansässig sind und 22 000 Menschen arbeiten. [3]

Diese Menschen und diese Unternehmen schreiben die spannende, mehr als 140 Jahre umfassende Geschichte rund um Entwicklung und Produktion, Investition und Innovation fort – Tag für Tag, Jahr für Jahr. Allein in den Jahren 2000 bis 2004 sind von den Standortgesellschaften mehr als zwei Milliarden Euro im Industriepark investiert worden. Es entstanden unter anderem die größten und modernsten Insulinanlagen der Welt, neue Produktionsstätten, Labor- und Bürogebäude, aber natürlich auch Infrastruktureinrichtungen. Diese Rekordinvestitionen aller Standortunternehmen sind die Grundlage dafür, dass der Standort mit seiner Geschichte auch in einem sich ständig verändernden Umfeld eine Zukunft hat.

Infraserv Höchst trägt als Standortbetreibergesellschaft mit vielen Services dazu bei, das die Unternehmen im Industriepark optimale Rahmenbedingungen vorfinden. Energie- und Rohstoffversorgung, Abfall- und Abwasserentsorgung, Facility Management, Logistik, Arbeits- und Anlagenschutz, Sicherheit und Gesundheit, IT-Services, Aus- und Weiterbildung – die Liste der Dienstleistungen ist umfangreich. Diese Services bilden zusammen mit der kompletten, modernen Infrastruktur des Standortes die Grundlage für die künftige Entwicklung des Industrieparks. [4]

[4] Klärschlammverbrennungsanlage von Infraserv Höchst.

OFFENBACHER LEDERWAREN IM WANDEL DER ZEIT

Rosita Nenno

Seit dem ausgehenden 18. Jahrhundert ist die Stadt Offenbach am Main das Zentrum der Lederwaren-produktion Deutschlands. Aufbauend auf qualifizierten Handwerkern, Buchbindern, Etui- und Futteral-machern, die seit dem Mittelalter in der Stadt nachzuweisen sind, konnte sich ein Industriezweig entwickeln, der den Namen der Stadt nach Ost und West auch in überseeische Gebiete bekannt gemacht hat. Prämiert auf Weltausstellungen und Handels-messen setzte sich der Begriff „Offenbacher Leder-waren" als Qualitätsmerkmal weltweit durch. Wenn-gleich die Stadt kaum noch Produktionsstätte ist, gilt sie als internationaler Handels- und Messeplatz noch immer als *die* Lederwarenmetropole Deutschlands.

DIE ANFÄNGE

Lange vor der Industrialisierung wusste man in Offen-bach mit Leder umzugehen: Die ansässigen Bijoute-rie-Hersteller brauchten Präsentier- und Geschenk-kästchen für ihre Produkte, das Bürgertum ließ seine Bücher prächtig binden. Handwerkliches Geschick, fachliche Qualifikation und Materialkenntnis zeichne-ten die zünftigen Gewerbe schon seit dem Mittelalter aus. In Offenbach, das bis in die zweite Hälfte des 18. Jahrhunderts noch als „Flecken" oder „Residenzort" galt, konnte unter der Förderung der Isenburger Gra-fen, die als Vertreter einer merkantilistischen Politik großzügig Privilegien vergaben und die Stadt frühzei-tig von hemmenden Zunftvorschriften befreiten, ein neuer Industriezweig heranwachsen. „Die Stadt stellte Baugrundstücke kostenlos zur Verfügung, gewährte Steuerbefreiungen für die Aufbauphase und erleichterte den Zuzug fremder Arbeitskräfte." (2)
Die Nähe zur Handels- und Messestadt Frankfurt, die einen Absatzmarkt direkt vor der Haustür bot und mit ihrem Bankgewerbe den Zugang zu Krediten gewährte, erleichterte zudem die Betriebsneugrün-dungen. Selbst kapitalkräftige Frankfurter Groß-händler, die den bis ins 19. Jahrhundert sehr eng gefassten Zunftordnungen in der Nachbarstadt ent-

[1] Brieftasche mit Überschlag. Leder mit Handvergoldung „1785". Frühe Offenbacher Arbeit?

gehen wollten, bauten in Offenbach eigene Manufak-turen auf oder betätigten sich als Verleger.
„Innovationsfreudige einheimische Handwerker-meister, allen voran einige Buchbinder, Riemer und Sattler, die sich häufig mit Kaufleuten zusammen-schlossen, erkannten sehr rasch, dass die Schmuck-produzenten großen Bedarf an bestimmten Leder-artikeln hatten. ... Daneben stellten sie auch jetzt schon andere Lederartikel wie Brieftaschen und Sou-venirs her. ... Die Lederwarenbranche entwickelte sich sehr schnell vom Hilfs- beziehungsweise Zulieferge-werbe der Schmuckproduzenten zu einem eigen-ständigen Gewerbezweig. Dieser Aufschwung wurde auch dadurch begünstigt, dass man sich in Frankfurt problemlos mit den benötigten Rohstoffen – nämlich Häuten und Leder – versorgen konnte. ... Die Leder-warenmanufakturen produzierten ... weniger auf direkte Bestellung von Kunden, sondern zunehmend für den regionalen und zum Teil auch schon für den internationalen Markt." (3) [1]
Zu den Gründervätern der Offenbacher Lederwaren-industrie zählt Anton Mönch, den der Isenburger Sou-verän um 1764 als Buchbinder an den Offenbacher

---

(1) Babbscher und Portefeller werden in und um Offenbach liebevoll die Lederwarenhersteller genannt, von Babb = Leim, der für die Herstellung gebraucht wird, und von „Portefeuille" = frz. für Geldbörse. (2) Viele Angaben in diesem Artikel beruhen auf den Forschungen von Dr. Wolfgang Jäger, Berlin, die in der Festschrift zum 75-jährigen Bestehen des DLM 1992 veröffentlicht wurden: Vom Handwerk zur Industrie – Entstehung und Entwicklung des Ledergewerbes in Offenbach am Main, hier S. 16. Die Publikation, die eine umfassende Literaturliste enthält, ist über das Ledermuseum zu beziehen. (3) Jäger, S. 18

Hof geholt hatte. Gemeinsam mit seinem Sohn Johann Karl gründete er 1776 eine Etui- und Souvenirmanufaktur, die schon bald in Kooperation mit dem Kaufmann Isaak de Jonge (1786) ausschließlich Portefeuillewaren produziert. Um einen möglichst hohen

[2] Nähmaschine, Fa. Koch, ca. 1900–1920. Die Beschleunigung des Arbeitsprozesses durch die Nähmaschine faszinierte die Menschen im 19. Jahrhundert so sehr, dass sie auf Jahrmärkten Eintritt zahlten, um „Die eiserne Stepperin" sehen zu können. Blick in die Installation im DLM

Qualitätsstandard zu gewährleisten, wurde der Betrieb nicht arbeitsteilig organisiert, es „sollte der einzelne Mitarbeiter für den jeweiligen Artikel in allen Produktionsschritten verantwortlich sein. Die Gesellen wurden überdies angehalten, bei ihrer Wanderschaft in Wien Halt zu machen, um in dieser Hochburg des Portefeuillegewerbes ihr handwerkliches Geschick zu vervollkommnen." (4)

In der hoch qualifizierten Luxusindustrie zählte neben der handwerklichen Qualität vor allem künstlerisches Geschick und Innovationsbereitschaft, mit denen sich besonders der Buchbinder Johann Jakob Crezelius und sein Kompagnon, der Kaufmann Johann Wilhelm Kugler hervortaten, deren Firma schon an der Wende zum 19. Jahrhundert 30 Mitarbeiter zählte.

Sattler und Riemer waren mit den Buchbindern die treibende Kraft, denn „Die Portefeuilletechnik ist ja

nicht nur Lederklebetechnik, sondern auch Ledernähtechnik" (5), und so findet sich in den Frankfurter Frag- und Anzeige-Nachrichten vom 24. und 29. März 1785 die erste Werbeanzeige der Branche des Riemermeisters Adam Müller: „Bey Adam Müller, Riemer von Offenbach, sind dieses Mal wieder zu bekommen, eine frische Parthie englischer Brieftaschen von feinem englischen Saffian von verschiedenen Couleuren, ... alle mit Gold und Silber durchstickt. Auch sind zu bekommen feine englische Zäum von braunem und schwarzem englischen Leder, mit in Silber geschmolzenen und verguldet Beschläg, wie auch mehrere verschiedene Lederwaren von feinem farbigten Leder".

HOCHZEIT OFFENBACHER LEDERWAREN UND WANDEL DER PRODUKTION

Galten um 1800 noch die englischen Produkte als Vorbild für den deutschen Markt, so wurden schon bald einheimische Lederwaren nach Holland, Nordeuropa und Großbritannien exportiert. Als der Wiener Kongress 1816 das Fürstentum Isenburg auflöste und dem Großherzogtum Hessen-Darmstadt zuschlug, fielen auch hemmende Zollschranken und bevor Frankfurt dem Preußischen Zollverein beitrat, wurde Offenbach kurzzeitig mit einer eigenen Messe „Handelsplatz ersten Ranges", und Hauptumschlagmarkt für Leder. (6) Offenbachs Aufschwung zur Lederstadt war nicht mehr aufzuhalten. 1846 zählte man in der Stadt 20 kleine und kleinste Handwerksbetriebe sowie 23 Fabrikbetriebe, die Zahl der Beschäftigten war auf 664 angestiegen.[2] [7]

Die Industrialisierung und die Einführung von Maschinen, besonders die bahnbrechende Erfindung der Nähmaschine, die den Produktionsprozess um das 10- bis 15-Fache beschleunigte, brachten umwälzende Veränderungen für den einzelnen Menschen, für die Produktionsweisen und das Marktgeschehen. Anders jedoch als etwa in der Automobilindustrie, wo Maschinen ganze Fertigungsprozesse übernommen haben, zählt in der Lederwarenbranche nach wie vor die Materialkenntnis und handwerkliche Fertigkeit eines jeden Arbeiters.

Die gesellschaftlichen Umwandlungen im 19. Jahrhundert wurden für die Lederwarenindustrie zur treibenden Kraft: Nach der Einführung der Eisenbahn nahm die Mobilität der Menschen zu, das Reisen demokratisierte sich und schuf neue Bedürfnisse an Gepäck. Außerdem bauten sich Standesschranken

(4) Jäger, S. 21. Auch noch in den 1990er Jahren hatte der einzelne Facharbeiter die Verantwortung für das Produkt über mehrere Arbeitsschritte hinweg (Anm. der Autorin) (5) Jäger, S. 21 (6) 1828 bis 1836. In diesem Zusammenhang wurde auch das „Städtische Lagerhaus" in klassizistischem Stil erbaut, das heute das DLM beherbergt. (7) Vgl. zur Entwicklung bis 1959 die Tabellen bei Jäger, S. 76–88. Daneben existierten auch, in geringerem Maße, Gerbereien sowie Schuhfabriken.

ab, was eine deutliche Änderung der Kleidungs- und Wohnsitten in weiten Teilen des Bürgertums mit sich brachte. Die Lederwarenbranche reagierte sehr rasch auf die neuen Wünsche mit einer vorher nicht gekannten Produktpalette: Koffer und Reisetaschen, Portemonnaies und Maniküreetuis, für die neu entwickelte Fototechnik Alben und Bilderrahmen. Für die Damen wurden Handtaschen, zunächst auf Reisen, seit dem beginnenden 20. Jahrhundert auch auf Stadtgängen, zum unentbehrlichen Begleiter. Die Lederwarenindustrie wuchs gemäß der stetig steigenden Nachfrage kontinuierlich an, von 1846 bis 1868 verdoppelte sich die Zahl der Industriebetriebe auf 45, 1873 waren es bereits 69, und rasanter noch vollzog sich die Entwicklung bei den Handwerksbetrieben und der zuliefernden so genannten „Hausindustrie" der Heimarbeiter. Daneben entstanden hoch spezialisierte Lederschärfereien und -färbereien, Vergoldungs- und Glättanstalten sowie Steppereien. [3]

[4] Katalog der Fa. Ludwig Krumm, Offenbach, um 1902. Ausgabe für den britischen Markt mit Angabe der Showroom-Adressen in London und Paris

[3] Blick in die Lederprägeanstalt Rosenberger, Offenbach, Ludwigstraße, die 1988 geschlossen wurde. Die Prägemaschine steht heute im DLM

„Die Ausweitung und Rationalisierung der Produktion ging einher mit deutlichen Veränderungen in der Unternehmenspolitik. Hatte bisher der Akzent auf der Herstellung hochwertiger Produkte gelegen, ... stellte man nun zunehmend auf Massenartikel um. Sollte das breitere Publikum als Käuferschicht für Lederwaren gewonnen werden, musste die Ware preisgünstiger auf den Markt kommen. Die Kostensenkung bei der Produktion hatte jedoch vereinzelt Qualitätseinbußen zur Folge. Allerdings blieben Offenbacher Lederwaren aufgrund des hohen Lohnniveaus im Rhein-Main-Raum immer noch relativ teuer." [8] Zwei Drittel der Produktion gingen in den Export, was den Handel natürlich anfällig machte für politische Krisen, wie den amerikanischen Sezessionskrieg, russische Zollerhöhungen oder den Börsenkrach von 1873, dem in Deutschland für das Restjahrhundert eine große Depression folgte.

Einen Aufschwung erreichten die Offenbacher Produzenten sowohl durch Rückbesinnung auf einen hohen Qualitätsstandard als auch durch vorbildliche Innovationen im Bereich der Metallbeschläge, die nicht mehr länger aus Solingen bezogen, sondern vor Ort gefertigt wurden. [9] Bis 1913 hatte sich die Lederverarbeitung zum größten Industriezweig der Stadt entwickelt. Die 1856 gegründete Ludwig Krumm AG, die heute zur Egana Goldpfeil Gruppe gehört, war der bedeutendste Großbetrieb in Offenbach, der 1900 ca. 600 Arbeitskräfte in der Fabrik und als Heimarbeiter beschäftigte. [4]

AUS DEN KRISEN IN DEN AUFSCHWUNG

Während der beiden Weltkriege waren die internationalen Märkte komplett eingebrochen, allerdings musste die Produktion auch ausschließlich auf militärische Belange wie Tornister (die so genannten „Affen"), Gurte und Halfter umstellen. Der Ruf der „Offenbacher Lederwaren" sorgte jedoch rasch danach

(8) Jäger, S. 31. Was sich wie eine zeitgenössische Kritik liest, beschreibt die 1860er Jahre. (9) Die Fa. Rowenta war ursprünglich Zulieferer von Metallteilen. Eine Offenbacher Neuerung ist auch die Weiterentwicklung des Taschenbügels und das Klappschloss.

[5] Taschen aus der Serie „Hollywood", Goldpfeil 1948, gemäß dem „Marshall-Plan" für den amerikanischen Markt produziert. Neben den ungewohnten Formen tauchen verstärkt Pink und Pfefferminzgrün in der Farbpalette auf.

für eine weltweite Nachfrage. Waren vor 1914 die großen Betriebe ausschließlich in Offenbach ansässig, wagten zwischen den Kriegen vermehrt Zulieferbetriebe und Meister im Kreis Offenbach den Schritt in die Selbstständigkeit. (10)

Nach den entbehrungsreichen Kriegsjahren verlangten die Frauen nach modischen Accessoires, die reisefreudigen Deutschen brauchten Koffer, und die Branche erhielt neuen Auftrieb, der ab 1947 durch den „Marshall-Plan" (11) unterstützt wurde.
Schon 1945 standen amerikanische Soldaten vor dem Gebäude des Ledermuseums Schlange, um sich mit Taschen, Mappen und Geldbörsen aus hiesiger Produktion zu versorgen. Mit den Ordern aus den USA hielten neue Formen und Farben Einzug in die Produktpalette [5], und französische Modehäuser vergaben Lizenzen für exquisite Lederwaren an die Offenbacher Traditionshäuser. (12)

VERLAGERUNG DER PRODUKTION

Die Lederwarenbranche konnte sich dem allgemeinen Trend nicht entziehen: Seit Ende der 60er Jahre wurde die Produktion erst zögerlich, dann immer offensiver ins Ausland verlegt. Der Libanon (13), Italien, Spanien und das alte Jugoslawien machten den Anfang, gefolgt von Nordafrika, der Türkei, Polen und Tschechien. Um 1970 stammten 40 % der Produkte auf dem deutschen Markt aus italienischer Fertigung. Im Jahre 2004 arbeiteten bundesweit nur noch etwa 4000 Beschäftigte in der Lederwaren- und Kofferindustrie (14), das Gros der Waren unter deutschen Markennamen wird heute in Asien produziert (15). Neben Leder werden Textilien, Kunstleder und andere High-tech-Materialien zu modischen Accessoires verarbeitet, was dem Design neue Impulse gibt. In Offenbach selbst arbeiten aktuell noch einige Kleinbetriebe, die im Markt ihre Absatznischen behaupten, und internationale Holdings lassen nach wie vor ihre Hochqualitätsprodukte von den traditionsreichen und erfahrenen Portefellern im Umfeld der Stadt fertigen. Fraglich, wie lange noch, da angesichts der Entwicklungen der Branche in Kürze der qualifizierte Nachwuchs fehlt. Als Messestandort spielt Offenbach mit der 1949 gegründeten Internationalen Lederwarenmesse in Europa weiterhin in einer Liga mit Paris oder Mailand, auch wenn in der Modebranche neue Konzepte erarbeitet werden.
Das DLM – Deutsches Ledermuseum Schuhmuseum Offenbach – hat die Entwicklung der Lederwarenindustrie in Stadt und Kreis Offenbach in einer ständigen Ausstellung dokumentiert, aber auch Heimatvereine oder kleinere Stadtmuseen der Region leisten einen wichtigen Beitrag zur Erforschung lokaler Firmengeschichte. Das Offenbacher Stadtbild ist bis heute geprägt von den prachtvollen bis bescheidenen Bauten der Lederwarenfabrikation, an deren Fassaden Krokodil und Hermeskopf von Produkten und ihrer Vermarktung zeugen.

(10) Zum Beispiel in Bieber, Hausen, Obertshausen, dem heutigen Rodgau und Heusenstamm. Firmengründungen: 1919 Jean Weipert, 1920 Georg Heberer, Heinrich Döbert, 1928 Picard, 1929 Kopp-Comtesse. Grund dafür war auch, dass die Offenbacher Firmen auf Druck der Gewerkschaften zuerst einmal ihre festen Angestellten beschäftigen mussten, den Heimgewerbetreibenden blieb nur „die Flucht nach vorne". 1930 hatten sich die Beschäftigtenzahlen in Stadt und Kreis Offenbach in etwa angeglichen. (11) „Wie vielen anderen Ländern wurde auch dem laut Moskauer Deklaration ‚ersten Opfer der Hitlerschen Aggression' von vielen Seiten Hilfe zuteil. 1947 allerdings kamen die USA zu dem Schluss, dass punktuelle Hilfeleistungen die Schwierigkeiten in Europa nicht lösen konnten. Also initiierte der damalige Außenminister George C. Marshall das ‚European Recovery Program' (ERP), das von 1948 bis 1952 16 westeuropäischen Ländern insgesamt 13 Milliarden Dollar für den Wiederaufbau zur Verfügung stellte – und das unter dem Namen ‚Marshall-Plan' Geschichte machen sollte." Aus: Die Presse, Wien 7. 4. 2005.
(12) Zum Beispiel Christian Dior an Goldpfeil (13) Das Engagement im Libanon wurde durch den Ausbruch des Bürgerkrieges abrupt unterbrochen. (14) Erfasst sind Betriebe mit 20 und mehr Beschäftigten. Quelle: Bundesverband Lederwaren und Kunststofferzeugnisse e.V. (15) Lieferländer für alle auf dem Markt vertriebenen Lederwaren: China 52,3 %, Italien 7,3 %, Indien 5,7 %, Belgien 4,6 %, Frankreich 3,8 % (Zeitraum: 1. Halbjahr 2004). Quelle: Bundesverband Lederwaren und Kunststofferzeugnisse e.V.

PHRIX – AUFSTIEG UND FALL EINER PAPIERFABRIK

Ulrike Milas-Quirin

Eine griechische Göttin und ein heiliger Vogel sollen für den Namen „Phrix" Pate gestanden haben – eine beziehungsreiche Wahl für ein papier- und zellstoffproduzierendes Unternehmen. Der Legende nach hat für „die Schaumgeborene" – die berühmte knidische Aphrodite von Praxiteles – die schöne Phryne Modell gestanden. Und mit Phönix, dem Vogel aus der ägyptischen Mythologie, der sich selbst verbrennt und aus der Asche wieder aufsteigt, wurde das Bild der Wiedergeburt herangezogen. Aus Phryne und Phönix wurde Phrix.

Hartnäckig hält sich dieser Name in der Hattersheimer Öffentlichkeit, der an bessere Zeiten und einen florierenden deutschen Konzern erinnert. Und das, obwohl die Fabrik im Stadtteil Okriftel seit 1970 geschlossen ist. Aber so wie der Name ist auch die Industriebrache seit 35 Jahren quasi unverändert erhalten geblieben. Liegt die Okrifteler Phrix heute in einem Dornröschenschlaf? – In jedem Fall gibt es Menschen, die nicht auf sie verzichten wollen, weil sie ein Stück Heimat und Identität bedeutet. Dabei umfasst der Aufstieg und Fall der Papier- und Cellulosefabrik lediglich einen Zeitraum von 86 Jahren. [1]

GRÜNDERZEIT

Der industrielle Fortschritt erreichte Okriftel 1873 – bereits zehn Jahre nachdem in Höchst die „Theerfarbenfabrik Meister, Lucius & Co." gegründet worden war. Die Familie von Moses Haas betrieb bis zur Vertreibung durch die Nazis eine Seifenfabrik, die 1938 an die Offenbacher Kappus fiel. [1]

In Okriftel waren die Voraussetzungen für einen auf Wasser und günstige Verkehrsanbindungen angewiesenen Industriebetrieb ausgezeichnet. Die Herren Gumperts und Krebs nutzten dies und produzierten ab 1884 auf der „Weinbergsgewann" am Mainufer Cellulose, den Grundstoff für die Papier- und Textilherstellung. Aber erst zwei Jahre später, mit Philipp Offenheimer, begann der rasante Aufstieg des Unternehmens. Der 25-jährige Enthusiast übernahm die Fabrik und 29 Mitarbeiter. Mit fortschrittlichen Methoden und neuen Maschinen konnte er um die Jahrhundertwende mit der Papiererzeugung beginnen und sein Unternehmen bis 1910 auf 226 Werkangehörige vergrößern.

Mit reinem Alkohol, den er als Abfallprodukt aus der Papierherstellung entdeckte, schuf er sich ab 1924 ein weiteres lukratives Standbein. Auf der Suche nach möglichst billigen Rohstoffen wurde er im Osten fündig und ließ Hölzer aus den riesigen Wäldern Russlands mit Güterzügen zum Hattersheimer Bahnhof anliefern. Bis dahin waren heimische Hölzer am eigenen Schiffsanlegeplatz mit Kranbahn gelöscht worden.

STATION EINES ARCHITEKTEN

Im Jahr 1905 hat Georg Metzendorf im Auftrag des Kommerzienrates Philipp Offenheimer das ehemalige Verwaltungsgebäude der Fabrik an der heutigen Kirchgrabenstraße gebaut. Georg Metzendorf (1874–1934) stammte aus Heppenheim und war zusammen mit seinem Bruder Heinrich um 1900 einer der meistbeschäftigten Architekten an der Bergstraße. Dass Georg Metzendorf den Auftrag des Okrifteler Fabrikanten erhielt, lag vielleicht an den freundschaftlichen Kontakten der Architektenbrüder zu Unternehmern Südhessens; etwa zum Bensheimer Papierfabrikanten Wilhelm Euler, der Anfang des 20. Jahrhunderts mehrere Villen bei Metzendorfs in Auftrag gab.

Das denkmalgeschützte Gebäude in Okriftel mit Blick auf den Main hat wegen diverser Umbauten heute seinen Charme verloren. Die typische vertikale Putzgliederung der Fassaden oder der Erker mit Segmentgiebel erinnern aber immer noch an die Reformstil-Architektur von Metzendorf. Nach seinem Engagement in Okriftel bekam Georg Metzendorf den Auftrag, mit dem er sein Lebenswerk krönte. 1909 begann er für die Margarethe-Krupp-Stiftung mit dem Bau der Siedlung „Margarethenhöhe" in Essen, an der er bis zu seinem Tod arbeitete. Die Siedlung gilt heute als Denkmal von europäischem Rang.

RAUBZÜGE DER NAZIS

Die Raubzüge der Nazis machten auch vor den Okrifteler Industriebetrieben nicht Halt. Beide wurden von jüdischen Unternehmerfamilien geleitet. Ernst Offenheimer, der nach dem Tod seines Vaters im Oktober 1930 die Firmengeschäfte zusammen mit seinem Schwager Dr. Siegfried Bloch übernommen hatte, konnte dem zunehmenden Druck auf den „nichtdeutschen Betrieb" bis 1938 Stand halten. Im Juni kaufte der Berliner Großindustrielle Friedrich Minoux mit einem Eigenkapital von 650 000 RM – mit 3 Mio. belieh er das Grundstück bei der Deutschen Bank – weit unter Wert die Fabrik. Die Offenheimers mussten mittellos nach Amerika flüchten.

Minoux war fünf Jahre lang Eigentümer des Okrifteler Werks. Seit dieser Zeit mussten 150 Männer und Frauen vorwiegend aus dem Osten Zwangsarbeit in

---

(1) Uwe Kreuzer: 900 Jahre Okriftel – Festschrift 2003, herausgegeben vom Magistrat der Stadt Hattersheim am Main

[1] Ab 1970 warb der neue Besitzer mit diesem Luftbild als Anlage zum Angebotschreiben der AHV-GMT um ansiedlungswillige Unternehmen.

der Fabrik verrichten. Unter den Verschleppten waren auch fünf junge Mädchen aus der heutigen Ukraine, die 2003 im Rahmen eines Spurensuche- und Zeitzeugenprojektes (2) Okriftel wieder sahen.

Der Name Minoux wird zudem für immer mit einem der schrecklichsten Kapitel der deutschen Geschichte verbunden bleiben. In seiner repräsentativen Villa am Wannsee 56–58 hatte er 20 Jahre gelebt, bevor er sie 1941 an die NS-Stiftung NORDHAV verkaufte. (3) Hier in der „Villa Minoux" tagte am 20. Januar 1942 die Wannsee-Konferenz und beschloss mit der „Endlösung" den Völkermord an 11 Millionen europäischen Juden. Zu dieser Zeit saß Minoux bereits wegen Unterschlagung und Betrug im Gefängnis. Ungeachtet dessen veräußerte er die Okrifteler Fabrik noch 1943 an den Unternehmer und Präsidenten der Industrie- und Handelskammer Stuttgart, Fritz Kiehn.

1950 bekam Ernst Offenheimer, nach der Anmeldung des Rückerstattungsanspruchs, die Fabrik zurück, verkaufte aber ein Jahr später an die Phrix-Werke, um nach Amerika zurückzukehren.

WIEDERAUFBAU UND EXPANSION

In den letzten Kriegsmonaten hatte die Okrifteler Fabrik sowohl die Produktion von Textilfasern als auch von Papiergrundstoffen wegen Rohstoffmangels einstellen müssen. Auch in den ersten Nachkriegsjahren waren Rohstoffe, vor allem Kohle, knapp. Mangelnde Nachfrage bremste anfangs den Aufschwung.

1948 waren in Hamburg die Phrix-Werke neu gebildet worden. Zum Ausgleich der verloren gegangen Rohstofflieferanten, den Zellwollefabriken in der Ostzone, erwarb das Unternehmen Anfang 1951 unter anderem die Okrifteler Cellulosefabrik. Das Interesse aus der Textilindustrie an Okrifteler Zellstoff stieg und Papiere

(2) Projekt des Fördervereins der Heinrich-Böll-Schule und der Stadt Hattersheim am Main: „Begegnung mit Zeitzeugen – Lebenswege ehemaliger Zwangsarbeiterinnen" im November 2003, gefördert von der Bundesstiftung „Erinnerung und Zukunft".

(3) Johannes Tuchel: Am großen Wannsee 56–58. Von der Villa Minoux zum Haus der Wannsee-Konferenz, Berlin 1992.

der „Sonderqualität Okriftel" waren auch im Ausland wieder gefragt.

Sofort wurde die Planung für eine zweite Produktionsstraße aufgenommen. Schon im März 1951 begannen die Bauarbeiten auf der „größten Baustelle in Südhessen", wie es seitens des hessischen Regierungspräsidenten hieß. Gleichzeitig mit der laufenden Produktion wurden zwischen den bestehenden Anlagen auf engstem Raum das neue Gebäude für die Zellstoffmaschine III, der Säureturm, die Kocherei und die Separation gebaut. (4)

Während die Phrix-Werke 1955 mit der Kunstseiden AG Krefeld und der Chemiefaser AG Siegburg fusionierten, setzten sie in Okriftel weiter auf Expansion; Neubauten, unter anderem das Turbinenhaus, entstanden. Um den enormen Energiebedarf des Werkes zu decken, wurde von 1963 bis 1965 ein neues Kraftwerk mit einem ca. 100 m hohen Schornstein gebaut, das zur Hälfte aus Mitteln der Europäischen Gemeinschaft gefördert wurde. Auch der Holzplatz wurde kontinuierlich bis zur Eddersheimer Gemarkungsgrenze erweitert. [2] Circa 1500 Beschäftigte hatte das Werk. Zu dem Unternehmen gehörten Immobilien, wie Werkswohnungen für Mitarbeiter, sowie unbebaute Grundstücke und Äcker, die etwa ein Drittel der Gesamtfläche von Okriftel ausmachten; dazu das Gelände und die Wasserrechte der ehemaligen Bonnemühle, dem früheren Sommerhaus der Offenheimers.

DER SCHOCK

Ende der 60er Jahre geriet das deutsche Unternehmen in wirtschaftliche Schwierigkeiten. Die Dow Chemical Co. übernahm einen großen Teil des aufgestockten Kapitals der Phrix AG Hamburg und wurde damit gemeinsam mit der BASF Besitzer der Aktiengesellschaft. 1970 wurde die Okrifteler Papier- und Zellstoffproduktion, genauso wie das Werk in Krefeld, stillgelegt – Siegburg folgte ein Jahr später. In einem Gewerkschaftsflugblatt der Okrifteler Phrix vom August 1970 hieß es, dass BASF und Dow Chemical den Konzern lediglich gekauft hätten, „um sich einer kleinen, aber lästigen Konkurrenz im Bereich Chemiefaser zu entledigen". (5)

Die Entscheidung der Unternehmensleitung war für die Gemeinde unbegreiflich. Sie bedeutete für ca. 1000 Menschen den Verlust des Arbeitsplatzes.

Arbeit suchende Okrifteler mussten sich neu orientieren, fanden aber zumeist in der Nähe, etwa bei Sarotti

[2] Der Papiersaal im 1. Stockwerk des Backsteingebäudes der 20er Jahre beherbergt heute z. T. die Ateliers und Werkstätten der Phrix-Künstlergemeinschaft.

in Hattersheim, der Farbwerke Hoechst AG, der Glanzstoff in Kelsterbach oder bei Opel in Rüsselsheim, eine neue Anstellung. Der Gesamtbetriebsrat hatte für die Phrix deutschlandweit einen Sozialplan durchgesetzt, der 18 Mio. DM umfasste. Die Okrifteler Mitarbeiter waren im Durchschnitt mit 6000 DM abgefunden worden. Die Fabrik, die Bonnemühle und mit ihr ein Drittel von Okriftel standen über Nacht zum Verkauf. Wer es sich mit seiner Abfindung leisten konnte, kaufte ein ehemaliges Wohnhaus oder Grundstück aus dem Bestand der Phrix. Eine gewisse Goldgräberstimmung machte sich breit. Die Gemeinde Okriftel hatte zwar Interesse an den Grundstücken und Feldern, auf denen sie Gewinn bringend Wohnungsbau realisieren konnte, nicht aber an dem Fabrikgelände selbst.

EIN ERFINDER

Daran interessiert zeigte sich Winfried Schäfer, der eigentlich ein würdiger Nachfolger des Firmengründers hätte werden können. Aber anders als im Klima der Gründerzeit, in der Offenheimer seine Visionen und Entdeckungen ohne große Reglementierung in wirtschaftlichen Erfolg umsetzen konnte, standen nun Bürokratie und die starken Interessen konkurrierender Wirtschaftszweige den Visionen Schäfers im Wege.

Winfried Schäfer war mit den Okrifteler Verhältnissen gut vertraut. Das Unternehmen seiner Eltern hatte seit vielen Jahren die Phrix mit Hefe beliefert, die zur Alkoholherstellung nötig war. Deshalb hatte er durchaus konkrete Vorstellungen, als im Dezember 1970 der

(4) Aufzeichnungen des Architekten Friedrich Lenz, Okriftel (5) Kommunistischer Nachrichtendienst Nr. 26, Bochum 22.08.1970, 700822/ZB/ND. In: Dietmar Kesten/Jürgen Schröder: MAO Materialien zur Analyse von Opposition, Datenbank http://userpage. fu-berlin.de/~archapo/Online/MAO/Vorstellung.html

[3] Die am Mainufer gelagerten Altreifen waren für W. Schäfer ein wertvoller Rohstoff. Die Okrifteler Bevölkerung, Politiker und Behörden sahen darin eine große Gefahrenquelle.

Grundstückskaufvertrag zwischen der BASF, seiner Frau Rosa Anna-Maria und ihm unterzeichnet wurde. Zum einen versuchte er über die neu gegründete „Allgemeine Handels-, Vermittlungs-Grundstücksverwertungsgesellschaft Main-Taunus mbH" (AHV-GMT) Flächen und Gebäude zu vermieten: Die Anlagen auf der 5 ha großen Fläche mit Schiffsanlegeplätzen lägen verkehrsgünstig und seien sowohl für Produktionen, als auch für hohen Warenumschlag geeignet, hieß es in dem Angebotsschreiben. [6] Erste Mieter auf dem Phrixgelände waren dann aber der befreundete Künstler Oscar Rosi aus Sossenheim, der die ehemalige Schreinerei als Atelier nutzte und der Freund aus Kindertagen Dipl.-Ing. Günter Trapp, der mit seinem chemisch-technischen Labor in den Kopfbau des alten Papiersaals I zog. Zum anderen war Winfried Schäfer aber ein Selfmademan mit Pioniergeist, dessen Entschluss zum Kauf der Phrix vom Willen geprägt war, selbst einen großen Teil des Werksgeländes für die Aufnahme eines neuartigen Produktionsverfahrens – der Reifenpyrolyse – zu nutzen. Von Kindesbeinen an hatte der am 4. September 1928 geborene Winfried sich durch Erfindergeist ausgezeichnet und dabei neben seinem privaten Vergnügen so manche Arbeitsverbesserung und lukrative Neuerung zu dem elterlichen Betrieb beigesteuert. Während der Bau von Radioempfängern aus Teilen abgeschossener alliierter Flugzeuge ihm gegen Ende des Krieges beinahe zum Verhängnis geworden wäre, war die Erfindung einer Sicherheitsvorrichtung für eine Hefestrang-

presse um 1950 durchaus segensreich und verhinderte Verletzungen. In Sossenheim hatten die Eltern eine Hefegroßhandlung gegründet. Kurz vor dem Abitur hatte der einzige Sohn die Schule verlassen und stieg in den elterlichen Betrieb ein.

1952 meldete er die „Winfried Schäfer Patentverwertung" an und war unter anderem mit seinen Erfindungen zur Optimierung der Hefeproduktion und des -transports auch international tätig. Er verstand sich als Erfinder und Ingenieur, war wirtschaftlich erfolgreich und hatte die Anerkennung aus Fachkreisen. Die „höheren Weihen" eines Studienabschlusses und eines Diploms schlug er aus, obwohl ihm als Hochbegabtem entsprechende Angebote außerhalb der Normen vorlagen.

Schäfer interessierte sich für alles Alte und Gebrauchte, aus dem er Neues schaffen konnte. Das galt für Schrott gleichermaßen wie für andere Hinterlassenschaft der Wohlstandsgesellschaft. In dem, was andere zum Müll erklärten, sah er damals schon den Rohstoff – lange bevor das „Recycling" nicht nur zum Segen des Umweltschutzes, sondern auch zum wirtschaftlichen Nutzen entdeckt wurde. [7]

Bevor Schäfer 1970 das Phrixgelände kaufte, hatte er sich bereits mit der Idee der Verwertung von Altreifen zur Energiegewinnung beschäftigt. 1973 hatte die Ölkrise mit explosionsartigem Preisanstieg die westlichen Industriestaaten geschockt. Am 1. Februar 1974 meldete Winfried Schäfer sein Patent der Reifenpyrolyse an; erteilt wurde es erst am 19. Mai 1982.

ENERGIE AUS ALTEN REIFEN

Dass sein Vorhaben scheitern würde, hatte er sich 1974 nicht vorstellen können. Deshalb begann er im selben Jahr damit, Altreifen auf dem Fabrikgelände zu lagern. Im Bemühen um öffentliche Unterstützung und Fördermittel stellte er noch 1989 in einer Expertise die schlagenden Argumente für sein Verfahren zusammen. [8] Wirtschaftlich sei eine Anlage schon bei einer Kapazität von 50 000 t Altreifen im Jahr, diese könnte aber ohne Schwierigkeiten auf 200 000 t Altreifen pro Jahr erhöht werden. Er selbst habe bisher 2,5 Mio. DM für die Entwicklung aufgewendet. Im Falle einer Realisierung könne er 200 000 t Altreifen im Wert von 6 Mio. DM (bei einer Annahmegebühr von 30 DM pro t) als Eigenkapital beisteuern. [3]

[6] Nachlass Winfried Schäfer, Familienbesitz [7] Weitere Patente zur umweltfreundlichen Müllverwertung hatte er im Dezember 1979 und Januar 1980 angemeldet. [8] „Die unter Luftabschluß durchgeführte Pyrolyse zerlegt den Schnitt anfallender Altreifen in ca. 5 % Stahl, 40 % Öl, sowie 50 % poröse Kohle, die ihrerseits ca. 10 % Tonerde und Zinkoxyd enthält sowie ca. 40 cbm/t eines Erdgas-ähnlichen Gases, das mit der Hälfte seiner Menge durch Verbrennung die Energie zur Pyrolyse liefert. Der Prozeß geschieht kontinuierlich unter Luftabschluß ohne jede Emission."

Parallel zur Patentanmeldung hatte Schäfer auf dem Fabrikgelände im Freien eine Kleinversuchsreihe aufgebaut, die den Nachweis erbrachte, dass das Verfahren funktionierte. Wissenschaftliche Unterstützung erhielt er durch seinen Sohn Thomas, der 1981 an der Fachhochschule Wiesbaden eine Diplomarbeit vorlegte. Von der Machbarkeit und der „Konstruktion einer Altreifenpyrolyseanlage" (9) hatten sich auch die Professoren überzeugen können.

Dennoch scheiterte Schäfer. Trotz unzähliger Behördengänge bis auf ministeriale Ebene in Wiesbaden und Bonn konnte er die Deklaration von Altreifen als Rohstoff – auch rechtlich – nicht durchsetzen. Seit 1974 hatten Stadt, Kreis und Regierungspräsidium die Räumung seines Reifenlagers auf dem Phrixgelände erzwingen wollen. Langjährige Gerichtsverfahren, die die Reifen mal zu Abfall, mal zu Werkstoff erklärten, gipfelten schließlich 1993 in einem Urteil „Erklärung zu Abfall" des Bundesverwaltungsgerichts. Damit gingen ein Räumungsbefehl und später die Ersatzvornahmen einher.

Am 1. Januar 1994 starb Winfried Schäfer im Alter von 65 Jahren plötzlich und unerwartet. Im Juni begann auf Veranlassung des Regierungspräsidiums Darmstadt die Zwangsräumung der Reifen. 5000 Tonnen Altreifen, berichtete eine Lokalzeitung, wurden bis Anfang 1996 auf Lastern durch die Straßen Hattersheims abgefahren. Die Kosten von über 1 Mio. DM könne die Landesregierung von der Erbin nicht einfordern – sie sei unbekannt verzogen, hieß es darin. (10)

In dem Scheitern seiner Idee, die Schäfer mit Enthusiasmus verfolgt hatte, lag durchaus etwas Tragisches. Insbesondere seine gerichtliche Verurteilung als Umweltsünder hatte ihn schwer getroffen, weil er sich sein Leben lang um die Förderung umweltverträglicher Technologien bemüht hatte. Mehrere Gründe mögen für das Scheitern ausschlaggebend gewesen sein. In Okriftel herrschte nach der Schließung der Phrix ein gewisses politisches und wirtschaftliches Vakuum. Denn am 1. Juli 1972 wurde im Rahmen der Gebietsreform mit dem Zusammenschluss von Okriftel, Eddersheim und Hattersheim eine neue Stadt gegründet und der Schwerpunkt der Politik lag in den folgenden Jahren im Stadtteil Hattersheim.

Neben der Chemieindustrie und den Ölkonzernen hatte auch die Zementindustrie wenig Interesse an dem neuartigen Verfahren. Die Firma Dyckerhoff ließ sich 1976 den Einsatz von Altreifen als Ersatz für fossile Energieträger patentieren. Noch heute heißt es in Veröffentlichungen des Unternehmens, dass Altreifen der ideale Ersatzbrennstoff und Rohstoffzuschlag für die Zementherstellung seien. Von den 630 000 t, die heute in Deutschland pro Jahr anfallen, werden 240 000 t in Zementwerken thermisch und stofflich verwertet. Vielleicht scheiterte der „querköpfige" Winfried Schäfer aber auch nur, weil er seiner Zeit voraus war.

Für die Phrixfabrik bedeutete das jahrelange juristische Zerren Stillstand. Interessenten, die das Gelände und die Anlagen in großem Stil nutzen wollten, kamen nicht zum Zuge. Hier und da gab es eine Autowerkstatt oder ein Büro und das Alevitische Kulturzentrum bezog ein Gebäude an der Rheinstraße. Der ablehnenden öffentlichen Haltung angesichts der Gefährdung durch das Reifenlager folgte eine gewisse Gleichgültigkeit. Die Söhne Thomas und Daniel Schäfer, beides Diplom-Ingenieure, hatten 1994 eine Vermögensverwaltungsgesellschaft gegründet. Heute versucht Daniel Schäfer allein mit dieser Grundstücksverwaltungsgesellschaft das Gelände zu vermarkten. Wo es keine Nutzung gab, verfielen die leer stehenden Gebäude und Produktionsstätten. Auflagen der Bauaufsicht verbieten heute den freien Zugang zu Teilen der Anlage.

WACHGEKÜSST

Auf der Industriebrache als kreativem Nährboden haben sich in den letzten Jahren einige Künstler mit ihren Werkstätten eingemietet – wiederum im ehemaligen Papiersaal I. 2003 traten sie als „PHRIX KG" mit einer Lichtkunstaktion, die aus Mitteln des SAUL-Projektes Route der Industriekultur unterstützt wurde, zum ersten Mal in der Hattersheimer Öffentlichkeit auf. Sie scheinen die Phrix aus ihrem Dornröschenschlaf wachgeküsst zu haben – allerdings bisweilen mit einem bitteren Beigeschmack bezüglich neuer Brandschutzauflagen. Ihre Aktionen und Ausstellungen haben zu einer neuen „Wertschätzung" der Phrix in der öffentlichen Meinung geführt. Und in gewisser Weise greifen sie die Leidenschaft von Winfried Schäfer wieder auf. Sie begreifen das, was sie vorfinden, als wertvollen Rohstoff – für ihre Kunst.

---

(9) Diplomarbeit Thomas Schäfer: Konstruktion einer Altreifenpyrolyseanlage, ausgehend von den in der Deutschen Patentauslegeschrift Nr. 24 04 800 offenbarten Gedanken und Ermittlungen der für die Konstruktion benötigten Parameter, Fachbereich Physikalische Technik, Fachhochschule Wiesbaden, Sommersemester 1980, Wintersemester 1980/81, betreut durch: Dipl.-Ing. Wolfgang Borkowetz und Dr. Dipl.-Chem. Wolfgang Dewald (10) Hattersheimer Stadtanzeiger, 3. November 1995

QUELLENSTADT BAD VILBEL –

MINERALQUELLEN ALS SPRUDELNDER WIRTSCHAFTSFAKTOR

Günter Hinkel

[1] Brunnentempel des Friedrich-Karl-Sprudels

Dem Besucher der Stadt wird der Charakter Bad Vilbels als Stadt des Mineralwassers nicht lange verborgen bleiben. Drei Mineralbrunnenbetriebe füllen jährlich aus 25 Quellvorkommen über eine halbe Milliarde Flaschen natürliches Mineralwasser ab. Die Vielzahl farblich unterschiedlicher Brunnenfahrzeuge ist aus dem Straßenbild nicht wegzudenken.

DIE FRÜHEN ZEUGNISSE

Das Vorhandensein von heilkräftigen Quellvorkommen in Bad Vilbel lässt sich bis in die Römerzeit zurückverfolgen. Das Herzstück einer 1848/49 beim Ausbau der Main-Weser-Bahn entdeckten römischen Thermenanlage – ein kunstvoll gestalteter Mosaikboden, der heute im Landesmuseum Darmstadt ausgestellt wird – gibt hiervon noch ein deutliches Zeugnis.
Auch im Mittelalter wird das Mineralwasser von Bad Vilbel mehrfach erwähnt. Im Jahre 1581 empfiehlt der Arzt Jacobus Theodorus Tabernaemontanus den Fülfeler Sauweerbrunnen (Vilbeler Sauerbrunnen) gegen die so genannte „Leibsblödigkeit". Das Wasser sollte also bei vorhandenen Magenbeschwerden/Unwohlsein angewendet werden.

Der Sauerbrunnen selbst befand sich im öffentlichen Besitz und war an Mineralwasserhändler verpachtet. Den Vilbeler Einwohnern war es erlaubt, ihren eigenen Wasserbedarf unentgeltlich zu decken. Pächter und gewerblich konzessionierte Händler verkauften das in Tonkrüge abgefüllte Wasser in kleineren Mengen in der näheren Umgebung von Vilbel, der Transport erfolgte mittels Handkarren und Fuhrwerken. Privatisiert wurde der Brunnen im Jahre 1872 (spätere Ludwig-Quelle).
Die Anfänge der heute bestehenden Brunnenbetriebe reichen bis in das letzte Drittel des 19. Jahrhunderts

zurück. Der Mineralwasserhandel war im Ursprung ein Nebenerwerb und saisonabhängig, im Hauptberuf bestritten die Händler ihren Lebensunterhalt als Handwerker oder Gastwirte – sogar ein Nudelfabrikant ist überliefert.

Auch die Verabreichung von Heilwasserbädern lässt sich bis zum Anfang des letzten Jahrhunderts zurückverfolgen. Im Jahre 1900 erbohrte der Vilbeler Carl Brod nach zweijährigen Bemühungen einen Mineralsprudel, der erstmals am 21. Juli jenes Jahres mit einer Schüttung von 532 Litern pro Minute eine etwa 11 Meter hohe Wassersäule emporbrachte. Die seinerzeit europaweit kohlensäurehaltigste Mineralquelle wurde nach der damaligen Großherzogin „Victoria-Melita-Sprudel" getauft, musste jedoch 1904 – nach ihrer Trennung vom Großherzog – in „Brod´scher Sprudel" umbenannt werden.
Carl Brod verwertete das Wasser nicht nur zu Trinkzwecken, sondern verabreichte in seinem engen Hinterhaus in vier Holzzubern die ersten Mineralwasserbäder. Die Grundlage für „Bad" Vilbel war gelegt. Der Brunnen selbst versiegte im Jahre 1935. Die Stadt Bad Vilbel errichtete erst 1933 ihr erstes Kurmittelhaus. Hier kamen die beiden Heilwässer Hassia-Sprudel und Friedrich-Karl-Sprudel zur Anwendung. [1]

DIE GEOLOGISCHEN VORAUSSETZUNGEN

Der Bad Vilbeler Raum verdankt seinen Quellenreichtum besonderen geologischen Begebenheiten. Die vulkanischen Ausläufer von Taunus und Vogelsberg spielen dabei ebenso eine Rolle wie die Tatsache, dass Bad Vilbel im Kreuzungsgebiet zweier aufeinander stoßender geologischer Strukturen, nämlich des Oberrheingrabens und der Saarsenke, liegt. Hierdurch weist der Untergrund einzelne, in ihrer Höhenlage gegeneinander versetzte Gebirgsschollen auf. Dies bietet die optimalen Voraussetzungen für den Aufstieg des Mineralwassers und der Kohlensäure.

Die Kohlensäure entstammt uralten Vulkanherden im Erdinneren. Und auch das Bad Vilbeler Mineralwasser enthält einen erheblichen Anteil Tiefenwasser aus dem nordöstlichen Teil Hessens, das dort in den Salzlagerstätten der Zechsteinzeit wertvolle Mineralsalze aufgenommen hat. Es fließt in großer Tiefe in den hiesigen Raum und vermischt sich mit Wasser, das aus Niederschlägen der Region stammt. Dieses dringt tief in die Erde ein und reichert sich auf seinem jahrzehntelangen Weg durch die Gesteinsschichten mit wertvollen Mineralien an.

[2] Die Gloria-Quelle im Jahre 1930

[3] Das Wasser wird über große Entfernungen zum Verbraucher transportiert (1920)

DER PROZESS DER INDUSTRIALISIERUNG

Bis zum Ersten Weltkrieg kamen zu den bereits im 19. Jahrhundert bestehenden vier Betrieben (Elisabethen-Quelle, Hassia-Sprudel, Ludwig-Quelle, Luisen-Brunnen Vilbeler Urquelle) sieben weitere eigenständige Abfüllbetriebe hinzu. Mit der Neubohrung der Hessen-Quelle und der Gründung der Friedrich's-Quelle im Jahre 1927 setzte ein sprichwörtliches Bohrfieber in Vilbel ein. In den Folgejahren wurden zahlreiche Bohrungen ohne behördliche Genehmigung niedergebracht und in diesem Zusammenhang 15 neue Firmen gegründet.

In den 30er Jahren des letzten Jahrhunderts gab es zeitweise in Bad Vilbel 35 selbstständige Brunnenbetriebe. [2][3] Die Zahl hat sich nach dem Zweiten Weltkrieg auf 21 Betriebe reduziert, die in den 50er und 60er Jahren das Bad Vilbeler Mineralwasser weit über die hessischen Grenzen hinaus bekannt gemacht haben. Bis in die 60er Jahre nahm der Verkehr auf Vilbels Hauptstraßen geradezu chaotische Verhältnisse an. Vor allem in den Sommermonaten reihten sich die Transportfahrzeuge entlang der Hauptstraße auf und ließen nahezu keinen normalen Verkehrsfluss mehr zu. In dieser Zeit erreichten die Betriebe in der Bad Vilbeler Innenstadt die größte räumliche Ausdehnung. Eine Expansion war nur noch durch den Ankauf benachbarter Grundstücke möglich. Die zuvor eher bescheidenen Füllhallen mussten nunmehr großen neuen Industriebauten weichen – es entstand eine regelrechte Industriezeile in Vilbels Mitte.

DIE KONZENTRATIONSPHASE

Bedingt durch diese räumliche Situation wurde Ende der 60er Jahre über eine Entlastung der Kernstadt nachgedacht. Erste Betriebe siedelten in an der Peripherie der Stadt geschaffene neue Industriegebiete um. Etwa zeitgleich begann unter den Bad Vilbeler Brunnenbetrieben eine Konzentrationsphase.

Zunächst wurden die Kooperationsunternehmen Bad Vilbeler Urquelle und VIB (Vertrauen in Brunnengetränke) gegründet, denen sich fast alle Betriebe anschlossen. Im Jahr 1982 fusionierten dann die beiden größten Betriebe, die Firmen Hassia Sprudel und Luisen Brunnen, zu Hassia & Luisen Mineralquellen Bad Vilbel GmbH & Co. In der Folgezeit wurden mehrere Betriebe aus familiären Gründen stillgelegt oder schlossen sich anderen Unternehmen an. Heute gibt es noch die Unternehmen Hassia Mineralquellen, Astra Quelle und Kronia Quelle.

DIE HEUTIGEN UNTERNEHMEN

Alle drei Unternehmen produzieren insgesamt jährlich etwa 550 Millionen Füllungen Mineralwasser und Mineralwasser-Süßgetränke. Davon entfallen etwa drei Viertel auf das in Hessen führende Unternehmen Hassia Mineralquellen Bad Vilbel GmbH & Co. KG. Während in früheren Jahren ein Großteil der Bad Vilbeler Brunnengetränke im unteren und mittleren Preisbereich vertrieben wurde, ist es in den letzten Jahrzehnten gelungen, mit den Marken Bad Vilbeler Urquelle, Bad Vilbeler Elisabethen Quelle, bizzl und Hassia starke überregionale Markensortimente aufzubauen, die über Hessens Grenzen hinaus über einen hohen Bekanntheitsgrad und ein gutes Produktimage verfügen. Auch die Marken Astra Quelle und Kronia Quelle haben sich in ihren Vertriebsgebieten eine gefestigte Marktposition verschafft.

Die heute genutzten 25 Quellvorkommen haben sich zahlenmäßig in den letzten Jahren nicht verändert. Es gibt aber nur noch wenige alte Standorte, die meisten Quellen wurden in den letzten drei Jahrzehnten neu erbohrt. Sie verteilen sich über die gesamte Bad Vilbeler Gemarkung und sind den früheren Vorkommen hinsichtlich Qualität und Ergiebigkeit deutlich überlegen. Alle Vorkommen sind in ein umfangreiches Beobachtungsprogramm einbezogen, das sicherstellt, dass die Quellen sachgerecht genutzt werden und nur so viel Mineralwasser entnommen wird, wie es der Schüttung der jeweiligen Quelle entspricht.

[4] Ein Industriedenkmal: Die Kohlensäurescheideanlage für den Friedrich-Karl-Sprudel

DAS NATURPRODUKT WASSER

Der heute sehr hohe Qualitätsstandard der Quellen trägt auch den Anforderungen der seit 1984 geltenden und Ende 2000 grundlegend novellierten Mineral- und Tafelwasser-Verordnung Rechnung. Das Gesetz legt fest, dass Mineralwasser als reines Naturprodukt vor jeglicher Verunreinigung im Boden geschützt sein muss. Natürliches Mineralwasser ist das einzige deutsche Lebensmittel, für das gesetzlich eine amtliche Anerkennung vorgeschrieben ist. Hierbei spielt die ursprüngliche Reinheit des Mineralwassers eine besondere Rolle und die Tatsache, dass Mineralwasser direkt am Quellort abgefüllt werden muss. Mineralwasser darf in seiner Zusammensetzung nicht verändert werden. Der Entzug von Eisen und Mangan sowie das Hinzufügen oder Entziehen von Kohlensäure sind erlaubt. Die Bad Vilbeler Mineralwässer erfüllen alle geforderten Qualitätsansprüche und garantieren damit die Reinheit und Quellfrische des Produkts bis auf den Tisch des Verbrauchers.

Der Verbrauch an Mineralwasser hat in den letzten Jahrzehnten in Deutschland ein außergewöhnliches Wachstum erlebt. Lag der Prokopfverbrauch im Jahre 1970 noch bei 13 Litern und im Jahr 1980 bei 40 Litern, so ist er 1990 sprunghaft auf 88 Liter gestiegen und lag 2003, einschließlich der neuen Bundesländer, bei ca. 128 Litern.

DIE VERPACKUNG DES MINERALWASSERS

Während im 19. Jahrhundert Mineralwasser in Steinkrügen abgefüllt wurde, war im gesamten 20. Jahrhundert die Glasflasche die ausschließliche Verpackung für Mineralwasser. In den letzten Jahren deutet sich nun hier eine grundlegende Veränderung an. Die Kunststoffflasche (PET) wird aufgrund ihres Gewichts und ihrer Bruchsicherheit immer stärker vom Verbraucher bevorzugt. Auch die Bad Vilbeler Betriebe können sich dem nicht verschließen und sind mit der Einführung dieser Kunststoffflaschen befasst. Dabei handelt es sich auch bei PET-Flaschen vorwiegend um Mehrwegemballagen, die als die ökologisch vorteilhafteste Verpackung die ideale Verbindung zu natürlichem Mineralwasser darstellen.

ZUR HEUTIGEN SITUATION

Die mit der erfolgreichen Entwicklung des Mineralwassers einhergehende Schaffung von neuen Kapazitäten bei den Mineralbrunnen hat in den letzten Jahren zu einem spürbaren Überangebot im Markt geführt. Durch den daraus stark zunehmenden Wettbewerb und die immer stärker in den deutschen Markt eindringenden ausländischen Anbieter hat sich ein Verdrängungswettbewerb entwickelt, der jetzt noch durch den Wettbewerb mit neuen Verpackungen verstärkt wird. Die Zukunft wird deshalb auch für die Bad Vilbeler Betriebe nicht leicht werden. Als Familienunternehmen mit langer Tradition werden sie jedoch alle Anstrengungen unternehmen, um in dem veränderten Wettbewerbsumfeld auch zukünftig erfolgreich zu arbeiten und den Ruf Bad Vilbels als „Stadt des Mineralwassers" weiterhin über die hessischen Grenzen hinaus zu tragen. [4] In zwei Museen der Stadt Bad Vilbel wird die Geschichte des Mineralwassers eingehend dargestellt. Zum einen im Brunnenmuseum in der Vilbeler Wasserburg mit einer eigenen Abteilung, die sich diesem Thema widmet. Zum anderen im Hassia Quellenmuseum, das dem Besucher einen zusätzlichen Einblick in die Vergangenheit des Mineralwassers gibt – ergänzt um umfangreiche firmenspezifische Informationen eines Unternehmens, das inzwischen auf eine mehr als 140-jährige Firmengeschichte zurückblicken kann. [5]

[5] Hassia Quellenmuseum

85 JAHRE BRAUN-INNOVATIONEN, 50 JAHRE BRAUN-DESIGN.

VON DER EINFACHEN WERKSTATT FÜR APPARATEBAU ZUM WELTMARKTFÜHRER

Claus C. Cobarg

Mit dem Unternehmen Braun assoziiert man Begriffe wie: gutes Design, rasieren, mutig, technische Innovationen, Qualität, interessante Menschen. Das Unternehmen besteht heute im 85. Jahr, sein weltberühmtes Design zählt inzwischen 50 Jahre. Dies alles ist ein guter Anlass, sich etwas eingehender mit diesem Unternehmen zu beschäftigen, für das technische Innovationen von Anfang an eine tragende Rolle gespielt haben.

Die Unternehmensgeschichte von Braun umfasst im Wesentlichen drei Phasen:

1921-1951: Max Braun gründet in Frankfurt am Main eine Werkstatt für Apparatebau. Der Betrieb entwickelt sich Schritt für Schritt aus kleinsten Anfängen zu einem in Europa angesehenen Unternehmen der Rundfunk- und Hausgerätetechnik.

1951-1967: Die Söhne Artur und Erwin Braun folgen bei der Gestaltung ihrer Produkte funktional-ästhetischen Prinzipien und verschaffen dem Unternehmen mit Einführung des Braun-Designs Weltgeltung.

1968-2005: Mit der Übernahme durch den Konzern Gillette gewinnt Braun weitere wirtschaftliche Kraft und Internationalität, die 2005 durch die eingeleitete Fusion von Gillette mit dem Procter & Gamble-Konzern weiter verstärkt wird.

Die Ära des Firmengründers Max Braun (1921–1951):
PIONIERGEIST, IDEENREICHTUM UND MUT ZUR TECHNISCHEN INNOVATION

Die Unternehmensgründung geht auf das Jahr 1921 zurück. Am 1. Februar eröffnet der 1890 in Ostpreußen geborene, in Berlin zum Ingenieur ausgebildete Max Braun 31-jährig in Frankfurt am Main eine Werkstatt für Apparatebau. Um 1923 erkennt Max Braun mit Weitblick die Bedeutung der in den Anfängen stehenden Rundfunkindustrie und steigt in die Fertigung von Bauteilen für die Hersteller von Rundfunkgeräten ein. [1]

Ab 1925 geben die aufkommenden Kunststoffpulver fortschrittlichen Herstellern neue Möglichkeiten: Max Braun erkennt die Chance und fertigt fortan viele seiner Bauteile in selbst konstruierten Kunststoffmaschinen (z. B. Röhrenfassungen, Skalen, Drehknöpfe). Seine ideenreiche Anwendung von modernen Kunstpressstoffen macht ihn und sein Unternehmen so erfolgreich, dass schon bald eine neue, größere Fertigungsstätte notwendig wird.

[1] Max Braun, etwa 1938

Vor diesem Hintergrund entsteht 1928 in der Idsteiner Straße in Frankfurt ein neues Fabrikgebäude für 800 Mitarbeiter, das in seiner architektonischen Gestaltung den funktionalistischen Intentionen der Frankfurter Avantgarde um Stadtbaurat Ernst May folgt. In den kommenden Jahren baut Max Braun seine Stellung als einer der führenden Teileproduzenten aus. 1929 – im Jahr der Weltwirtschaftskrise – hat er den unternehmerischen Mut, eine neue Produktlinie von kompletten Radio- und Phonogeräten („Plattenspieler") anzubieten. Er ist wieder erfolgreich und beginnt 1933 mit der Gründung von Fabrikationsstätten in Belgien und England sowie Vertretungen in Holland, der Schweiz und Frankreich. Sein Erfolgsprodukt ist die Kombination von Plattenspieler und Rundfunkgerät in einem Gehäuse. [2]

Der wirtschaftliche Erfolg fordert ein markantes Markenzeichen. 1934 wird das bekannte Braun-Logo mit dem hochgezogenen „A" kreiert – bis heute fast unverändert das Kennzeichen von Braun-Produkten. Ein wichtiger Meilenstein in der Geschichte des Unternehmens ist die Auszeichnung von Max Braun auf der Weltausstellung in Paris im Jahre 1937 für seine „besonderen Leistungen in der Phonographie". Sein Unternehmen wächst indessen unaufhaltsam weiter, 1938 zählt das Unternehmen, das nun auch Fabrikationsräume in der Mainzer Landstraße bezieht, schon über 1000 Mitarbeiter. Ein Jahr später stammt jedes siebente Radio- und Phonogerät in Deutschland von Braun. Mit Beginn des Zweiten Weltkrieges im September 1939 muss die Zivilproduktion fast gänzlich zurückgefahren werden. Stattdessen sind jetzt Wehrmachtsprodukte wie Funk- oder Minensuchgeräte zu produzieren. Dazu gehört auch die von Max Braun neu entwickelte, batterielose Dynamotaschenlampe „Manulux" (der Name steht für handerzeugtes Licht). Diese für Not- und Kriegszeiten konzipierte Lampe ohne Batterieversorgung wurde bis 1948 in vier Millionen Exemplaren hergestellt.

Und wieder beweist Max Braun unternehmerischen Weitblick: Den Einschränkungen der Kriegszeit trotzend, arbeitet er ab 1943 an seinem wichtigsten „Nachkriegsgerät", dem elektrischen Trockenrasierer mit Scherfolie. Das damit verbundene Produktprogramm ist für Max Braun eines der wichtigsten Zukunftsprojekte für die Zeit nach dem Kriege.

Am 22. März 1944 werden beide Werke durch Fliegerbomben weitestgehend zerstört.

Nach Ende des Zweiten Weltkriegs kann endlich im Frühsommer 1945 der schwierige Wiederaufbau beginnen. Ein Chronist notiert 1947 lapidar: „Die Produktion von Rundfunkgeräten und der Taschenlampe ‚Manulux' kommt schrittweise wieder in Gang. Die Entwicklung des Elektrorasierers macht unter der Leitung von Max Braun, unterstützt von Sohn Artur, gute Fortschritte."

Einen entscheidenden Impuls bekommt die westdeutsche Wirtschaft 1948 mit der Einführung der neuen

[3] **Links:** S 50, der erste Rasierer von Braun (1950) **Mitte:** Der 100-millionste Braun-Rasierer, ein Micron Vario 3 (1988) **Rechts:** Der 200-millionste Braun-Rasierer, ein Activator (2003)

Währung, der D-Mark. Für die Entwicklung einer gesunden Nachkriegswirtschaft war der Boden gelegt. Auch für Braun wirkte sich dies positiv aus. Schon 1950 kann das Unternehmen zwei neue Geräte vorstellen: den schnell erfolgreichen elektrischen Trockenrasierer mit Scherfolie „S 50" – Shaver 1950 – [3] sowie das vielseitige Küchengerät „Multimix", Basisgerät der Küchenmaschinenlinie. Besonders der Aufbau der Scherfolienfertigung für den ersten Braun-Trockenrasierer „S 50" gilt bis heute als feinwerktechnische Pionierleistung. Die Funktionsteile jedes Braun-Elektrorasierers – Scherfolie und Messerblock – werden im Prinzip noch heute (in weiterentwickelter Form) nach dem Konzept von Max Braun aufgebaut.

1950 beginnt auch der Bau des neuen, größeren Werkes in der Rüsselsheimer Straße. Der Wiederaufbau des Stammwerks ist abgeschlossen. Am 6. November 1951 geht mit dem völlig überraschenden Tod von Max Braun eine für das Unternehmen bedeutende Ära zu Ende. Noch am gleichen Tage übernehmen seine Söhne, der 26-jährige Ingenieur Artur und der 31-jährige Kaufmann Erwin [4] die Geschäftsleitung.

Die Ära Artur und Erwin Braun (1951–1967):
DIE GEBURT DES FUNKTIONAL-ÄSTHETI-SCHEN BRAUN-DESIGNS

Mit dem plötzlichen Tod von Max Braun und der Übernahme der Geschäftsführung durch seine Söhne beginnt für das Unternehmen eine neue Ära. Sie führen

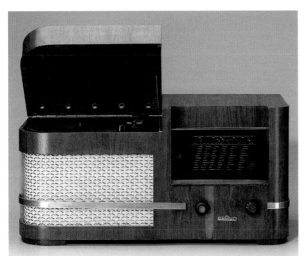

[2] Typisches Braun-Radiogerät mit eingebautem Plattenspieler aus den 1930er Jahren

die Arbeiten des Vaters fort und suchen wie er, neue Chancen zu erkennen und zu nutzen. Schon 1952 führt Braun ein neues zukunftsträchtiges Geschäftsfeld ein: Foto Elektronenblitzgeräte.

Weitere Geschäftsfelder folgen in den nächsten Jahren: Haushaltsgeräte, Diaprojektoren, Heizlüfter, Filmkameras, Geräte zur Haarpflege und HiFi-Anlagen. 1954 kommt das bis dato größte Konsumgütergeschäft der jungen Bundesrepublik zustande: Ronson (USA) baut Braun-Rasierer in Lizenz.

Im gleichen Jahr fällt auch eine wichtige Zukunftsentscheidung. Nach grundsätzlichen Überlegungen und Marktanalysen entschließt sich Erwin Braun, unterstützt von seinem Bruder Artur und dem Berater Dr. Fritz Eichler, dem Unternehmen ein zukunftsorientiertes Gesicht zu geben. Am Anfang dieser Entwicklung stehen neue Überzeugungen: Die Geräte sollen dem „modernen Lebensstil" entsprechen, technisch innovativ, ehrlich und unaufdringlich sein, wobei das Design der Geräte sowie die interne und externe Kommunikation sich an den Prinzipien des Bauhauses und den Ideen der Ulmer Hochschule für Gestaltung (HFG) orientieren. In nur acht Monaten gelingt es Erwin und Artur Braun und ihren engagierten Mitarbeitern sowie der HFG ein Rundfunkgeräteprogramm in gänzlich neuem Design, im Braun-Design, auszuarbeiten. Es wird auf der Deutschen Rundfunk-, Fernseh- und Phonoausstellung in Düsseldorf 1955 auf einem ebenso „funktional-ästhetisch" gestalteten Stand gezeigt [5]. Die Medien sind voll des Lobes, Besucher erstaunt und interessiert. Artur und Erwin Braun erklären ihren Mitarbeitern den Aufbruch: „.... die Durchsetzung wird nicht leicht sein. Wenn sie aber gelingt, haben wir für längere Zeit eine gute und gesunde Entwicklung zu erwarten."

„SCHNEEWITTCHENSARG" UND DESIGN-PREISE

Nach Einrichtung einer hauseigenen Designabteilung 1956 erscheint im gleichen Jahr auch der Phonosuper SK 4 („Schneewittchensarg"), entstanden aus der Zusammenarbeit von Dieter Rams und Hans Gugelot von der HFG Ulm, heute eine Ikone des Braun-Design [6]. 1957 werden erste internationale Designauszeichnungen für Geräte im Braun-Design verliehen. Sie stärken den Bekanntheitsgrad. Im gleichen Jahr richten 80 % der internationalen Architekten auf der „Interbau Berlin" ihre Musterwohnungen mit Braun-Geräten ein und helfen damit dem Braun-Design bei seiner Durchsetzung.

1958 ist es dann weitgehend bekannt, es hat sich „durchgesetzt". Im gleichen Jahr werden 16 Geräte des Unternehmens auf der Weltausstellung in Brüssel als

[4] Artur (26) und Erwin Braun (30) unmittelbar nach Übernahme der Geschäftsleitung im November 1951

[5] Ein Aufsehen erregender Stand auf der Funkausstellung 1955 präsentiert das Programm im neuen, im Braun-Design. Das nach Bauhaus-Prinzipien „ehrliche und wertige Design" hat ein ungewöhnlich großes Medienecho

„hervorragende Beispiele deutscher Produktion" gezeigt und selbst das Museum of Modern Art in New York erweitert seine Braun-Sammlung.

BRAUN WIRD AKTIENGESELLSCHAFT

Anfang 1962 wird das schnell gewachsene Familienunternehmen in eine Aktiengesellschaft umgewandelt, die Max Braun OHG wird zur Braun AG. Im gleichen Jahr erreicht der Strom von Designauszeichnungen einen ersten Höhepunkt: die Verleihung des „Compasso d'Oro" an Artur und Erwin Braun erfolgt anlässlich eines Empfanges bei Wirtschaftsminister Prof. Ludwig Erhard. In diesem Jahr kommt auch der neu entwickelte Braun-Rasierer „sixtant" auf den Markt, dessen ebenfalls neu entwickelte Scherfolie die Rasiereigenschaften wesentlich verbessert. Sein neuartiges „Schwarzsilber"-Gehäuse zeigt ein sehr einprägsames Gesicht. Der in wenigen Jahren über 10 Millionen Mal verkaufte „sixtant" hat dem Aufstieg der Braun-Scherfolien-Rasierer einen entscheidenden Schub gegeben.

[6] Phonosuper SK 4 (1956), als „Schneewittchensarg" weltbekannt. Das Gerät wurde von Dieter Rams und Hans Gugelot gestaltet, heute ist es eine Art Ikone des Braun-Designs

Der zweite Höhepunkt der Designauszeichnungen folgt dann im Jahre 1964: Das Museum of Modern Art (NY) eröffnet eine neue Design-Galerie mit dem gesamten Braun-Programm, aus dem hier zwei wichtige Geräte zu sehen sind. [7] Mit der Grundsteinlegung für das neue Hauptverwaltungsgebäude durch Artur Braun im Jahre 1965 – die ersten Abteilungen ziehen 1967 von Frankfurt nach Kronberg – und dem Erwerb der Aktienmehrheit zum Jahreswechsel 1967/68 durch die Gillette Company, Boston (USA), läuft der zweite Zeitabschnitt aus.

Die Gillette-Ära (1968–2005):
BRAUN-DESIGN UND DIE SPRICHWÖRTLICHE BRAUN-INNOVATIONSKRAFT BRINGEN IM VERBAND DES GLOBAL PLAYERS GILLETTE INTERNATIONALITÄT UND STÄRKERES WACHSTUM

Mit der Übernahme durch den weltweit agierenden Gillette-Konzern gewinnt Braun dank des großen weltweiten Gillette-Vertriebsnetzes an Internationalität und Wachstumsstarke. Im ersten „Gillette-Jahr", 1968, wird auch der von Erwin Braun 1967 gestiftete „Braun Preis für technisches Design" zur Förderung junger Designer zum ersten Mal vergeben (2005 zum 15. Mal). In den Folgejahren wächst das Unternehmen in Anpassung an die jeweilige Marktlage erfolgreich weiter, auch der Umsatz vervielfacht sich. Die Errichtung von drei weiteren Auslandswerken erfolgt in Irland, Mexiko und China.
Die ungebrochene Innovationskraft von Braun bringt bemerkenswerte Neuentwicklungen und wegweisende Studien hervor, etwa die erste Haushalts-Funkuhr oder ein besonders praktisches Infrarot-Thermometer zur Fiebermessung, um nur einige Beispiele zu nennen.

VIELFACHER WELTMARKTFÜHRER

Heute ist Braun Weltmarktführer bei Scherfolien-Rasierern, Mundpflegegeräten, Epiliergeräten, Stabmixern und Infrarot-Thermometern. Die Produktpalette umfasst inzwischen 200 Elektrokleingeräte in zehn Kategorien, und dies bei einer Tagesproduktion von rund 250 000 Einheiten. Der Umsatz von Braun stieg dabei von 276 Millionen DM (1967) auf zwei Milliarden Dollar im Jahre 2004.

In diese Zeit fallen auch zwei wichtige Ereignisse. Der inzwischen weltbekannte Designer und Direktor der Braun-Designabteilung (bis 1995), Dieter Rams, erhält 1982 eine Designprofessur in Hamburg und 1991 vom Royal College of Arts in London die Ehrendoktorwürde. Eine weitere „Auszeichnung" wird dem Unternehmen durch Gründung einer unabhängigen Zeitschrift für Interessenten des Braun-Designs 1982 zuteil. Sie erscheint nun schon im 23. Jahr.

In diesen dritten Zeitabschnitt fällt auch die angestrebte, aber zur Zeit der Drucklegung noch nicht genehmigte jüngste Fusion, die die Zukunft aller Beteiligten positiv beeinflussen wird: Diese Fusion wird Gillette (10 Milliarden Dollar Umsatz in 2004) mit Procter & Gamble (55,5 Milliarden Umsatz in 2004) zusammenführen. Die erklärte Zielsetzung fasste der Gillette-Chairman Jim Kilts mit den Worten zusammen: „Die Fusion Proctor & Gamble/Gillette verschafft uns die Größe, das Geschäftsvolumen und die Vielseitigkeit, die wir brauchen, um unsere langfristigen Ziele schneller zu erreichen."

[7] Küchenmaschine KM 3 (1957). Beispiel für ein von Anfang an gelungenes Gerät in Technik und seinem „Form folgt Funktion"- Design. Sie wird Jahrzehnte gebaut

WOHIN MIT DEM UNRAT?

FORTSCHRITTLICHE MASSNAHMEN FÜR EINE NEUE HYGIENE

Volker Rödel

Bis über die Mitte des 19. Jahrhunderts hinaus gehörte zu den charakteristischen Eigenschaften der Städte ein – je nach Wetterlage – mehr oder weniger übler Geruch, der von den offenen Straßenkanälen für die Hausabwässer, den selten geleerten Senkgruben, Abtritten und öffentlichen Bedürfnisplätzen ausging. Je mehr die Bevölkerung anwuchs, umso unerträglicher wurden die Ausdünstungen, umso drängender der Ruf der Fachleute nach Verbesserung der Lebensqualität.

Es sollte aber noch bis zur 42. Versammlung deutscher Naturforscher und Ärzte im Jahre 1869 dauern, bis die Ergebnisse der langjährigen Diskussion um eine Verbesserung der hygienischen Zustände in den Städten in allgemeinen Richtlinien formuliert wurden. Dort heißt es:

„I. Die Gesundheit der Städtebewohner verlangt als eins der dringendsten Bedürfnisse, daß der Boden, worauf die Städte erbaut sind, rein und trocken erhalten werde.

II. Eine besondere Beachtung verdient die Entfernung der menschlichen Excremente, des ekelhaftesten Bestandtheiles des abzuführenden Unrathes. Er geräth am schnellsten in Zersetzung, entwickelt die widerlichsten und schädlichsten Gase, und dient zugleich als Entwickelungsstätte gewisser Krankheiten (Cholera, Typhus u.s.w.)"

Tunnel unter der Stadt –
EIN KANALISATIONSSYSTEM NACH ENGLISCHEM VORBILD

Angeregt durch die in einigen englischen Städten schon vor der Jahrhundertmitte beispielhaft ausgeführten Kanalisationssysteme, suchte man auch in Deutschland nach neuen Wegen, des Unrats Herr zu werden. Als Vorreiter auf dem Kontinent profilierte sich die Hansestadt Hamburg, die in den 1840er Jahren nach englischem Vorbild die erste Schwemmkanalisation auf dem Kontinent nach der Planung des englischen Ingenieurs William G. Lindley ausführte. In den Jahren 1853/54 keimte erstmals bei den Frankfurter Behörden der Gedanke an eine geregelte Stadtentwässerung. Doch wegen der leeren Stadtkassen trat erst 1863 eine Kommission aus Sachverständigen zusammen, der neben anderen auch William G. Lindley aus Hamburg, Eduard Wiebe, der 1861 die Planung für eine Berliner Kanalisation vorgelegt hatte, und Dr. Johann Georg Varrentrapp, Mediziner und Hygieniker in Frankfurt am Main, angehörten. Zwei Jahre später erhielt William G. Lindley den Planungsauftrag. Nach

seinen Plänen und unter seiner Leitung wurde 1867 mit den Arbeiten des Kanalbaues begonnen. Nach 33 Jahren war die Kanalisierung im damaligen Stadtgebiet abgeschlossen, für die 1900 eingemeindeten Ortschaften Niederrad, Oberrad und Seckbach wurde umgehend der Anschluss an das Kanalnetz vorbereitet. 1903 besaß die Stadt ein Kanalnetz mit einer Länge von 237,599 Kilometern (2004 ca. 1600 km) zu einem Preis von 15 002 024 Goldmark.

Elf Jahre lag die Verantwortung für den Bau der Kanäle in den Händen von William G. Lindley, bis 1878 sein 25-jähriger Sohn William Heerlein Lindley die „Vorstandschaft des Kanalbüros" erhielt. Ursprünglich nur als Schwemmkanalisation zur Aufnahme der Oberflächenwasser und Hausabwässer ohne Fäkalien geplant,

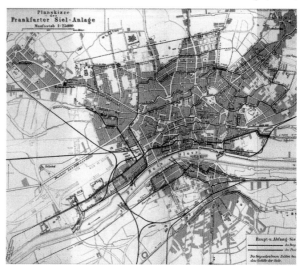

[1] Die Siel-Anlage von Frankfurt am Main 1880

funktionierte die Kanalisation ab 1871 als Mischsystem, nachdem bei ständig wachsender Zahl der Hausanschlüsse auch die Einleitung der Klosettabwässer zugelassen worden war. Das neue, einheitlich nach dem Alignement der Straßen angelegte Kanalsystem richtet sich in seiner Ordnung nach den topografischen Verhältnissen der Stadt. [1] Parallel zum Main folgen die Hauptkanäle dem leichten Gefälle flussabwärts, die Nebensiele dagegen sind rechtwinklig zum Main im größeren Gefälle verlegt. In Frankfurt wie auch in Sachsenhausen ist die Entwässerung in ein oberes und ein unteres System getrennt, wobei die tiefsten Entwässerungsstellen des oberen Systems noch über dem höchsten Mainhochwasser liegen. Die oberen Siele beider Mainseiten sind jeweils in einem Hauptkanal zusammengefasst, der anfangs nur über einen Notauslass entwässerte. Die Stadtgebiete innerhalb der Hochwasserlinie gehören dem unteren System an, dessen Hauptkanal der freien Vorflut wegen erst

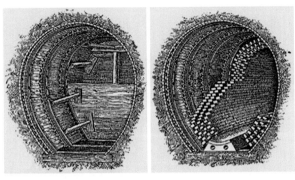

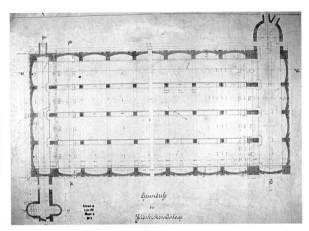

[2] Die Konstruktion der Hauptkanäle
[3] Der Grundriss von 1883

westlich der Niederräder Eisenbahnbrücke in den Fluss mündete. Für die Entwässerung der besonders tief gelegenen Altstadt rund um St. Leonhardt wurde um die Jahrhundertwende eine Hebeanlage installiert, deren Pumpen zusätzlich den Grundwasserspiegel in der Altstadt absenkten.

Die mit eiförmigem Querschnitt gemauerten, begehbaren Hauptkanäle [2] liegen in der Regel vier bis fünf Meter unter Straßenniveau. Während in den Außengebieten die Arbeiten bei offener Baugrube durchgeführt werden konnten, musste in weiten Bereichen der engen Innenstadt und unter verkehrsreichen Straßenkreuzungen im Tunnelvortrieb gearbeitet werden. Zur Ergänzung des Selbstreinigungseffektes erhielt die Schwemmkanalisation an drei Stellen unterirdische Spülbehälter, wo mittels des in ihnen aufgestauten Wassers nicht endgültig auszuschließende Schlammablagerungen in den Endkanälen und Hochpunkten entfernt werden sollten.

Wenn auch die regelmäßige Spülung eine dauerhafte Ablagerung von Sinkstoffen verhinderte und damit auch die Bildung von Faulgasen auszuschließen schien, gab es doch zahlreiche Lüftungsrohre, die vom Kanalscheitel zur Straßenfläche führten. Speziell für die Winterlüftung waren Kamine an den Hochpunkten des Kanalnetzes gedacht, zu deren Aufnahme sich die noch vorhandenen Türme der ehemaligen Landwehr besonders gut eigneten.

Ein europäisches Ereignis.
DIE ERSTE MECHANISCHE GROSSKLÄR-ANLAGE DES KONTINENTS NIEDERRAD 1883–1887/1902–1904

Während die Arbeiten an der Kanalisation auf Hochtouren liefen, erhielt die Stadt 1875 von der preußischen Regierung in Wiesbaden die Auflage, den Main nicht als Vorfluter zu missbrauchen, sondern die

Abwässer in neu anzulegenden Rieselfeldern zu klären. Nicht nur der Schwierigkeit wegen, Land in ausreichender Menge zur Verfügung stellen zu müssen, sondern auch aus grundsätzlich anderer Auffassung über die Art der für den Frankfurter Betrieb richtigen Klärmethode erhob die Stadt Einspruch. Sie hielt eine einfache mechanische Ausscheidung der Schmutzstoffe für völlig ausreichend und bot den sofortigen Bau einer entsprechenden Anlage an.

Die Situation verschärfte sich durch die Fertigstellung der Sachsenhäuser Entwässerung, für die von der Landesregierung keine Betriebsgenehmigung erteilt wurde. Erst 1882 sah sich die Regierung in Wiesbaden imstande, nachdem wissenschaftliche Untersuchungen inzwischen die Anschauungen über die sinnvollsten Methoden der Abwasserreinigung modifiziert hatten, einer mechanischen Klärung zuzustimmen, wenn diese durch Zusatz von chemischen Ausfällungsmitteln ergänzt wurde. Nachdem sich die Stadt dazu bereit erklärt hatte, wurde das nach englischem Vorbild von W. H. Lindley geplante Projekt als erste derartige Anlage im Deutschen Reich genehmigt. [3]

Als Standort bot sich das linke Mainufer unterhalb Niederrads an, wo eine starke ufernahe Strömung die rasche Vermischung des geklärten Abwassers mit dem Fluss erwarten ließ. Die Kläranlage Niederrad war von Lindley als ein mainparalleler, streng symmetrischer Komplex vorgesehen, dessen Hauptteil aus zwei gleich großen, in jeweils sechs Galerien unterteilten Klärbecken bestand, berechnet für einen Gesamtzufluss von 40 000 qbm pro Tag unter normalen Umständen und 80 000 qbm bei Regen. Da bei Baubeginn 1883 ein Bedarf in dieser Größe weder vorhanden noch in naher Zukunft zu erwarten war, beschränkte sich die erste Ausführungsphase mit dem Bau von lediglich vier Galerien auf zwei Drittel der vorgesehenen Größe. Die Klärbecken wurden so tief in das

[4] Ein Einblick

Gelände eingegraben, dass die Hauptsammelkanäle die Abwässer mit natürlichem Gefälle in die Becken einleiten konnten.

Aus den Hauptsammlern (der rechtsmainische durchquerte den Fluss mittels zweier Düker) flossen die Abwässer durch eine im Osten angelegte Zuleitungsgalerie mit Reinigungskammer. Im anschließenden Sandfang verlangsamte sich die Geschwindigkeit auf Grund der Querschnittsvergrößerung, sodass sich mitgerissener Sand und grobe Verunreinigungen absetzen konnten. Hinter dem Sandfang hielt eine 40 cm tief eingreifende Eintauchplatte die auf der Oberfläche treibenden Schwimmstoffe auf. Nachfolgende Siebe – bei der Erweiterung 1902–1904 ersetzt durch einen Trommelrechen – fingen die noch im Wasser befindlichen größeren Schwebstoffe auf. Vor Eintritt in die eigentliche Einlaufgalerie durchfloss das grob gereinigte Abwasser eine Mischkammer, in der ihm schwefelsaure Tonerde und Kalkmilch zugesetzt wurden. Die im Querschnitt trapezförmigen Absetzbecken (Länge: 82,4 m; Breite: 5,74 m in Höhe des Wasserspiegels, 5,40 m an der Sohle; Tiefe: 2,0 m am Einlauf, 3,5 m am Auslauf) vermochten ca. 1150 qbm Abwasser aufzunehmen. Die Durchflussgeschwindigkeit betrug im Mittel 4 mm/s, was einem Abwasserdurchsatz von sechs Stunden entsprach. [4]

Jedes Klärbecken wurde von zwölf Kugelgewölbekappen auf Gurtbögen über quadratischem Grundriss von 6,0 x 6,0 Metern überdeckt, in deren Scheitel runde Licht- und Luftschächte ausgespart waren. Das aufgehende Mauerwerk besteht aus scharf gebrannten Backsteinen, die Sohl- und Einlassstücke aus glasierten Steingutformteilen, Sandstein oder Beton. [5]

Die Reinigung der gesamten Anlage war ein mühsames Unterfangen. Am Sandfang arbeiteten tagsüber ständig drei, nachts zwei Arbeiter, die mit Baggerschaufeln die Ablagerungen hoben und auf dem Sandlagerplatz verteilten. Mit langstieligen Harken zogen vier andere Arbeiter tags und drei nachts die Abfallstoffe von den Rechen in Rinnen, aus denen sie mit Kübeln von vier weiteren Arbeitern auf das Geländeniveau transportiert wurden – unter gleichen Arbeitsbedingungen arbeiteten ständig vier Leute in der Zuleitungsgalerie. Trotzdem war etwa alle vier Wochen

[5] Der Ausgang

[6] Die neue Einlaufgalerie 1902–1904

[7] Das neue Eingangsgebäude von Hans Dasen 1902

eine Totalreinigung notwendig, zu der die gesamte Anlage stillgelegt werden musste. Die Abwässer der gesamten Stadt flossen dabei während etlicher Stunden ungeklärt in den Main. Die Reinigung der einzelnen Klärbecken erfolgte im Wechsel alle vier bis acht Tage, in dieser Zeit war der Klärschlamm auf eine Höhe von rund einem halben Meter am Einlauf und 1,0–1,5 Meter am Auslauf angewachsen. Nach dem Schließen des Einlassschiebers wurde die obere klare Wasserschicht im Becken abgezogen, danach der Schlamm abgepumpt, wobei dessen zähe Konsistenz ein selbsttätiges Nachfließen verhinderte. Deshalb mussten etwa 7–10 Arbeiter mit hüfthohen Schaftstiefeln im Klärschlamm waten, um diesen mit Rührschiebern flüssig zu halten und zum Pumpensumpf zu schieben. Nach der anschließenden Bürstenreinigung wurde mit geklärtem Wasser nachgespült. 8–10 Stunden nach der Absperrung konnte das Becken wieder geöffnet und die gleiche Prozedur in der nächsten Kammer begonnen werden. Für die betroffenen Arbeiter bedeutete dies im ungünstigsten Fall ein tagtägliches Arbeiten im Klärschlamm. Über vier Zentrifugalpumpen gelangte der Klärschlamm in die Schlammbehälter, in denen er bis zur Austrocknung lagerte, um schließlich als Dünger an die Landwirtschaft abgegeben zu werden.

In den 1890er Jahren durchgeführte Versuchsreihen brachten die Erkenntnis, dass durch den Zuschlag von Chemikalien der Wirkungsgrad einer Kläranlage gegenüber der rein mechanischen Klärung nur unwesentlich erhöht wurde, weshalb die Stadt Frankfurt mit Zustimmung der Regierung in Wiesbaden 1902 die chemische Reinigung einstellte.

Bereits um 1900 erreichten die Abwassermengen eine Größenordnung, die der Lindley'schen Planung zu Beginn der 1880er Jahre entsprach. Die Abwassermenge war mit über 50 000 qbm auf das Dreifache gestiegen, eine Menge, die von der Kläranlage nur durch eine Erhöhung der Durchflussgeschwindigkeit

auf 13 mm/s mit entsprechend geringerem Reinigungseffekt bewältigt werden konnte. Die Erweiterung der Kläranlage war dringend geboten. [6]

Aus Kostengründen entschloss sich die Stadt, die vorhandenen Becken durch einfache Halbierung ihrer Länge zu verdoppeln, da entsprechende Versuche ergeben hatten, dass die Länge der Becken bei gleicher Durchflussgeschwindigkeit keine gravierenden Auswirkungen auf die Klärung hatte. Auf diese Weise konnte die Zahl der neu zu errichtenden Becken verringert werden. 1902 genehmigte die Landespolizeibehörde das Projekt über Umbau und Erweiterung der Kläranlage auf 7 Galerien mit 14 Kammern, einer mittleren Einlaufgalerie und ausschließlich mechanischer Reinigung. Im nördlichen Anschluss an die Kläranlage entstand nach Planung von Adolf Göller und Hans Dasen, Baumeister im städtischen Tiefbauamt, das Maschinen- und Betriebsgebäude mit kleinem Wasserturm in Formen des Historismus und des Jugendstils [7], diesem vorgelagert eingeschossig mit apsidialem Abschluss das Vorreinigungsgebäude. Dessen Innenwand ziert ein von dem Karlsruher Künstler Helmut Eichrodt entworfenes und von der

[8] Abwasserklärung als Verjüngungskur, Majolika von Helmut Eichrodt 1904

Geiger'schen Fabrik Karlsruhe gestiftetes Majolikarelief [8], auf dem, verklärt durch die Allegorie des Jungbrunnenthemas, die prosaische Aufgabe der Abwasseraufbereitungsanlage dargestellt ist.

Um die für die Zeit unzumutbar gewordenen Arbeitsbedingungen zu verbessern, wurde mit der Erweiterung die Anlage nach dem neuesten Stand der Technik mechanisiert. Der Sandfang wurde baulich verändert und neben einem Bagger mit einem neuartigen Rechen, entwickelt von dem städtischen Bauinspektor Henry Uhlfelder und konstruiert von der Eisengießerei und Maschinenfabrik J. S. Fries Sohn in Sachsenhausen (der als „Frankfurter Rechen" in die Technikgeschichte einging), sowie einer Vakuum-Kompressoranlage für die Förderung des Schlammes ausgerüstet.

Mit der Kläranlage aus wilhelminischer Zeit besitzt die Stadt Frankfurt am Main nicht nur die erste Großkläranlage des europäischen Kontinents, sondern auch ein hervorragendes Zeugnis für den hohen Standard der Ingenieurbaukunst des ausgehenden 19. Jahrhunderts. Sie gilt damit zu Recht als ein technisches Denkmal von internationaler Bedeutung.

GEWÄSSERSCHUTZ UND FORTSCHRITT

Die erste Frankfurter Kläranlage entstand aus dem Gedanken, „diejenigen Mittelpunkte der Bevölkerung mit Luft, Wasser und Licht zu versorgen, welche bisher daran Mangel litten und deren Wohnorte durch verderbliche Ausdünstungen verpestet wurden", und sie von diesen zu befreien. Im Lauf von drei Generationen verschob sich die inhaltliche Gewichtung der Abwasserklärung zunehmend in Richtung des Gedankens „Schutz der Gewässer". Bei der mechanischen Klärung blieben viele im Abwasser gelöste, aber biologische, durch Bakterien abbaubare organische Stoffe erhalten, die im äußersten Fall durch eine extreme Senkung des Sauerstoffgehaltes des Wassers dessen Selbstreinigungskraft überfordern. Die daraus abgeleiteten verschärften Abwassereinleitungsbedingungen erforderten 1956–1965 den Neubau der ARA (Abwasserreinigungsanlage) Niederrad, die historische Anlage wurde 1960 außer Betrieb genommen, ihre Becken dienen seitdem der Regenwasserbehandlung.
Der Neubau bestand mit der Abwasserreinigung und der Schlammbehandlung aus zwei Anlagenteilen. Zu der Abwasserreinigungsanlage gehörten im Bereich der mechanischen Klärung, darin ähnlich der historischen Anlage, Einlauf, Rechen und Sandfang, Rohwasser-Pumpstation, sowie vier Vorklär- oder Absatzbecken. Danach folgten vier Belebungsbecken zur biologischen Reinigung, vier Nachklärbecken, Ablaufkanal, Turbinenbauwerk und Gebläsehaus. Die Schlammbehandlung bestand aus Vor- und Haupteindicker, drei Faulbehältern mit Maschinenhaus, Nacheindicker, Schlammentwässerung, Gasbehälter und einer Gaskraftanlage. Wichtigster Anlagenteil waren drei Faultürme mit einem Fassungsvermögen von insgesamt 23 000 qbm, in denen die anaerobe Faulung des Schlammes stattfand. Das dabei anfallende Methangas wurde mit den von Gasgebläsemotoren angetriebenen Generatoren in dem inzwischen als Kulturdenkmal ausgewiesenen Gasmaschinenhaus zu elektrischer Energie umgewandelt, mit der ein Teil des anlagenseitigen Stroms gedeckt wurde. Der ausgefaulte Schlamm wurde schließlich nach beendeter Kompostierung als Dünger verkauft.
Wegen Platzmangels in Niederrad erfolgt die mecha

[9] Die Kunst am Bau 1902–1904

nische Reinigung der rechtsmainischen Abwässer seit 1981 in Griesheim, erst die vorgereinigten Abwässer werden zusammen mit denen des linken Mainufers in der zweistufigen biologischen Anlage in Niederrad weiterbehandelt. Gleichzeitig wurde ein fast vollständiger, 1985/86 abgeschlossener Neubau der Anlagen in Niederrad und Griesheim notwendig, um die aus Gründen des Umweltschutzes erforderliche zweite Stufe der biologischen Klärung – die Nitrifikation – durchführen zu können. Im Zusammenhang mit dieser Maßnahme musste die historische Kläranlage auf die Abmessungen von 1887 zurückgebaut werden. Ein neuerlicher Umbau der Anlagen erfolgte als Reaktion auf die zu Anfang der 1990er Jahre verschärften Anforderungen an die Abwasserreinigung, die nun auch die Reduzierung der Stickstoff- und Phosphorwerte verlangten.
Als Ersatz für ein von der Stadt Höchst am Main 1924 für Sindlingen auf dem Gelände der Farbwerke errichtetes Klärwerk, das mit der Eingemeindung von Höchst 1928 in städtische Hände überging, entstand zeitgleich mit Niederrad 1962–1965 das neue Klärwerk Sindlingen nach dem Niederräder Grundkonzept. Es wurde ebenso wie Niederrad und Griesheim 1985/86 den geänderten Vorschriften angepasst. 1973 entschloss sich die Stadt Frankfurt, ein gänzlich neues Verfahren der Schlammbehandlung einzuführen, das eine Verbrennung des Frischschlammes vorsah. In der 1981 fertig gestellten SEVA (Schlamm-Entwässerungs- und Verbrennungs-Anlage) Sindlingen werden seit dieser Zeit sämtliche in den Frankfurter Klärwerken anfallende Klärschlämme nach diesem umweltschonenden und dabei kostengünstigen Verfahren verbrannt.
„Abwasserableitung und Abwasserbehandlung sind wesentliche Bestandteile eines umfassenden Umweltschutzes und der Daseinsvorsorge" (zitiert aus: Rein in den Main), Maximen, die auch in der Zukunft bestimmend sind für die Arbeit der Stadtentwässerung Frankfurt am Main. [9]

DIE BEDEUTUNG DER EISENBAHNLANDSCHAFT

UND DES VERKEHRSKNOTENPUNKTES MAINZ-BISCHOFSHEIM FÜR DIE ROUTE DER INDUSTRIEKULTUR RHEIN-MAIN

Bernd Schiffler, Georg Böhm

Wie ein Netz legten sich die in den letzten 150 Jahren entstandenen Eisenbahnlinien über das Rhein-Main-Gebiet und schufen die Verkehrsverbindungen um den ständig steigenden Waren- und Personenverkehr zu bewältigen. Sie bildeten neben den Flussläufen eine weitere Lebensader der Region. Die Eisenbahnbrücken, Bahnhöfe und Gleisanlagen sind bis heute Zeugnisse der Industriekultur im Wirtschafts- und Ballungsraum Rhein-Main.

DIE ENTSTEHUNG DER EISENBAHN IM RHEIN-MAIN-GEBIET

Um 1900 war der Eisenbahnbau in der Region Frankfurt weitestgehend abgeschlossen. Entstanden waren wichtige Nord-Süd- und Ost-West-Achsen in Mitteleuropa mit einer großen Bedeutung für den internationalen und nationalen Güterverkehr. Der Beginn des Eisenbahnbaus geht auf die Taunusbahn von 1840 zurück, die den Handels- und Messeplatz Frankfurt mit Wiesbaden verband. Als bedeutsame Eisenbahnprojekte folgten die Main-Neckar-Bahn (1846, Verbindung Frankfurt – Darmstadt – Heidelberg), die Main-Weser-Bahn (1852, Frankfurt – Gießen – Kassel), die Inbetriebnahme der linken Rheinstrecke von Basel nach Köln und Holland sowie die Riedbahn (1879, Frankfurt – Mannheim). Zudem wurden um den Verkehrsknotenpunkt Bischofsheim die Rhein-Main-Bahn (1858, Mainz – Darmstadt – Aschaffenburg), die Mainbahn (1862, Mainz – Frankfurt) und die Mainzer Umgehungsbahn (1904, Mainz-Mombach über Kastel/Kostheim – Bischofsheim) gebaut. Alle diese Hauptstrecken, neben denen noch zahlreiche kleinere Verbindungen existierten, wurden von privaten Eisenbahn-Gesellschaften betrieben, da der Staat anfangs das wirtschaftliche Risiko nicht tragen wollte. [1]

[1] Die älteste Fotografie zur Eisenbahngeschichte in Bischofsheim zeigt Eisenbahner in den Uniformen der Hessischen Ludwigsbahn, die sich um 1870 vor der „Alten Station", dem ersten Bahnhofsgebäude im Bahnhof Bischofsheim, postiert haben. Im Hintergrund ist die Satteltank-Lokomotive „Landskron", eine amerikanische Norris-Lokomotive der Bauart 2BT-n2.

Erst 1866 mischte sich Preußen mit der Königlich-Preußischen Staatsbahn in die hessische Eisenbahnpolitik ein und übernahm bis auf die Hessische Ludwigsbahn-Gesellschaft fast alle Privatbahnen. Mit der Bildung der Königlich-Preußischen und Großherzoglich Hessischen Eisenbahndirektion Mainz am 1. April 1897 hatte Preußen weitestgehend die Kontrolle über das Eisenbahnwesen im Rhein-Main-Gebiet übernommen und neben verkehrstechnischen Entwicklungen gewannen militärisch-strategische Interessen eine stärkere Bedeutung. Nach dem Deutsch-Französischen Krieg 1870/71 wollte Preußen bzw. das Deutsche Reich die hegemoniale Vorherrschaft in Europa gewinnen und dem Massentransportmittel sollte bei den ehrgeizigen Aufrüstungsplänen der Militärs eine besondere Rolle zukommen. Das strategische Potenzial der Eisenbahn als Transportmittel von Waffen und Soldaten wurde erkannt und sollte logistische Voraussetzungen für die nächsten Kriege im Westen und Osten Europas liefern. Es waren also militärische, aber auch regionale und verkehrspolitische Entscheidungen, die vor dem Ersten Weltkrieg die Eisenbahnknotenpunkte Mannheim, Bingerbrück und Bischofsheim entstehen ließen.

ENTWICKLUNG DES BAHNHOFS BISCHOFSHEIM

Als am 1. August 1858 die Rhein-Main-Bahn der Hessischen Ludwigs-Eisenbahn das Bauerndorf Bischofsheim erreichte, wurden die Eisenbahn und die beginnende Industrialisierung zum Motor der weiteren Entwicklung. Innerhalb weniger Jahrzehnte veränderte sich der Ort mit seinen 1000 Einwohnern zu einem Arbeiterdorf und zur neuen Heimat von Familien aus allen Teilen Deutschlands. Bei der Eisenbahn und in der unmittelbaren Nachbarschaft bei Opel in Rüsselsheim sowie der MAN in Gustavsburg entstanden begehrte Arbeitsplätze und die „Eisenbahnergemeinde Bischofsheim" wurde zu einem verkehrsgünstigen Wohn- und Arbeitsort. Anfangs waren die örtlichen Bauern erbitterte Gegner der Bahn, zerschnitten sie doch ihre Äcker, die gewohnten Wege und zerstörten hochwertiges Ackerland. Auch die finanziellen Entschädigungen waren sehr dürftig. Als jedoch viele Bauernsöhne bei der Eisenbahn unterkamen und das lokale Gewerbe einen rasanten Aufstieg nahm, änderte sich die Einstellung der einhei-

mischen Bevölkerung, da auch Bischofsheim fortan wirtschaftlich prosperierte.

Bezeichnenderweise wurde im August 1858 zuerst der Eisenbahngüterverkehr eröffnet. Der Personenverkehr für den Weg zum Arbeitsplatz oder zum Einkaufen in die nahen Zentren Mainz, Wiesbaden, Frankfurt und Darmstadt waren jedoch immer von gleicher Bedeutung. Zwischen der Jahrhundertwende und den 60er Jahren des 20. Jahrhunderts erlebte der Bahnhof seine Glanzzeiten. Am Anfang endete die Strecke Mainz – Darmstadt – Aschaffenburg vorerst noch im Gustavsburger Hafen und ein Trajektboot, eine Dampffähre, transportierte Güter und Personen nach Mainz. Die neue Eisenbahnlinie stellte eine Verkehrsverbindung zwischen der Rheinschifffahrt und den bayerischen Industriezentren zum Transport von Kohle, Eisenerz und anderen industriellen Gütern dar. Da dieses Verkehrssystem bald an seine Leistungsgrenzen stieß, wurde eine Eisenbahnbrücke über den Rhein dringend notwendig und am 8. Dezember 1862 wurde die Mainzer Südbrücke dem Verkehr übergeben. Die Brücke wurde von der Maschinenfabrik Klett aus Nürnberg – hieraus entwickelte sich später das Werk Gustavsburg der Maschinenfabrik Augsburg-Nürnberg (MAN) – durch den Ingenieur Heinrich Gerber auf höchstem technischen Niveau ausgeführt. [2] Zudem wurde zur gleichen Zeit eine Eisenbahnstrecke zwischen Mainz und Frankfurt, die südlich des Mains verlief, erbaut. Bischofsheim entwickelte sich zu einem bedeutenden Güter- und Personenverkehrsknotenpunkt im westlichen Rhein-Main-Gebiet. Um die Hemmnisse des Eisenbahnverkehrsknotenpunkts Mainz an der wichtigen Nord-Süd-Verbindung durch das Rheintal zu überwinden und die städtebaulichen Expansionspotenziale der Stadt zu gewährleisten, wurde der Bischofsheimer Bahnhof von 1900 bis 1904 zu einem großen Güter- und Verschiebebahnhof ausgebaut. Mit dem Bau der Kaiserbrücke und der Hochheimer Eisenbahnbrücke sowie der Errichtung der Mainzer Umgehungsbahn von Mainz-Mombach nach Bischofsheim wurde der Engpass durch das Nadelöhr des Mainzer Hauptbahnhofs und die unbefriedigende Mainzer Tunnellösung vorerst entschärft. Das neue Eisenbahnsystem schuf zudem eine Verbindung der beiden Rheinstrecken und erfüllt damit noch heute eine wichtige nationale und internationale Funktion. In beiden Weltkriegen und auch bei der Deportation der deutschen und westeuro-

[2] Mainzer Eisenbahnbrücke Süd über den Rhein (erbaut 1860–62)

päischen Juden in die Vernichtungslager im Osten spielte der Bahnhof Bischofsheim eine ebenso herausragende wie tragische Rolle.

DER VERSCHIEBEBAHNHOF MAINZ-BISCHOFSHEIM

1904 waren die Arbeiten am Verschiebebahnhof weitestgehend abgeschlossen und für kurze Zeit wurde Bischofsheim der zweitgrößte Güterbahnbahnhof südlich der Mainlinie. Eine Ausdehnung von vier Kilometern, 44 Kilometer Gleise, zwei Ablaufberge und ein Bahnbetriebswerk mit allen notwendigen Werk- und Reparaturstätten verdeutlichen die Größenordnung. Zeitweise war der Bahnhof Standort von über 100 Dampflokomotiven und über 1000 Bahnbediensteten.

Die gemeinsame Geschichte von Ort und Bahn war immer wechselvoll. 1918 wurde Bischofsheim von über 500 Soldaten der nordafrikanischen Besatzungstruppen – den „Utschebebbes" – bevölkert. 1923 wurde während der Besetzung durch französische Militärs der „Passive Widerstand" gegen ein separates Rheinland erfolgreich unterstützt, dem die Ausweisung von über 100 Eisenbahnerfamilien folgte. Der große Bombenangriff am 13. Januar 1945 zerstörte weite Teile des Ortes und forderte über 100 Menschenleben, darunter auch Kriegsgefangene und Zwangsarbeiter. Es gäbe noch viel zu berichten aus

der Eisenbahngeschichte in Bischofsheim: dem Zusammenhalt der Eisenbahner, der schlechten Bezahlung, den Wohnverhältnissen ... und dem heutigen Niedergang der Bahn mit einer ungewissen Zukunft.

EISENBAHNLANDSCHAFT BISCHOFSHEIM

Der Bischofsheimer Bahnhof hat für die Rhein-Main-Region eine einzigartige, bisher kaum wahrgenommene Eisenbahnlandschaft aufzuweisen. Das Eisenbahn-Ensemble aus der Ausbauphase zu Beginn des 20. Jahrhunderts ist fast noch komplett vorhanden. Mittlerweile sind wesentliche Teile ohne Unterstützung der Deutschen Bahn AG und ihren Unterorganisationen vom Hessischen Landesamt für Denkmalpflege in Wiesbaden unter Denkmalschutz gestellt worden und haben somit die Chance für die nachfolgenden Generationen erhalten zu werden.

Mehrere Einzelobjekte der Eisenbahnlandschaft Bischofsheim sind hervorzuheben. Die Eisenbahner-Wohnanlage „Jerusalem" aus massivem Ziegelstein-Sichtmauerwerk im Bauhaus-Stil mit Flachdach, Fensterbändern und gerundeten Ecken trägt unverkennbar expressionistische Züge (siehe dazu auch den Beitrag auf S. 36). Reichsbahnoberrat Hans Kleinschmidt hatte mit diesem markanten Baukomplex 1928 einen architektonisch und städtebaulich wichtigen Siedlungs- und Arbeiterwohnbau in Südhessen

[3] Heutige Ansicht des ursprünglich 23-ständigen Rundlokschuppens von 1904 mit 20-Meter-Drehscheibe. Nach dem Ende der Dampflokunterhaltung im Jahre 1964 wurden die nach Kriegsbeschädigungen verbliebenen Umfassungswände mit Rundbögen aus massivem roten Sandstein abgerissen und die Gleise mit Fahrleitungen zur Abstellung von E-Loks versehen.

geschaffen. Ein ebenfalls expressionistisches Trafohaus aus der gleichen Zeit neben dem letzten erhaltenen Rundlokschuppen [3] hat eine mit Zickzackbändern und Gesimsen verzierte Fassade. Das Stellwerk R7 gehört von Bauart, Technik und Funktion zu den letzten Zeugnissen seiner Art in Hessen. Der Jugendstil-Wasserturm aus der Dampflokära, das heutige Wahrzeichen Bischofsheims, ist ein bundesweites Unikat und hat einen kelchförmigen Wasserbehälter, der durch einen achteckigen Rundbau mit Schieferdach und Fensterschlitzen verkleidet ist. Erwähnenswert sind weiterhin der 2002 renovierte „Neue Bahnhof" mit stilistisch gelungenem, modernem Steg zu den Bahnsteigen aus Stahl und Glas, die Eisenbahnerwohnungen „Peking" sowie der Eiserne Steg über die Gleisanlagen des Güterbahnhofs.

Die Gemeinde Bischofsheim ist als erste Gemeinde unter den großen und kleinen Städten der Region seit 2005 Mitglied der „Route der Industriekultur Rhein-Main" geworden und ist sich der Verantwortung ihres eisenbahngeschichtlichen Erbes bewusst. Derzeit hat die Gemeindevertretung einen „Masterplan" für das gesamte Bahngelände in Auftrag gegeben, der eine langfristige Entwicklungs- und Rahmenplanung mit städtebaulichen, denkmalpflegerischen und landschaftsplanerischen Ansätzen leisten soll. Als Ergebnis sollen Planungsgrundlagen von Kommune,

Deutscher Bahn AG als Eigentümer, Fachleuten und Investoren erarbeitet werden, die realistische Nutzungsmöglichkeiten der freien Flächen und Gebäude des Bahngeländes beinhalten.

100 JAHRE INDUSTRIEGESCHICHTE GROSSWELZHEIM –

VON DER BRAUNKOHLE ÜBER DIE KERNKRAFT ZUM INNOVATIONSPARK

Helmut Winter

Betrachtet man die Industriegeschichte der Gemeinde Großwelzheim (1) im Kreis Aschaffenburg, ist es erstaunlich, wie sich Ereignisse und Abläufe wiederholen, Mentalitäten sich mit wirtschaftlichen Entwicklungen wandeln, Argumentationsstrukturen wiederkehren, Interessengegensätze fortbestehen – wenn auch in unterschiedlicher Ausprägung und unter veränderten Bedingungen in einer grundlegend gewandelten gesellschaftlichen Wirklichkeit.

1902: MIT DEM BRAUNKOHLE-ABBAU BEGINNT DIE INDUSTRIALISIERUNG

Bis Ende des 19. Jahrhunderts hatte die Industrialisierung die Gemeinde Großwelzheim nicht erreicht. Viele Landwirte und einige Handwerker sorgten für Nahrung und Dienstleistungen. Eine ganze Reihe von Welzheimer Männern und Frauen waren schon in Fabriken im hessischen Hanau, Offenbach und Frankfurt beschäftigt. Mit Perl- und Häkelarbeiten in Heimarbeit verdienten Welzheimer Frauen und Mädchen sich ein Zubrot für die Familie. Die vielen Landwirte konnten indes dem meist sandigen Boden in mühevoller Arbeit nur karge Erträge abnötigen, die größtenteils zur Eigenversorgung verwendet wurden und nur in geringem Umfange – zum Beispiel auf den Wochenmärkten in Hanau und Aschaffenburg – zum Verkauf gelangten.

Ein einschneidender Wandel vollzog sich mit der Gewerkschaft Gustav (2), die 1902 mit vier Arbeitern in Mainnähe im nordwestlichen Gemarkungsteil begann, Braunkohle im Tagebau abzubauen, 1903 die Errichtung einer Brikettfabrik in Angriff nahm und bald danach ein Braunkohlekraftwerk errichtete. Im Jahre 1904 waren bereits 133 Arbeitnehmer beschäftigt, 1911 waren es 280 Beschäftigte, 1914 beinahe 400. 1920 erreichte man mit 1150 Beschäftigten den höchsten Stand.
Zum Tagebau Gustav (1) kamen die Tagebauten auf Kahler und Großkrotzenburger Gemarkung, genannt „Friedrich", „Emma Süd", „Emma Nord", „Freigericht Ost" und „Freigericht West". Die Gewerkschaft Gustav hatte sich zum bedeutendsten Stromversorger der nächsten Umgebung entwickelt. Neben 160 Gemein-

den mit 80 Mühlen zählten auch die Stadt Aschaffenburg und der südhessische Raum, unter anderem Darmstadt und Offenbach, zu den Kunden. Mit dem wirtschaftlichen Erfolg wurde die Gewerkschaft Gustav für größere Stromversorger interessant. Im Februar 1914 erwarben die „Elektrische Kraftversorgungs AG", Mannheim, eine Tochtergesellschaft der BBC (Brown, Bovery & Cie.), und die schweizerische Firma „Motor Columbus AG" (damals eine Muttergesellschaft der BBC) sämtliche 1000 Kuxen (Anteilscheine) der Gewerkschaft Gustav. (3) Mit der Übernahme dieser Kuxen durch die RWE im Jahre 1928 gerieten örtliche und überörtliche Interessen zunehmend in einen Widerspruch. Die RWE wollte expandieren, im Süden Fuß fassen: „Interessant war die Gewerkschaft nicht wegen ihrer Braunkohlengruben, die klein und wenig ergiebig waren, sondern wegen der umfangreichen Stromlieferungsrechte." (4) 1929 wird die Brikettfabrik stillgelegt, 1932 trotz starker Proteste des Bayerischen Oberbergamtes der ganze Betrieb. Im Dezember 1932 stellt der Gemeinderat in einer behördlichen Eingabe fest, dass „von den 338 Familien Großwelzheims außer den 20 Bauern, die sich auf ihrem Besitz ernähren können, nur 12 Familienväter in Arbeit sind." (5) Großwelzheim war eine der ärmsten Gemeinden Deutschlands.

Protest – Akzeptanz – Niedergang:
EIN DREISCHRITT WIRTSCHAFTLICHER ENTWICKLUNG?

Bei einer analytischen Betrachtung des ersten Großwelzheimer Großbetriebs wird folgender Dreischritt deutlich: Am Anfang steht der Protest gegen das Neue, die Kritik an Eingriffen in Natur und Landschaft, die Angst vor einer neuen Technik. Es folgen die fetten Jahre mit einem bedeutenden Zuwachs an Arbeitsplätzen, mit der Steigerung der Einwohnerzahl und damit verbunden dem Wohnungsbau und nicht zuletzt eine ansehnliche Steigerung der Gewerbesteuer für den Gemeindehaushalt. In dieser Phase ist die Akzeptanz außerordentlich hoch. Doch immer wieder erlebte vor allem Großwelzheim und seit 1975 die Gemeinde Karlstein auch eine dritte Phase, die des Niedergangs mit ihren gravierenden Auswirkungen auf die Einwoh-

(1) Großwelzheim und Dettingen bilden seit 1975 die neue Gemeinde Karlstein (2) „Gewerkschaft" war die Bezeichnung für eine Personenvereinigung, die Bergwerkseigentum erwerben und ausbeuten konnte (3) Franz Fries: Die wirtschaftlichen Ergebnisse der Gewerkschaft Gustav. In: Karlsteiner Geschichtsblätter Nr. 9, Jg. 2004, S. 38 f. (4) „Der gläserne Riese". RWE – Ein Konzern wird transparent, Wiesbaden 1998, S. 74–83 (5) Gemeindearchiv Karlstein (Gewerkschaft Gustav, Briefe 1931–1933)

[1] Tagebau „Gustav" mit gut geschichtetem Flöz

nerschaft und die politische Gemeinde. Und mit ihr den enormen Verlust von Arbeitsplätzen, den deutlichen Rückgang der Steuerkraft.

In der Phase des Niedergangs wird indessen der anfängliche Protest reaktiviert, so etwa 1932, als Großwelzheims Bürgermeister Peter Vock über die durch den Braunkohlenabbau entstandenen Wasserlöcher, „die einst gute Felder waren", klagt, der Industrie vorwirft, dass sie 1903 der Einwohnerschaft vorgegaukelt habe, dass „die Gemeinde und ihre Angehörigen für immer Existenzfähigkeit hätten", und er mit Blick auf die RWE-Zentrale in Essen unternehmerische Verantwortung einfordert. Populistisch-kritisch formuliert er: „dass die Gemeinde mit ihrer Einwohnerschaft zur Verzweiflung getrieben wird, während vielleicht in Essen mit den einst dahier geschlossenen Verträgen Millionengewinne erzielt werden. Den Herren, die über das Wohl und Wehe dieser Werke entscheiden, liegt die Verzweiflung des Volkes scheinbar sehr wenig am

Herzen und sie fühlen keine moralische Verpflichtung, das Elend zu lindern, das sie heraufbeschworen haben." (6)

Unwillkürlich denkt man an die Vorwürfe, die gegen Harz IV erhoben werden, an die Kapitalismuskritik oder „Heuschrecken"-Diskussion. Unternehmerisches Denken und Handeln wird als unsoziales Handeln angesehen. Ähnlich populistisch-kritisch wendet sich auch das Bayerische Bergamt Bayreuth gegen die Betriebsschließung, wenn es in seinem Schreiben an das Bayerische Staatsministerium des Äußeren die Frage stellt, „ob es recht und billig ist, dass der im Land [gemeint ist Bayern] verwendete Strom auswärts [gemeint ist Preußen] erzeugt und dadurch trotz vorhandener Produktionsfähigkeit der ansässigen Bevölkerung die Arbeitsmöglichkeit mit all ihren Nutzen entzogen wird." (7) Parallelen zu Globalisierungsdebatten heutiger Tage liegen auf der Hand.

(6) Ebd. (7) Akten des Bergamtes Bayreuth, Schreiben vom 20.01.1932

[2] Der Tagebau „Gustav" mit Brikettfabrik und Kraftwerk (um 1920)

GENUGTUUNG IN „FETTEN JAHREN", KAPITALISMUSKRITIK IN „MAGEREN JAHREN"

Der gleiche Bürgermeister, der 1932 so kritisch urteilt, hat in den „fetten" Jahren Großwelzheim als blühende Industriegemeinde bezeichnet. Und er hatte allen Grund dazu! Nach den anfänglichen Protesten von Landwirten, die um ihre Existenz bangten und in den schnell abgeschlossenen Enteignungsverfahren – 1904 werden in einer Enteignungsliste über 80 Grundstückseigentümer genannt, darunter die Kaplaneistiftung und die Gemeinde – keine Chance hatten, weil der Betrieb des Bergwerkes von Behörden und Gerichten als „im überwiegenden öffentlichen Interesse liegend" angesehen wurde, gewinnt die Gewerkschaft Gustav zunehmend an Zuspruch. Aus der ehemals von Landwirtschaft und Handwerk geprägten Gemeinde wird eine Industriegemeinde mit einem großen Anteil von Arbeitern, die überwiegend in diesem einen Großbetrieb Beschäftigung finden.

Es bildet sich eine Bürgerschaft heraus, die – mit Ausnahme des großen Streiks im Jahre 1922 – bis Ende der 20er Jahre auf einen festen Arbeitsplatz vertrauen durfte und oft noch im Nebenerwerb eine kleine Landwirtschaft betrieb. „Radikal" und „besonders unzufrieden" wollte die Belegschaft nicht genannt werden. In einem Flugblatt des Jahres 1921 wehrte sie sich gegen diesen Vorwurf, übt allerdings auch deutlich Kapitalismuskritik: „Es kann und darf nicht mehr länger geduldet werden, dass eine handvoll Aktionäre in ihrer Profitsucht in der Form wie bisher mit der Volkswirtschaft Schindluder treiben." [8] Nach dem großen Streik von 1922 wurde es dann ruhiger im Unternehmen. [2]

Neben den Beschäftigten profitiert auch die politische Gemeinde über eine enorme Steigerung der Einnahmen bei der Gewerbesteuer und den Gemeindeumlagen von der Ansiedlung der Gewerkschaft Gustav. Was damals und für lange Zeit nicht gelingt, ist der Zuwachs durch eine Reihe weiterer Unternehmen. Eine Keramikfabrik scheitert ebenso wie ein Chemiewerk und die Wasserlieferung nach Frankfurt. Die Ansiedlung der Firma Norton allein genügt nicht, um Einbrüche bei der Gewerkschaft – so in den Jahren des Ersten Weltkrieges und nach 1925 – auszugleichen. Die Gemeinde Großwelzheim und viele Familien waren auf Gedeih und Verderb von dem Wohlergehen der Zeche Gustav und der RWE abhängig. Die Schließung des Unternehmens 1932 bedeutete eine Katastrophe. In der geschichtlichen Erinnerung lebt die Angst um den Verlust des Arbeitsplatzes fort, zumal sich dieses Ereignis in den 80er Jahren in den kerntechnischen Betrieben Karlsteins wiederholte, wenn auch nicht mit gleicher Stärke, da die soziale Absicherung besser war.

MENTALITÄTEN ÄNDERN SICH, INDUSTRIE PRÄGT MENSCHEN UND VERÄNDERT LANDSCHAFT

„Prägung" durch angesiedelte Industrie meint nicht nur die Wirtschaftsstruktur, sondern betrifft auch Psyche, Mentalität, Bewusstsein, Landschaft. Der Hinweis auf die Streikbewegungen zwischen 1918 und 1925 signalisiert bereits, dass sich hinsichtlich der Mentalität und des politischen Bewusstseins mit dem Wachsen der Gewerkschaft Gustav auf fast 1200 Arbeitnehmer einiges verändert hat. Wer sich die Wahlergebnisse zwischen 1918 und 1932 ansieht, wird mit

(8) Akten des Bergamtes Bayreuth, Flugblatt an die Bevölkerung Unterfrankens, September 1921

[3] Montagearbeiter, meist aus Großwelzheim (1926)

einigem Erstaunen feststellen, dass in einer Gemeinde mit weit überwiegender katholischer Bevölkerung die KPD meist mehr Stimmen als die SPD bekam und KPD und SPD zusammen mehr Stimmen auf sich vereinigen konnten als die in Bayern dominierende konservative Bayerische Volkspartei. In Dettingen, dem Eisenbahnerdorf, lag dagegen die Bayerische Volkspartei deutlich vorne. Die Spaltung der Einwohnerschaft in zwei soziale Lager war sicher ein Ergebnis der Industrialisierung unseres Raumes durch die Gewerkschaft Gustav. [3]

Der entscheidende energiewirtschaftliche Beitrag zur Industrialisierung unserer Region, die ohne die Verfügbarkeit von Energie undenkbar ist, lässt sich an der Steigerung der Stromerzeugung im Braunkohlekraftwerk der Gewerkschaft Gustav ablesen: von 3,8 Mio. kWh im Jahre 1911 über 37,1 Mio. kWh im Jahre 1919 auf 89,7 Mio. kWh im Jahre 1926 und rund 100 Mio. kWh 1929. Der Braunkohlenabbau ist nicht nur für eine neue soziale Schichtung verantwortlich, er schafft auch neue Naturräume – man denke nur an den bewaldeten Abraumberg, die Kipp, und an den heute weitgehend unter Naturschutz stehenden Gustavsee.

RASANTE ENTWICKLUNG ENDET 2000 MIT AUFGABE DES KRAFTWERKSTANDORTS

Nach dem Niedergang 1932 gab es 1938 wirtschaftlich eine neue Chance, als die RWE ihren südlichsten Vorposten wieder öffnet, ein Steinkohlekraftwerk errichtet und Strom produziert. Die bedeutsame Rolle der RWE als Wirtschaftsfaktor lässt sich auch am Auftragsvolumen für in der Region ansässige Betriebe ablesen. So fallen bei der RWE Dettingen zwischen 1979 und 1997 insgesamt 117 Mio. DM Fremdleistungen an, wobei etwa 70 % aus der Region erbracht werden. Mit 38 % ist die RWE von 1950 bis 1974 an der Gesamt-Gewerbesteuer beteiligt. Zwischen 1950 und 1970 steigt die Zahl der in Großwelzheim Beschäftigten von 539 auf 1430 rapide an. Grund für die rasante Entwicklung war zweifellos nicht nur die durch den Bau eines neuen 100-MW-Steinkohlekraftwerks expandierende RWE, deren Mitarbeiterzahl von 87 auf 146 im Jahre 1970 stieg. 1998 waren es sogar 250 Arbeitnehmer. Mit der Stilllegung des 100-MW-Steinkohlenblocks im Jahre 2000 wurde der Kraftwerkstandort endgültig aufgegeben.

[4] Das 1960 in Betrieb gegangene Versuchsatomkraftwerk

[5] Das RWE-Betriebsgelände 1979 mit VAK, Heißdampfreaktor, Kohlekraftwerk und Gaskraftwerk

1958/60: EIN KERNKRAFTWERK ENTSTEHT

Neue wirtschaftliche Impulse kamen durch das 1961 in Betrieb gegangene Versuchsatomkraftwerk (VAK) und den 1968 fertig gestellten Heißdampfreaktor Großwelzheim, an denen die RWE mehrheitlich beteiligt war. Mit dem VAK wurde von der AEG eine Kernenergie-Versuchsanlage errichtet, in der 1972 schon 200 Personen beschäftigt waren. Später kam ein Brennelementwerk mit bis zu 200 Beschäftigten hinzu. Großwelzheim – später Karlstein – wurde ein Zentrum der Kernenergie. [4]

Der Dreiklang Kritik – Euphorie – Enttäuschung wiederholt sich bei der friedlichen Nutzung der Kernenergie. Ende der 50er Jahre werden vereinzelt Vorbehalte angemeldet. Aber schon bald wird das Projekt als Pionierleistung begriffen. Die Gemeinde freut sich über qualifizierte Arbeitsplätze und den Zuwachs an Gewerbesteuer. In dem Maße, wie neue Arbeitsplätze vor allem in den kerntechnischen Betrieben und in neuen Zuliefer- und Dienstleistungsbetrieben wie SAG oder Firma Thode geschaffen wurden, ging die Zahl der Großwelzheimer, die auswärts arbeiteten, stark zurück. 1978 waren in den vier kerntechnischen Betrieben 516 Personen beschäftigt, Mitte der 80er Jahre etwa 700, im Jahre 1995 noch 568 und im Jahre 1998 noch etwa 360. Heute sind es gerade noch knapp 200 - mit abnehmender Tendenz. Allein das VAK sorgte zwischen 1961 und 1997 für ein Auftragsvolumen von 217 Mio. DM, wovon 162 Mio. in der Region verblieben. Auch im Falle des Großunternehmens Siemens, das Ende der 80er Jahre in Karlstein einsteigt und zunächst für eine Stabilisierung der Arbeitsplätze sorgt, machen

die politisch Verantwortlichen in der Gemeinde die Erfahrung, dass „Dank" im unternehmerischen Wettbewerb und bei zunehmender Globalisierung oft ein Fremdwort ist. Das zugesagte Bemühen um den Erhalt von Arbeitsplätzen verebbte schnell. Biotechnik, Lasertechnik und konventionelle Forschung blieben kurzfristige Episoden, wurden aufgegeben oder an anderen Standorten nach Fusion fortgesetzt. Zum 31. Dezember 2005 werden weitere Dienstleistungen endgültig nach Frankreich verlagert. Was bleibt, sind die Lagerhallen, einige Dienst- und Serviceleistungen und die Firma ANF mit ihrer rein konventionellen Produktion. Nicht viel für eine Gemeinde, die so oft den Kopf für politisches, menschliches, technisches und unternehmerisches Versagen hinhalten musste.

Rückblickend ist festzustellen, dass in Großwelzheim in den vergangenen 100 Jahren brennpunktartig die gesamte Entwicklung der Stromerzeugung stattfand: 1908: Braunkohlekraftwerk, 1938: Steinkohlekraftwerk, 1958: Versuchsatomkraftwerk, das 1961 als erstes Kraftwerk Atomstrom ins Netz einspeist, 1963: Steinkohle/Öl-Kombikraftwerk, 1965: Heißdampfreaktor, 1974: Gaskraftwerk. [5]

1994: EIN INNOVATIONSPARK ENTSTEHT UND SETZT AUF TELEKOMMUNIKATION

Aber auch für diesen Abschnitt der Energiegeschichte gilt: Es geht weiter! Der Verlust von Arbeitsplätzen wird dank einer Privatinitiative mit hohem unternehmerischem Risiko durch die Entwicklung des ehemaligen Siemensgeländes zu einem Innovationspark

[6] Neue Chancen mit dem Innovationspark Karlstein

zunächst mehr als ausgeglichen. Auch diese Neuansiedlung hat anfänglich wegen des damit verbundenen hohen Verkehrsaufkommens Kritiker. Die Gemeinde löst dieses Problem derzeit in Zusammenarbeit mit dem Landkreis durch eine Ortsumgehung. Mit dem Innovationspark und seinem Schwerpunkt Telekommunikation, Informationstechnologie, Logistik sowie Handyreparatur und -auslieferung hat Großwelzheim/ Karlstein wieder einen modernen Produktions- und Dienstleistungsbereich gewonnen. [6]

Der Innovationspark trägt viel zur Steigerung und Sicherung der Arbeitsplätze bei. Vom Tiefpunkt 1996 mit 1993 Arbeitsplätzen am Ort (nur sozialversicherungspflichtig Beschäftigte) erhöhte sich die Beschäftigtenzahl um mehr als ein Drittel auf 3274 im Jahre 2000. Aber wieder gibt es Rückschläge: Die gegen jede ökonomische Vernunft inszenierte UMTS-Lizenz-Versteigerung mit Verlusten in Milliardenhöhe für die beteiligten Firmen führt in Karlstein zum Weggang der mit MobilCom verbundenen Firma Cellway – mit einem Verlust von 400 Arbeitsplätzen. Mitte Juni 2003 können Karlsteiner Firmen nur noch 2620 Arbeitsplätze anbieten, Mitte 2004 etwa 2900, wobei in allen Zahlen Selbstständige, mithelfende Familienangehörige und Beamte nicht enthalten sind.

Derzeit liegt man wieder im Aufwärtstrend. Es sei denn, die Sorge um Gesundheitsgefährdungen durch elektromagnetische Strahlen und Sendeanlagen oder Wettbewerbsnachteile bescheren der Gemeinde wieder Phase 3 im gewohnten Dreiklang. Eines allerdings hat die seit 1975 bestehende Gemeinde Karlstein mit ihren Ortsteilen Großwelzheim und Dettingen gelernt: Die Unternehmenspalette ist breiter geworden – man steht nicht mehr nur auf einem Bein. Die nach 1985 begonnene Ausweisung neuer Gewerbegebiete und die weitere Ansiedlung von Unternehmen verbesserte sichtbar die örtliche Wirtschaftsstruktur und leitete das Ende der Abhängigkeit von nur wenigen Großbetrieben der gleichen Branche ein.

DIE ROUTE DER INDUSTRIEKULTUR RHEIN- MAIN UND DAS MUSEUM GROSSAUHEIM

Richard Schaffer-Hartmann

Die mächtigen gusseisernen Schwungräder drehen sich nahezu geräuschlos, die ledernen Flachriemen klatschen leise über die Schwungräder der Maschine, etwas Dampf entweicht zischend – die Dampfmaschine ist erwacht. Rauch steigt aus den Schornsteinrohren der Kessel empor, denen fleißig eingeheizt wird. In der Luft liegt ein längst vergessen geglaubter Geruch von Holz- und Kohleofen.

Staunend schauen große und kleine, alte und junge Besucher dem Treiben zu. Unzählige Fotoapparate halten das Geschehen fest.

DIE DAMPFMASCHINE

Die Dampfmaschine gilt nach wie vor als das Symbol der industriellen Revolution. [1] So finden sich konsequenterweise Dampfmaschinen in Museen, die die Industrialisierung thematisieren. Meist stehen die eisernen Ungetüme bewegungslos wie Mahnmale einer vergangenen Technik in den Hallen der Museen. Mitunter lassen sie sich kurz in Bewegung setzen, indem – durch Münzeinwurf freigegeben – versteckte Elektromotoren oder Pressluftflaschen die Schwungräder zu einigen Umdrehungen für die Besucher animieren. Nur wenige Museen, wie z. B. das Landesmuseum für Verkehr und Technik in Mannheim, leisten den Aufwand, eine Dampfmaschine während der Öffnungszeiten für die Besucher unter Dampf zu halten. Das Museum Großauheim geht einen anderen Weg, um die Dampfmaschinen wieder zum Leben zu erwecken. An den „Großauheimer Dampftagen" [2] wurden zunächst die hauseigenen und später die Maschinen von Gastausstellern im Originalbetrieb vorgeführt. Die Mitglieder des „Fördervereins Dampfmaschinen-Museum" verfügen über die nötigen Kenntnisse und Berufserfahrungen als Heizer, um eine sachgemäße Bedienung der Kessel und Maschinen zu gewährleisten. Die jährliche Überprüfung der Kessel durch die Technische Überwachung Hessen ist eine selbstverständliche Notwendigkeit, um gegenüber den zahlreichen Besuchern ein Mindestmaß an Sicherheit zu garantieren. [1]

So entwickelte sich über einen Zeitraum von zehn Jahren aus der Idee, die Dampfmaschinen in Bewegung vorzuführen, das große Museumsfest der „Großauheimer Dampftage", das jährlich tausende von Besuchern

[1]   Dampfmaschinenvorführung Museumshof Großauheim, internationaler Museumstag Mai 2003

rund um das Museum anlockte. Seit dem Jahr 2000 finden die Dampfmaschinenvorführungen zu Anlässen wie dem „Internationalen Museumstag", den „Tagen der Route der Industriekultur" oder der „Hanauer Museumsnacht" [2] statt. Das Museum Großauheim zeigt mit den Maschinenvorführungen Techniken vergangener Zeit analog zu den Vorführungen alter Handwerkstechniken beispielsweise in kulturanthropologischen Museen.

---

(1) Mattner/Dörich/Schaffer-Hartmann: Dampfmaschinen, Motor der industriellen Revolution. Düsseldorf 1994, S. 9 ff.

(2) Großauheimer Dampftage 1989–2000, Museen der Stadt Hanau, Veranstaltungsbroschüren gebunden.

Mit diesen Dampfmaschinenvorführungen übernahm das Haus 1989 eine Vorreiterrolle in Deutschland. Denn im Gegensatz zu Großbritannien (Great Dorset Steamfestival) oder den Niederlanden war diese Art von Museumspädagogik mit Volksfestcharakter in Deutschland vergleichsweise selten gewesen. [3]

Auch das Faible für alte Traktoren hat seither eine riesige Szene von Sammlern und Schraubern entstehen lassen, die mit ihren zahlreichen Treffen und Vorführungen historischer Landmaschinen ebenfalls tausende von Besuchern anlocken. Im Rhein-Main-Gebiet ist die Vorführung historischer Landtechnik der „Interessengemeinschaft Historischer Landmaschinen" (kurz IGHL) am Bayersröder Hof bei Hammersbach die erste und nach wie vor größte Veranstaltung dieser Art.

Die Bewahrung und Präsentation alter Technik wird heute hauptsächlich getragen von Sammlern und Anhängern von Oldtimerfahrzeugen wie Personenwagen, Motorrädern, Fahrrädern und Lastwagen, von historischen Landmaschinen sowie von stationären und fahrbaren Maschinen wie Dampf-, Bau- und anderen Arbeitsmaschinen.

Hinzu kommen die Sammler und Anhänger von Dampfeisenbahnen, alten Dampfschiffen sowie die Freunde historischer Flugzeuge. Letztere sind aufgrund der hohen Kosten und des großen Arbeitsaufwands weniger zahlreich vertreten. Darüber hinaus hat sich eine weitläufige Gemeinschaft von Modellbauern entwickelt, die große Maschinenvorbilder akribisch in kleinere Formate transferieren, bauen und vorführen. Sicherlich spielt bei den Sammlern der verschiedenen Oldtimerszenen die Freude an ihren Maschinen eine große Rolle, die aufgrund der aufgewendeten Arbeit und Freizeit eine gewisse persönliche Verbundenheit erzeugt. Der Stolz auf die restaurierten Oldtimer und der Erfahrungsaustausch führen die Sammler bei den Treffen zusammen.

Die Besucher solcher Treffen empfinden meist eine gewisse Nostalgie beim Anblick der Zeugnisse einer so genannten „guten alten Zeit". In zahlreichen Publikationen und Zeitschriften werden diese unterschiedlichen Szenen historischer Technik und ihre Treffen dokumentiert. Im Gegensatz hierzu stehen die Museen, die neben der Forschung, der Sammlung und Bewahrung auch die Vermittlung des Wissens und der gesellschaftlichen Zusammenhänge der technischen Entwicklung zur Aufgabe haben.

[2] Dampfhammerschmieden im Museumshof Großauheim, Hanauer Museumsnacht August 2002

[3] Blockbandsäge Museum Großauheim, Dampfmaschinenvorführung Rochusmarkt, 25.- 27. September 1998

DER ORT

Mit der Eröffnung des Museums Großauheim im gleichnamigen Stadtteil hatte die Stadt Hanau 1983 als zweite hessische Stadt (neben Rüsselsheim mit dem 1978 eröffneten Museum) ein Haus eingerichtet, das die Veränderungen der Produktionsweisen in Handwerk, Landwirtschaft, Industrie und Alltagskultur thematisiert. (3) Die tief greifende Veränderung unserer Gesellschaft durch die industrielle Revolution wird am Beispiel des Ortes Großauheim konkretisiert.

[4] Heuke Dampfpflug-Lokomobile, Baujahr 1928, Museum Großauheim, 2. Großauheimer Dampftage 7./8. Juli 1990

Das einstige Dorf am Main war jahrhundertelang von Bauern und Handwerkern geprägt. Mit dem Bau der Eisenbahn ab 1854 wandelte sich der Ort zur Kleinstadt, in der die Industriebetriebe des Maschinenbaus und der Elektrotechnik mit tausenden von Arbeitern dominierten. Als älteste bis heute bestehende Fabrik siedelte sich 1896 die Rütgerswerke AG an. Die Druckimprägnierung von Holz, hauptsächlich in Form von Eisenbahnschwellen, brachten ihr den volkstümlichen Namen „Schwellenfabrik" ein. Die Fabrikgebäude, in gelbem Backstein ausgeführt, und die teilweise noch heute vorhandene Maschinerie der Gründerzeit sind jetzt ein Bestandteil der lokalen Route der Industriekultur.

Von 1899 bis 1980 bestand die Eisengießerei „Marienhütte". Davon ist heute nur noch die Fabrikantenvilla mit Park und ihren Skulpturen aus Betonguss zu sehen. Im Park befinden sich außerdem noch die gusseisernen Kandelabersockel des Frankfurter Hauptbahnhofs mit ihren allegorischen Darstellungen der Elektrizität. Diese wurden einst im Stammwerk der Marienhütte – in Tangerhütte – gegossen und gelangten nach Kriegsende in den Besitz des Fabrikanten. Mit der „Frankfurter Maschinenfabrik" (kurz Framag) zog 1905 ein bedeutender Produktionszweig von Frankfurt nach Großauheim. Die weitläufigen einstigen Produktionshallen (1912, 1917 und 1927) zeugen noch heute von diesem Betrieb.

Als „Brown, Boveri & Cie." (kurz BBC) wurden in den 1950er bis 60er Jahren am Fließband Haushaltsgeräte wie Herde und Kühlschränke produziert. Die „Calor-Emag Werke" der ABB (Asea, Brown, Boveri) produzieren heute dort u. a. Hochspannungsschaltanlagen für Kraftwerke. Bis heute ist das Gelände, das im Laufe der Zeit verschiedene Betriebe beherbergte, ein Fabrikareal geblieben. Die ca. 14 000 qm großen Hallen sowie die im Freigelände aufgestellten Hochdruckschalter geben Zeugnis von der örtlichen Industriekultur. Ebenso wie die Gebäude der einstigen Landmaschinenfabrik „Josef Bautz AG", Saulgau von 1906 bis 1913 (4) am Main.

DAS MUSEUM

Das Anwachsen Großauheims verlangte nach infrastrukturellen Maßnahmen. Straßen, Schulen, Kirchen, Wohnbauten, Geschäfte, Gasthäuser und Hand-werksbetriebe wie Bäcker, Metzger, Schuster, Sattler u. a. entstanden nach und nach. Ein Kanalnetz, Wasser- und Stromversorgung mit Straßenbeleuchtung folgte.

(3) Peter Schirmbeck: Das Museum Rüsselsheim. In: Die Zukunft beginnt in der Vergangenheit. Museumsgeschichte und Geschichtsmuseum. Schriften des Historischen Museums Frankfurt/M., Bd. 13, Frankfurt 1982, S. 123 ff. Anton Merk und Richard Schaffer: Museum Großauheim – Landwirtschaft, Handwerk, Industrie. München, Zürich 1990 (4) D.W. Dreysse: Projektstudie Hanau. Route der Industriekultur Rhein-Main, Frankfurt/M. 2004

In der Zeit von 1906 bis 1908 wurden an der Bahnlinie, dem Schnittpunkt zwischen dem alten dörflichen Kern mit dem Geschäftszentrum und den neuen Straßenzügen der Wohnbauten, die öffentliche Badeanstalt, das Elektrizitätswerk und das Spritzenhaus der Feuerwehr als dreiteiliger Gebäudekomplex errichtet. In diesen Bauten zwischen der Straße „Im Pfortenwingert" und der „Löschgasse" befindet sich heute das Museum. Im so genannten „Heimatschutzstil" wurde ein villenartiges Gebäude mit hohen bossierten Sandsteinsockeln, Rundbogenfenstern, weißen Putzflächen, Fachwerkband und Schieferverkleidung als öffentliche Badeanstalt ausgeführt. Wannen- und Brausebäder sowie medizinische Bäder konnte die Bevölkerung Großauheims hier nehmen. Gewöhnlich wiesen weder die alten bäuerlichen Fachwerkhäuser noch die Wohnbauten der Jahrhundertwende um 1900 solche sanitären Einrichtungen auf.

Im unmittelbaren Anschluss folgen die beiden Hallen des Elektrizitätswerkes: Halle I war das Kesselhaus und Halle II das Maschinenhaus. Die spitzgiebeligen Bauten sind verputzt und durch vertikale und umlaufende Backsteinbänder gegliedert. Große Rundbogenfenster und Oberlichter geben Licht und Belüftung. Die Maschinenhalle selbst war in Sockelhöhe mit grünen Kacheln und der Boden in Terrazzo ausgeführt. Der einstige Rundschlot wurde bedauerlicherweise 1982 niedergelegt. Der Strom für den Ort Großauheim wurde mittels zweier 110-PS-Dampfmaschinen Fabrikat „Pokorny & Wittekind Frankfurt/M." erzeugt, welche über Flachriemen zwei Gleichstromdynamos der „Felten, Guilleaume-Lahmeyerwerke Frankfurt/M." antrieben. Im Kesselhaus wurde der Dampf für die Maschinen in zwei kohlebefeuerten „Cornwall-Kesseln" erzeugt.

1921/22 wurde die Eigenstromerzeugung in Großauheim eingestellt. 1923 erfolgte die Umstellung auf Fremdbezug vom Stromverbund der Mainwasserkraftwerke. Mittlerweile war ein Stromverbundnetz bestehend aus den drei Flußkraftwerken Krotzenburg, Kesselstadt und Mainkur (1917–1921) sowie der „Gewerkschaft Gustav", dem Braunkohletagebau Dettingen, in Betrieb gegangen (siehe dazu auch den Beitrag auf S. 80), das von der „Preußischen Elektrizitäts-Aktiengesellschaft" betrieben wurde. Das E-Werk wurde als Umformeranlage von den „Siemens-Schuckertwerken, Büro Frankfurt/M." umgebaut, die Dampfmaschinenanlage anschließend entfernt und verkauft. Die moderne Umspannstation befindet sich indes noch heute zwischen der Maschinenhalle und dem Feuerwehrgebäude.

[5] Dampftraktor Maßstab 1:3, 6. Großauheimer Dampftage 30./31. Juli 1994

Der dritte Gebäudeteil ist das ehemalige eingeschossige Spritzenhaus der Großauheimer Feuerwehr von 1908. Dort waren sowohl die drei Wasserspritzen, die zwei Schlauchwagen sowie die Feuerleiter und der Gerätewagen als auch der gemeindeeigene Leichenwagen untergebracht. Durch spätere Um- und Anbauten, wie den Schlauchturm (Steigerturm 1934) und die Aufstockung 1966, veränderte sich das Aussehen des Gebäudes entscheidend. In diesem und im kommenden Jahr, zum 1200-jährigen Jubiläum der schriftlichen Ersterwähnung Auheims, wird das Museum renoviert und um das einstige Feuerwehrgebäude erweitert werden.

In den 1960er Jahren wurden die einstige Badeanstalt und das E-Werk zur Polizeistation umgebaut. Dem Zeitgeschmack entsprechend ersetzte man die Rundbogenfenster durch große ungegliederte rechteckige Fenster. Die kreisrunden Fenster, der Turmaufsatz über dem Eingang und das Fachwerk wurden beseitigt. 1982 war das Gebäude aufgrund eines Neubaus der Polizei in Hanau frei geworden. Entsprechend der Hanauer Museumskonzeption von 1979 war für Großauheim ein Museum in der einstigen „Alten Schule" von 1832/33 in der Taubengasse vorgesehen. Gegenüber dem stark renovierungsbedürftigen Schulbau waren die Gebäude der Badeanstalt und des Elektrizitäts-Werkes intakt und nach nur geringen Umbaumaßnahmen nutzbar. In knapp einjähriger Bauzeit entstand das Museum in einem ihm adäquaten Bau.

In den Räumen der einstigen Badeanstalt wurde die Darstellung der Ortsgeschichte sowie die bäuerliche Hauswirtschaft integriert. In Halle I (ehem. Kesselhaus) folgte die Präsentation der Industrialisierung der Landwirtschaft. Vorindustrielle Arbeitsweisen des Mähens und Dreschens sind hier der Maschinenarbeit mit Mähmaschinen, Dreschmaschinen, Lokomobilen und Traktoren gegenübergestellt.

Die Hallenzwischenräume, wo sich der einstige Schlot befand, beinhalten die Dorfhandwerke der Wagner und Schmiede. Die Halle II (ehem. Maschinenhaus) wurde wie im originalen Bau wieder mit Dampftechnik bestückt. Zur Museumseröffnung 1983 war eine stationäre Heißdampf-Einzylinder-Lokomobile, Fabrikat „Assmann & Stockder, Münster/Stuttgart" (kurz ASTO), Baujahr 1935 aus einem Sägewerk in Obertshausen mit einer Treppenrost-Oberflurfeuerung von „Lambion" eingebaut worden. Über den Dampfmaschinensammler und Vorsitzenden des Fördervereins Dampfmaschinen-Museum, Hans-Werner Dörich, bezog das Museum diese erste Dampfmaschine. Die Lokomobile war zur Präsentation als „nicht funktionsfähig" eingebaut worden. 1984 konnte eine erste funktionsfähige, fahrbare Lokomobile der „Badenia AG, vorm. Wm. Platz & Söhne, Weinheim a.d. B.", Baujahr 1923 erworben werden. Diese Art von Lokomobilen war als Antrieb für Dreschmaschinen über Riemen konstruiert worden. 1987 ergab sich in Folge einer Baumaßnahme im Museum Großauheim die Gelegenheit in der Halle II eine liegende Einzylinder-Dampfmaschine, Fabrikat „MAN", Baujahr 1936, aus der Brauerei Riedesel Lauterbach im Vogelsberg, zu installieren. Hiermit konnte der historische Zustand des einstigen E-Werkes teilweise wiederhergestellt werden.

Im Zuge dieser Maßnahme wurden Dampfleitungen zu dem im Hof stehendem Dampfkrankessel, Fabrikat „Achenbach & Schulte, Ohle/Westfahlen", Baujahr 1934, verlegt. Nun waren alle Voraussetzungen geschaffen, um die Dampfmaschinen des Museums in Betrieb zu nehmen. 1989 wurden die Kessel der Maschinen mit Wasser befüllt und angeheizt.

Für weitere zehn Jahre in Folge fanden jährlich Dampfmaschinenvorführungen statt. Ziel dieser Veranstaltungen war es einerseits die Dampftechnik dem Publikum wieder zugänglich zu machen und andererseits diese Energieerzeuger mit Arbeitsmaschinen zu verbinden. Damit sollte – so weit wie möglich – den Besuchern die Technik, die Schwere und das Gefahrenpotenzial der historischen Arbeitsweise mit den Maschinen anschaulich vor Augen geführt werden. Im Gegensatz zu gegenwärtiger Technik erschließen sich die Arbeitsabläufe der Dampftechnik mit ihren Arbeitsmaschinen dem Besucher heute bereits durch Zusehen. Die Besucher können das Befeuern der Kessel, das „Ziehen von Frischwasser" beobachten und das Steigen des Dampfdrucks an Manometer und Wasserstandsröhrchen verfolgen – bis schließlich die Ventile geöffnet werden, der Dampf durch die Leitungen in die Zylinder der Maschinen strömt und die Schwungräder in Bewegung setzt.

In museumspädagogischen Aktivitäten wie beispielsweise einer Metallwerkstatt für Kinder werden Kenntnisse der Metallbearbeitung und der Maschinentechnik vermittelt. Auch verfügt der „Förderverein Dampfmaschinen-Museum" heute über eine Gruppe von aktiven Kindern und Jugendlichen, die sich rege an den Vorführungen beteiligt.

DER VEREIN

Zu den hauseigenen Maschinen und Kesseln kamen zu den Dampfmaschinenvorführungen über die Jahre hindurch zahlreiche Gastausteller mit ihren Maschinen. Neben Kuriositäten wie z. B. einer Dampforgel, einem Dampfgriller und -Korkenzieher sowie einer Reihe von unterschiedlichen Dampfmodellen stand die Vorführung einer großen Maschinerie im Vordergrund des Veranstalter-Interesses.

Stellvertretend für eine Vielzahl an Maschinen stehen: ein monumentales Dampfpfluglokomobil Fabrikat „A. Heuke, Gatersleben/Magdeburg", Baujahr 1928, eine Reihe von Straßendampfwalzen und fahrbaren Lokomobilen, Baumsägen, Steinbrechern, Dampfspritzen bis hin zum Dampfschiff „Gredo". [4][5]

Durch die Zusammenarbeit mit dem Förderverein und dessen Vorsitzenden konnten Teile dieser Sammlungen im Museum und den beiden Höfen des Gebäudeensembles installiert werden. Im Innenhof der Vordergebäude befinden sich Dampfkessel verschiedenster Bauart. Im Hof vor den Hallen stehen eine Reihe von Schiffsmaschinen sowie die Kessel zum Betrieb der Dampfmaschinen. In einem angrenzenden Freigelände entsteht, unabhängig von der Sammlung des Museums, gegenwärtig der Dampfmaschinenpark des Sammlers Hans-Werner Dörich. Entlang einer Gleisstrecke, auf der eine Kleinbahnlokomotive, ein Dampfkran sowie eine Dampfspeicherlok stehen, reihen sich zwei Dampfhämmer, ein Kesselhaus, eine Dampframme sowie weitere Dampf- und Arbeitsmaschinen. Nach der geplanten Erweiterung bis zum Jahre 2006 stellt das Museum Großauheim ein einzigartiges Industriedenkmal in der Rhein-Main-Region dar. Mit dem historischen Gebäudeensemble ist die ideale Verbindung zwischen historischer Architektur des Industriezeitalters und adäquaten Inhalten zur Industriegeschichte gelungen. Das Museum bildet somit einen wesentlichen Ankerpunkt in der „Route der Industriekultur Rhein-Main" – sowohl regional als auch lokal für die Stadt Hanau.

DAS TECHNISCHE VERWALTUNGSGEBÄUDE VON PETER BEHRENS IM INDUSTRIEPARK HÖCHST –

INDUSTRIEARCHITEKTUR ALS GESAMTKUNSTWERK

Wolfgang Metternich

[1] In der Außenansicht gleicht der Behrensbau im Industriepark Höchst mit seiner Kolossalordnung und den schmalen Fensterbahnen eher einer mittelalterlichen Burg als einem modernen Industriebau.

Das nach dem Ende des Ersten Weltkrieges von Peter Behrens für die damaligen Farbwerke vorm. Meister Lucius & Brüning in Höchst am Main errichtete Verwaltungsgebäude zählt seit dieser Zeit zu den wichtigsten Industriebauten des 20. Jahrhunderts in Deutschland und darüber hinaus. Es handelt sich nicht nur um ein bedeutendes Bauwerk der modernen Industriearchitektur, sondern um ein einzigartiges Gesamtkunstwerk, das ungeachtet mancher Veränderungen seinen Charakter und seine Aussagekraft bis heute bewahrt hat. [1]

Der Architekt Peter Behrens verwirklichte hier, über die Anforderungen des Bauherren hinaus, für den der praktische Verwendungszweck eines Verwaltungsgebäudes naturgemäß im Vordergrund stand, eine gebaute Idee, eine Botschaft in Stein, die zwar heute kaum noch erkannt und verstanden wird, die jedoch

das Gebäude über seine ästhetischen Qualitäten hinaus zu einem Zeitzeugen für die schweren Jahre nach dem Ersten Weltkrieg werden lässt. Die Bauherren folgten den ungewöhnlichen Ideen des Architekten und ermöglichten so die Entstehung eines Bauwerks von zeitloser Schönheit, das weltweit Bewunderung erregt.

PETER BEHRENS – DESIGNER UND ARCHITEKT

Der am 14. April 1868 in Hamburg geborene Peter Behrens wurde an Kunstschulen in Hamburg und an der Düsseldorfer Kunstakademie eigentlich zum Maler und Typografen ausgebildet. Frühzeitig wandte er sich den modernen Strömungen in der deutschen Kunst am Ende des 19. Jahrhunderts zu. Zum Architekten

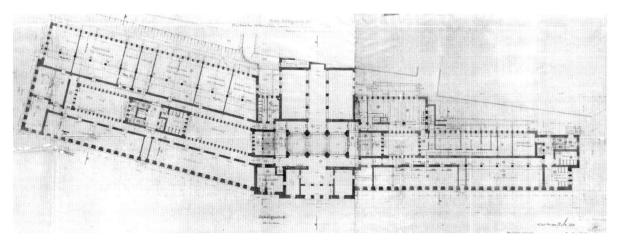

[2] Der Grundriss des weitläufigen Bauwerks zeigt die Anordnung der repräsentativen Räume in der Mitte, während die Flügel den Büros vorbehalten waren.

wurde er erst ab dem Jahr 1900, nach seiner Berufung in die Künstlerkolonie auf der Mathildenhöhe in Darmstadt durch den sowohl technisch wie künstlerisch sehr aufgeschlossenen Großherzog Ernst Ludwig von Hessen. Hier baute sich der auch zu den Pionieren des modernen Designs zählende Peter Behrens nach eigenen Entwürfen ein Haus und entwarf auch die Innenausstattung im Jugendstil. In Darmstadt reifte Behrens zum Universalkünstler.

Den Durchbruch zu einem Künstler und Architekten von internationalem Rang bedeutete die Berufung zum künstlerischen Beirat der „Allgemeinen Elekrizitätsgesellschaft" (AEG) im Jahr 1907. In dieser Position prägte er das gesamte Erscheinungsbild dieses Unternehmens; er gestaltete das Corporate Design des Unternehmens vom Teekessel bis zum Industriebau, in Typografie, Werbung und Design. Die 1909 in Berlin errichtete Turbinenhalle aus Stahl und Glas bedeutete eine Revolution in der modernen Industriearchitektur. In seinem Atelier arbeiteten und lernten damals die später weltberühmten Architekten Walter Gropius, Ludwig Mies van der Rohe und Le Corbusier.
Es folgten neben einer kaum überschaubaren Zahl von Entwürfen in Produktgestaltung, Werbung und Architektur die Verwaltungsbauten für Mannesmann in Düsseldorf und Continental in Hannover zwischen 1910 und 1920 sowie der monumentale Bau der Kaiserlichen Botschaft in St. Petersburg 1913. Das von 1915 bis 1917 errichtete Verwaltungsgebäude der „Nationalen Automobil AG" in Berlin-Oberschöneweide verwies in den Motiven seiner Gestaltung schon auf das wenig später begonnene Projekt in Höchst am Main.

DIE BAUGESCHICHTE

Peter Behrens erhielt den Auftrag in Höchst im August 1920. In unglaublich kurzer Zeit erarbeitete er in wenigen Wochen die ersten Pläne, sodass schon ein halbes Jahr später mit dem Bau begonnen werden konnte. Ende 1921 war der Rohbau weitgehend vollendet. Parallel zu den eigentlichen Bauarbeiten lieferte Behrens mit den Mitarbeitern in seinem Atelier in rascher Folge Entwürfe für die detaillierte Gestaltung der Inneneinrichtung, von der Türklinke über Lampen, Mosaiken und Intarsien bis hin zu Möbeln für die repräsentativen Räume. Behrens begriff sich auch in Höchst nicht als Architekt, der nur leere Räume zu schaffen habe, sondern schuf ein Gesamtkunstwerk, in dem der Raum und seine Innenausstattung eine Einheit mit einer klaren Botschaft bilden sollten. [2]
Die Bauarbeiten verliefen nicht reibungslos. Die politischen Unruhen nach dem Ersten Weltkrieg, der Ruhrkampf, die verheerende Inflation und die Behinderung durch die französische Besatzung machten sich bemerkbar. Frühzeitig musste Behrens sein Vorhaben, repräsentative Teile des Bauwerks zu einem wesentlichen Teil in Sandstein aufzuführen, aufgeben. Das „Ersatzmaterial" Backstein wusste er allerdings virtuos wie kein anderer zu handhaben. Es entstand eine perfekte Kombination aus traditionellem Backsteinbau mit einem tragenden Skelett aus Stahlbeton. Die Beschaffung der Baumaterialien wurde durch die damaligen Grenzen der besetzten Gebiete sehr behindert. Als französische Truppen das Werk besetzten, kamen 1923/24 die Bauarbeiten zeitweise völlig zum Erliegen. Die Planungen in Behrens' Atelier in Berlin

aber liefen weiter. Trotz aller Widrigkeiten konnte das Technische Verwaltungsgebäude am 6. Juni 1924 eingeweiht werden. Zu diesem Zeitpunkt fehlten nur noch wenige Elemente der Innenausstattung.

DIE REPRÄSENTATIVEN RÄUME

Es war ein großartiges Bauwerk entstanden. Kaum war man von der Straße durch die bewusst niedrig und bescheiden gehaltenen Türen eingetreten, sah man sich in der großen Kuppelhalle, die heute noch in ihrer originalen Gestalt und Farbigkeit zu bewundern ist. Der Blick wird unmittelbar zu den drei großen, in prismatischen Formen gehaltenen Glaskuppeln emporgezogen, den einzigen direkten Lichtquellen des Raumes. Die emporstrebenden getreppten Pfeiler scheinen den Raum nach oben einzuengen. Dem wirkt jedoch die in den Spektralfarben von Grün über Blau nach Rot und Gelb ansteigende Farbigkeit in Verbindung mit dem von oben einfallenden, den Raum weitenden Tageslicht entgegen. [3] (S. 94) Egal wo man steht, eine bedrückende Enge gibt es nicht, alle Architekturelemente sind sorgfältig ausbalanciert. Nicht wenige Be-sucher sprechen von einer weihevollen Atmosphäre, in jedem Fall aber von Würde und Harmonie dieser Architektur.

An die Kuppelhalle schließt sich im Erdgeschoss eine weitere, rückwärts gelegene Halle für Repräsentation, Veranstaltungen und Ausstellungen an. Ihr Blickfang ist die überlebensgroße Bronzestatue eines Arbeiters, der sich die Ärmel hochkrempelt, ein Werk des Bildhauers Richard Scheibe von 1922. Die Halle erhält ihr Licht von den Seiten her durch farbige Fenster, die an Werke der Künstlergruppe de Stijl, vor allem von Theo van Doesburg, erinnern. Die gleichen Fenster kehren auch in den Treppenaufgängen an den Seiten der Kuppelhalle wieder. Nur dort sind sie noch in ihrer originalen Farbigkeit erhalten. Die große Halle im Erdgeschoss war 1937, als man Platz für eine neue Telefonzentrale benötigte und – zeitbedingt – der modernen Architektur von Peter Behrens wenig Sympathie entgegenbrachte, stark verkleinert und ihrer ursprünglichen Wirkung beraubt worden. Sie wurde zur Ehrenhalle für die Gefallenen der Weltkriege, eine Bestimmung, die mit der ursprünglichen Konzeption von Peter Behrens wenig gemein hatte. Die Rückbaumaßnahmen des Jahres 2005 werden diesen Verlust wieder ausgleichen.

Weitere Räume in den Obergeschossen sind seit dem Zweiten Weltkrieg verloren. Über der großen Halle des Erdgeschosses lag ein fast vollständig in Holzbinderbauweise errichteter Hörsaal. Er wurde am 29. Juni 1940 bei einem Fliegerangriff zerstört und später in völlig veränderter Form wieder aufgebaut. Nur eine Zeichnung aus dem Atelier von Behrens [4] und wenige Fotos geben Auskunft über seine ursprüngliche Gestalt. Nicht viel besser erging es den zwei nach der Straßenseite hin gelegenen Sitzungszimmern. Das untere, der ganz in Muschelkalk gestaltete „Marmorsaal" [5], ist immerhin hinter den später eingebauten Schrankwänden der heutigen Büros noch erhalten. Vom darüberliegenden, ganz in Holz und Intarsien gehaltenen Saal ist bislang kein Teil sichtbar geworden. Beide Räume bildeten zusammen mit der Kuppelhalle, der großen Halle im Erdgeschoss und dem Hörsaal den repräsentativen Kern des Technischen Verwaltungsgebäudes. In den Flügeln befanden sich normale Büros, die Hauptkasse und Zeichensäle für die Inge-

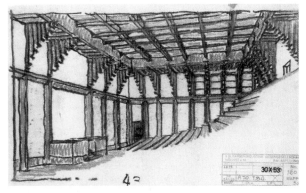

[4] Gestaltungsentwurf für den Hörsaal des Behrensbaus in Höchst. Wachskreide/Kohle-Skizze aus dem Atelier von Peter Behrens.

nieure, aber auch die originellen, noch heute laufenden „Paternoster", Daueraufzüge, die seit 1924 ununterbrochen ihren Dienst versehen. Für den Besucher lohnt ein Blick auf viele Details, Türen und Türbeschläge, Handläufe der Treppen, Uhren und Lampen. Sie zeigen die Vielseitigkeit des Architekten und Designers Peter Behrens.

DIE BAUIDEE

Es lag Peter Behrens fern, einen gewöhnlichen Verwaltungsbau zu errichten. Er wollte mit seiner Architektur in der schweren Zeit nach dem Ersten Weltkrieg ein Zeichen setzen, Mut machen, die Menschen

[3] Gestaltungsentwurf für die Kuppelhalle des Behrensbaus in Höchst. Farbskizze aus dem Atelier von Peter Behrens.

[5] Foto des so genannten Marmorsaales, eines fast ganz in Travertin ausgeführten Sitzungszimmers im Behrensbau in Höchst.

[6] Turm und Brücke markieren das Zentrum Bauwerks und waren für mehr als 50 Jahre Vorbild für das Firmenzeichen der Hoechst AG.

ermuntern, ihr Schicksal in die eigenen Hände zu nehmen. Das ist auch die Botschaft der Skulptur von Richard Scheibe in der großen Halle im Erdgeschoss. Der sich die Ärmel hochkrempelnde Arbeiter ruft die Menschen auf, nach vorne zu schauen, nicht zu verzweifeln und anzupacken, eine Botschaft von zeitloser Gültigkeit. In dieser Idee war Behrens sich einig mit der Leitung der Farbwerke in Höchst, hatte doch auch dieses Unternehmen auf dem Weltmarkt durch den verlorenen Krieg schwerste Einbußen erlitten.

Das Motto bei der Konzeption und Errichtung des Technischen Verwaltungsgebäudes hieß: „Erlösung durch Arbeit". Behrens musste dieses Motto nicht neu erfinden. Er fand es in dem Zyklus der mittelalterlichen Gralssage wie sie von Dichtern wie Chrétien de Troyes und Wolfram von Eschenbach überliefert und von dem Komponisten Richard Wagner in Musik umgesetzt wurde. In der Tat erblickt man in dem Bau allenthalben den Kristall, das leitende Symbol der Gralssage. Die Lampen, die Glaskuppeln der Kuppelhalle, die Bodenmosaiken als deren Widerschein, die Fenster an den Treppen sind vielfältige Variationen des Motivs der Lichtbrechung im Prisma des Kristalls.

Einsamer Höhepunkt dieses Bezugs auf die Gralssage ist die farbliche Gestaltung der Kuppelhalle. Die Kristallkuppeln der Eindeckung zerlegen gleichsam das Tageslicht in die Spektralfarben von Grün im Erdgeschoss über Blau und Rot bis zum Gelb im obersten Bereich. Das von oben kommende Tageslicht, aufgebrochen und verwandelt in einer Welt der Farben, wurde hier zum Symbol der Erlösung. Gleichzeitig nahm Behrens mit der Zerlegung der Farben auch Bezug auf das älteste und wichtigste Produktionsgebiet seines Auftraggebers, der Farbwerke in Höchst am Main, und schuf eine Symphonie von Farbeindrücken, welche die Bezeichnung der Architektur des Bauwerks als „erstarrte Musik" ohne weiteres rechtfertigt.

In der Gralssage ist die Gralsburg mit dem darin geborgenen und Erlösung verheißenden heiligen Gral das Ziel allen Strebens. Entsprechend gestaltete auch Peter Behrens das Bauwerk in Anlehnung an eine Burg. Die hohen Backsteinmauern mit schrägem Sockel und bekrönt von Zinnen wirken stark und wehrhaft. Turm und Brücke [6] wurden ab 1947, als sie für 50 Jahre zum Firmenzeichen, zunächst der nach dem Zweiten Weltkrieg wieder erstandenen Farbwerke, dann der Hoechst AG, wurden, weltberühmt. Im Turm hängen noch heute die Glocken für ein geplantes, aber nie vollendetes Geläute, das zum Feierabend Motive aus den Wagner-Opern „Parsifal" und „Lohengrin" spielen sollte. Manch einer hätte Mühe gehabt, diese Zusammenhänge zu verstehen. Die Zeiten gingen über das Vorhaben hinweg.

WERTUNG

Peter Behrens hat mit seinem Technischen Verwaltungsgebäude in Höchst ein Bauwerk von zeitloser Schönheit und Bedeutung geschaffen. Es handelt sich um ein Gesamtkunstwerk, in dem Behrens nicht nur seine eigenen Ideen, sondern die künstlerischen Strömungen seiner Zeit, vom Deutschen Werkbund über das Bauhaus bis zum Expressionismus, dem Kubismus und de Stijl in einzigartiger Weise zur Synthese werden ließ. Auch wenn die Bauidee der „Erlösung durch Arbeit" in ihrer Verbindung mit der Gralssage uns heute als historische Reminiszenz erscheinen mag: Das Bauwerk hat nichts von seiner Strahlkraft eingebüßt.

UMNUTZUNGSPOTENZIALE DES EHEMALIGEN SOZIALGEBÄUDES DER ALLESSA IN OFFENBACH

D. W. Dreysse

Das so genannte Sozialgebäude der ehemaligen Oehler-Werke, einer chemischen Fabrik mit wechselhafter Geschichte als Farbstoffhersteller unter späterer Ägide der I.G. Farben, nachfolgend Hoechst AG, heute Allessa, weist eine bemerkenswerte architektonische Gestaltung auf und steht deshalb zu Recht unter Denkmalschutz. Das imposante Gebäude wurde 1907 von dem berühmten Baseler Architekten Hans Bernoulli konzipiert. Es markierte einen repräsentativen Eingang zum Werk, ähnlich einem Stadttor, mit Torgebäude und Uhrturm. Stilistisch zeigt es sich indessen unklar: Es verabschiedet sich vom Historismus, verarbeitet Einflüsse von „Arts and Craft" und gibt Zeugnis von der Suche nach einer eigenständigen Architektursprache. In seinen wesentlichen Teilen befindet sich das an der Friedhofstraße/Ecke Mühlheimer Straße gelegene Gebäude noch heute in seinem Originalzustand.

Der Gebäudekomplex war ursprünglich in folgende Funktionsbereiche unterteilt: Im Erdgeschoss des Hauptbaus waren die Umkleide- und Waschräume der Arbeiter, in dem rückwärtigen, quadratischen Anbau die gleichen Räume für Frauen und für die Angestellten („Beamte") untergebracht. Im Obergeschoss befanden sich indes die Speisesäle für Arbeiter und Angestellte sowie die Küche. Der Zugang erfolgte ausschließlich vom Werksgelände aus über einen Treppen- und Nebenraumflügel. Im eingeschossigen Anbau rechts neben dem Tor war schließlich der „Aufenthaltsraum für Arbeiter" – der einzige Raucherraum innerhalb der Fabrik.
Von dem Hauptgebäude wurde nur etwas mehr als die Hälfte ausgeführt. Mit der ursprünglich nach Norden geplanten Erweiterung wäre ein symmetrisch um den Mittelgiebel angeordneter Baukörper entstanden.

GRUNDLAGEN UND POTENZIALE FÜR EINE UMNUTZUNG

Das mannigfaltige Gebäude bietet eine Vielzahl von unterschiedlichen Räumen: große und kleine, mit und ohne Sichtkontakt nach außen, Seiten- und Oberbelichtung, Räume ohne und Räume mit bemerkenswerten Einbauten, zusammengefügte und separierte Räume usw. Das Gebäude ist einerseits von räumlicher und raumkünstlerischer Vielfalt, andererseits von einem ans Labyrinthische grenzenden Raumgefüge geprägt. Dies erfordert für eine Umwandlung eine hohe gestalterische Fantasie und Kompetenz.

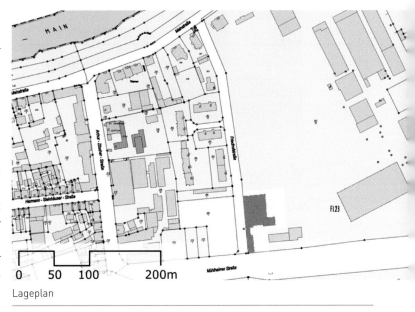

Lageplan

Das Sozialgebäude kann vom gegenwärtigen Eigentümer erworben oder gemietet werden. Je nach Bedarf kann ein Grundstück mehr oder weniger groß zugeschnitten werden. Zum Werksgelände muss es abgegrenzt sein, und im Norden des Gebäudes muss ein Werkszugang („automatische Pforte") erhalten oder neu entwickelt werden. Das an der Friedhofstraße gegenüberliegende Grundstück mit Stellplätzen für Werksangehörige kann im Bedarfsfall mit herangezogen und z. B. als Parkplatz genutzt werden.

Eine Wohnnutzung ist wegen der Nähe zum Werk ausgeschlossen. Im Übrigen sind (fast) alle Nutzungen denkbar, die mit der baulichen und kulturellen Substanz des Gebäudes kompatibel sind.

Das wären Nutzungen im Bereich von:

- Gastronomie, Erlebnisgastronomie und Fitness
- Schulung und Konferenzen
- Ateliers in Kombination mit Büros
- Museum und Ausstellung
- kulturelle Veranstaltungen („Kulturfabrik")
- Verkaufs- und Präsentationsflächen („Outlet")
- ausländisches Kulturkaufhaus („Asia-Store") oder
- eine Kombination aus unterschiedlichen Bereichen

Nach augenblicklicher Lage können nur einträgliche, d. h. sich wirtschaftlich selbst tragende Projekte realisiert werden. Mit öffentlicher Finanzierung ist nicht zu rechnen.

Eine wichtige Einschränkung ist durch die Lage am östlichen Rand der Stadt gegeben: Mit dem Auto zwar gut zu erreichen und für (nächtliche) Lärmemissionen weniger problematisch, ist der Ort gleichwohl nicht im öffentlichen Blickpunkt. Es wäre daher eine durchaus faszinierende Aufgabe, hier einen starken, attraktiven Ort zu kreieren. Zur Findung einer marktgängigen und interessanten Lösung sollte ein geeigneter Projektentwickler – allenfalls in Zusammenarbeit mit der Wirtschaftsförderung der Stadt Offenbach – engagiert werden. Zur visuellen Verdeutlichung sind die zwei Hauptebenen und die kleinere Zwischenebene hier isometrisch dargestellt, wobei man auch ihre vertikalen Verbindungen über Treppen deutlich erkennt. Eine Umnutzung zu einer Versammlungsstätte würde u.U. den Einbau einer zusätzlichen Treppe erfordern.

DREI MÖGLICHE NUTZUNGSKONZEPTE

In naher Zukunft könnten drei mögliche Alternativ-Nutzungen verfolgt werden. Zum einen eignet sich das Gebäude als Atelier und Ausstellungshaus. Hier könnte die Hochschule für Gestaltung Offenbach als besonderes Ausbildungsangebot und zur Förderung jedem Studenten eine Atelierfläche zur Verfügung stellen. Das Angebot an verschiedenartigen Räumlichkeiten des Sozialgebäudes würde in besonderer Weise den unterschiedlichen Ansprüchen der Studentenschaft an ihren jeweiligen Arbeitsplatz (z.B. Computer-Arbeitsplatz für die Grafikdesign-Studenten und einen Mal- und Zeichensaal für die Kunststudenten) gerecht.

Zum anderen könnte das Sozialgebäude mit einem gegenüberliegenden Neubau ein neues Konferenzzentrum bilden. Dieses unverwechselbare Ensemble aus Neubau (Hotel) und dem ehemaligen Sozialgebäude könnte sich durch ein breites Angebot an Konferenzräumen und verschiedenartigen gastronomischen Einrichtungen auszeichnen und unter vergleichbaren Einrichtungen in der Region hervorheben.

Darüber hinaus wäre als etwas unkonventionellere Nutzung auch eine Art „Kulturkaufhaus mit Gastronomie" denkbar. In Halle und Südbau (im Sommer auch im Hof) könnten zahlreiche „Markt"-Stände und gastronomische Einrichtungen typische Speisen, Lebensmittel und Produkte eines bestimmten Landes oder Kulturkreises („Asia-Store") anbieten. Dieses Haus wäre dann ein besonderes Zeichen der kulturellen Vielfalt der Stadt und Region und damit auch Symbol unseres multikulturellen Lebensalltags.

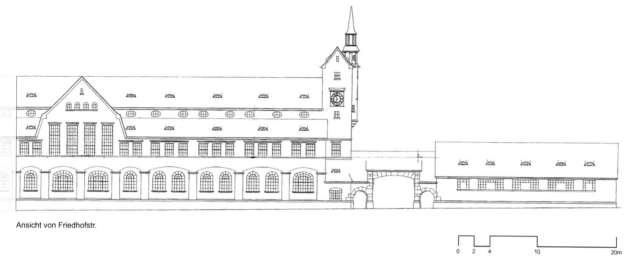

Ansicht von Friedhofstr.

0 2 4 10 20m

Ansicht von der Friedhofstraße

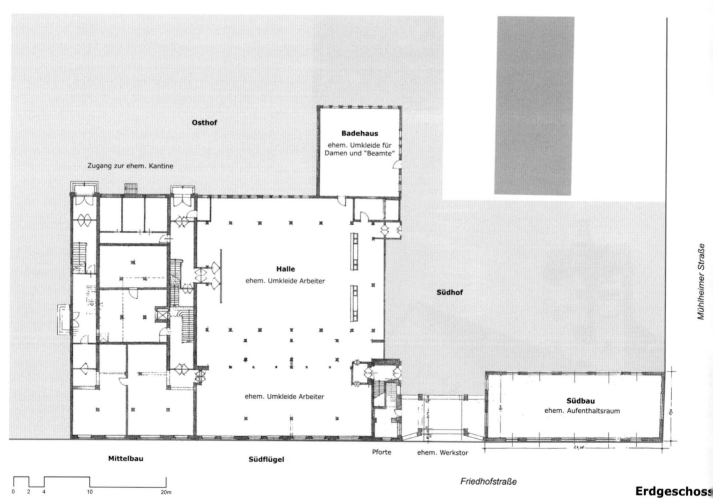

Osthof

Badehaus
ehem. Umkleide für
Damen und "Beamte"

Zugang zur ehem. Kantine

Halle
ehem. Umkleide Arbeiter

Südhof

ehem. Umkleide Arbeiter

Südbau
ehem. Aufenthaltsraum

Mittelbau

Südflügel

Pforte   ehem. Werkstor

Mühlheimer Straße

0 2 4 10 20m

Friedhofstraße

Erdgeschoss

Grundriss

Ansicht vom Südhof

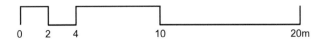

0   2   4   10   20m

Ansicht vom Südhof

Mögliche Nutzung als Ausstellungs- und Atelierraum

„EISENBARONE, SEKTDYNASTIEN, BIERPRINZESSINNEN" –
PRUNKVOLLE UNTERNEHMERVILLEN IN WIESBADEN

Bärbel Maul

[1] Die Villa Haniel blieb mehr als hundert Jahre im Besitz der Familie. Heute ist dort eine private Grundschule untergebracht.

Im Jahr 1876 kündigten sich Veränderungen im Hause Haniel in Ruhrort an: Alfons Haniel (1814–1891), Mitinhaber und Repräsentant der ehemaligen Hüttengewerkschaft und Handlung Jacobi, Haniel und Huyssen, nun Aufsichtsrat in dem in eine Aktiengesellschaft umgewandelten und unter dem Namen „Gutehoffnungshütte" firmierenden Unternehmen, kehrte von einer Reise zurück und hatte Neuigkeiten für seine Familie. Der verblüfften Gattin Auguste und den vier Kindern erklärte er unvermittelt, man werde demnächst nach Wiesbaden umziehen.

VON RUHRORT NACH WIESBADEN – EIN INDUSTRIELLER ZIEHT UM

Das Grundstück hatte er, so die Familienüberlieferung, bereits erstanden und eine Villa nach einem Plan in Auftrag gegeben, den er auf einer Ausstellung gesehen und der ihm sogleich zugesagt hatte. Der Wiesbadener Architekt Alfred Schellenberg errichtete für die Industriellendynastie aus dem Ruhrgebiet bis 1878 in

der Bierstädter Straße oberhalb des Kurparks eine der großzügigsten Villen der Stadt. In antikisierendem Stil in der Tradition der Schinkel-Schule erbaut, von einem markanten Eckrisaliten dominiert, thront das repräsentative Gebäude über dem Kurviertel. [1] [1]

Alfons Haniel war der zweite Sohn von Gerhard Haniel. Gemeinsam mit seinem Bruder Franz und den Schwägern Heinrich Huyssen und Gottlob Jacobi hatte dieser den Grundstein für das prosperierende Unternehmen an der Ruhr gelegt, das Gewinnung, Verarbeitung und Handel von Eisen zusammenfasste. Auf der von Franz Haniel gegründeten Werft war 1830 der erste eiserne Rheindampfer, die „Stadt Mainz", vom Stapel gelaufen. Sein Neffe hatte sich an der Gründung der Zeche Concordia in Oberhausen beteiligt und 1866 mit anderen Gesellschaften die Henry Smith & Cie. gegründet, die schmiedeeiserne Röhren produzierte. Nach dem Tod des älteren Bruders vertrat er den Familienzweig Gerhard Haniels im Hüttenunternehmen. [2] Im Alter von 59 Jahren schied er aus der Betriebsleitung aus und war fortan in dessen Aufsichtsrat vertreten.

(1) Sigrid Russ: Kulturdenkmäler in Hessen. Wiesbaden II – Die Villengebiete. Hrsg. vom Landesamt für Denkmalpflege Hessen. Braunschweig, Wiesbaden 1988, S. 96. (2) Haniel Archiv, Duisburg, Nr. 02604.

[2] Der Wiesbadener Rentier Alfons Haniel

DER WIESBADENER RENTIER – EIN LEBEN IN MUSSE UND LUXUS

Wenige Jahre nach seinem Rückzug aus der Unternehmensleitung setzte er sich als Rentier im preußischen Wiesbaden zur Ruhe. [2] Am 8. September 1879 teilte ihm der Magistrat der Stadt mit, dass er gegen ein Aufnahmegeld von 30 Mark und eine Spende von drei Mark für Feuerlöschgeräte das Bürgerrecht erhalte. [3] Aus seiner industriell geprägten Heimat zog es den Unternehmer in eine Stadt, die gezielt mit niedrigen Steuersätzen und hoher Wohnqualität um zahlungskräftige Neubürger warb: Die heilkräftigen Quellen, das milde Klima im „Nizza des Nordens", die reine Luft, zugleich auch das reichhaltige kulturelle Angebot und nicht zuletzt die „alljährlichen Besuche des Kaiserlichen Hauses und regierender Fürsten" – wie Kurdirektor Hey'l 1890 vermerkte – lockten das Publikum in die preußische Luxusstadt. [4] Wer sich im Adressbuch mit der Berufsbezeichnung

„Rentier" registrieren ließ, verfügte über ein genügend großes Vermögen, um der Arbeit Ade zu sagen und das Leben in vollen Zügen zu genießen. Nicht wenige dieser Rentiers hatten ihr Vermögen wie Haniel als Unternehmer erworben. Die Stadt, die sich konsequent von Industrie frei hielt, wurde so zum beliebten Wohnort von Industriellen. Gemessen am Vermögen und der Einkommensteuerleistung der Bevölkerung rangierte die Weltkurstadt direkt hinter den Berliner Wohnstädten Charlottenburg und Wilmersdorf und dem benachbarten, sehr viel größeren Frankfurt. [5] Zu den zahlreichen Millionären Wiesbadens zählte 1912 eine Erbin des 1891 verstorbenen Alfons Haniel: [3] Emmy Haniel gehörte mit einem Vermögen von 6–7 Millionen Mark zu den reichsten Bürgern der Stadt, neben Industriellen wie dem Stanniolfabrikanten Franz Fehr-Flach, dem Tiefbauunternehmer Eduard Bartling, dem Fabrikdirektoren Ernst Albert oder den Sektfabrikanten Otto und Karl Henkell. [6]

[3] Das Familiengrab der Haniels auf dem Wiesbadener Nordfriedhof

(3) Eva Christina Vollmer: Bierstädter Straße 14: Ein imposanter Palast für Stahlkönig Haniel. In: Zeitzeugen. Wiesbadener Häuser erzählen Geschichte. Hrsg. von Mattiaca, Wiesbaden 1996; Haniel-Archiv, a.a.O. (4) Ferdinand Hey'l: Wiesbaden. In: Deutsche Kurorte. Eine Festgabe den Mitgliedern des X.internationalen medicinischen Congresses gewidmet. Berlin 1890, S. 230–233. (5) Schüler, Winfried: Das wilhelminische Wiesbaden. Modellstadt einer Freizeit- und Dienstleistungsgesellschaft. In: Nassauische Annalen 99 (1988), S. 89–110, hier: S. 106.

EINE SÜDSTAATEN-VILLA FÜR DIE BIER-PRINZESSIN

Ebenfalls im mondänen „Frankfurter Viertel" gelegen, nicht weit entfernt von der Haniel-Villa, wechselte 1902 ein weitläufiges Grundstück direkt hinter der Parkanlage am Warmen Damm den Besitzer. Der frisch verheiratete Schiersteiner Sektfabrikant Friedrich Wilhelm Söhnlein (1860–1948) erstand das Gelände in exklusiver Lage, um dort für seine anspruchsvolle junge Gattin Emma Söhnlein-Pabst (1871–1943) aus der begüterten Familie der amerikanischen Brauereidynastie Pabst (Milwaukee/Wisconsin) ein repräsentatives Domizil zu schaffen.

Friedrich Wilhelm Söhnlein, jüngster Sohn des Firmengründers Johann Jacob Söhnlein, war von diesem zum Nachfolger auserkoren worden. Nach einem Studium in Genf und Auslandsaufenthalten in England, Frankreich und Amerika war er an den Rhein zurückgekehrt und stand seit 1900 seinem Vater als Geschäftsführer zur Seite. 1901 hatte der Sektfabrikant seine zukünftige Ehefrau kennen gelernt. Mit ihren Eltern verbrachte sie nach dem frühen Verlust ihres ersten Mannes einige Tage im Spätsommer in Wiesbaden und war im Nassauerhof abgestiegen, zu dessen Lieferanten – wie konnte es anders sein – die Sektkellerei Söhnlein in Schierstein gehörte. Im April des folgenden Jahres wurde die Ehe zwischen der reichen Amerikanerin und dem deutschen „Sekt-Prinzen" geschlossen und wenig später mit den Planungen für den großzügigen Villenbau begonnen. Die beiden Architekten Otto Wilhelm Pfleghard und Max Haefeli waren beide 1895 bei Schellenberg, dem Baumeister der Haniel-Villa, beschäftigt gewesen, bevor sie sich 1898 mit einem eigenen Büro in Zürich selbstständig gemacht hatten. (7)

Das Gebäude [4] verrät augenfällig die Herkunft der Hausherrin, erinnert es doch an den Sitz des amerikanischen Präsidenten, das „Weiße Haus" in Washington. Der Entwurf der beiden Schweizer erntete in der zeitgenössischen Fachpresse allerdings nicht nur Lob. In der Zeitschrift „Deutsche Bauhütte" hieß es zu dem Wiesbadener Neubau: „Hundertmal ist diese Architekturgruppierung, diese erborgte, unselbständige und prunksüchtige Fassade, die ,klassisch' sein möchte,

[4] Die Villa Söhnlein-Pabst mit der ursprünglichen Gartenanlage

[5] Eine Aufnahme von Friedrich Wilhelm Söhnlein aus dem Jahre 1902

hingestellt und spreizt sich nun hier aufs Neue mit einem Anhauch jenes strengen französischen Klassizismus aus der Zeit des ersten Kaiserreichs." (8)

Dass Bauherr und Architekten – wie der Autor hier scharf kritisiert – vornehmlich nach Frankreich „schielten", während die Villa Gestalt annahm, ist allerdings eher unwahrscheinlich. Der Schiersteiner Sektfabrikant konkurrierte traditionell mit den Erzeugern des französischen Schaumweins. Als Friedrich Wilhelm Söhnlein [5] Hochzeit und Villenbau plante,

(6) Thomas Weichel: Bürger von Wiesbaden. Von der Landstadt zur „Weltkurstadt" 1780–1914. München 1997, S. 320 f. (7) Siegbert Sattler: Söhnlein Villa. In: Neues Bauen in Wiesbaden 1900–1914. Wiesbaden, Essen 1984, S. 50–56. (8) M. E. Lintbrecht: Deutsche Bauhütte 10 (1906), S. 137.

[6] Emma Söhnlein-Pabst mit den beiden Töchtern Edith und Beatrice im Garten der Villa.

plagten ihn daher noch ganz andere Sorgen. Seit 1875 wurden die kaiserlichen Kreuzer und Linienschiffe nicht mehr mit Champagner, sondern mit Sekt der Marke „Rheingold" getauft. Als im Jahr 1902 die kaiserliche Yacht Meteor in New York vom Stapel laufen sollte, hatte man daher vorsorglich 50 Kisten „Rheingold" auf die Reise über den Atlantik geschickt. Doch wenige Tage nach dem Stapellauf verbreiteten französische Zeitungen die unerhörte Nachricht, die Meteor sei keineswegs mit dem Schiersteiner Erzeugnis, sondern vielmehr mit der Marke „White Star" von Moët & Chandon getauft worden. Der amerikanische Agent des Champagnerherstellers hatte den Werftbesitzer bestochen und heimlich die Flaschen austauschen lassen. Gegen die so brüskierte Firma Söhnlein und Co. strengten die Franzosen zu allem Überfluss noch einen international beachteten Prozess vor dem Königlichen Landgericht in Wiesbaden an. Im deutsch-französischen „Champagnerkrieg" gewann vor dem deutschen Gericht jedoch der Schiersteiner Sektfabrikant. Dem Schaumwein der Marke „Rheingold" verhalf Moët & Chandon mit seiner geschickt eingefädelten Werbeaktion ungewollt zu außerordentlicher Publizität. Wenig später nahmen sowohl die Norddeutsche Lloyd in Bremen als auch die Hapag Lloyd in Hamburg und P&O in London Schiersteiner „Rheingold" auf die Weinkarte ihrer Kreuzfahrer. (9)

Der „königliche Kaufmann" – wie Emma Söhnlein-Pabst ihren Gatten zu nennen pflegte – bemühte sich zugleich intensiv darum, mit seinem Erzeugnis in Amerika Fuß zu fassen. So ist es wahrscheinlicher, dass der Schiersteiner Unternehmer beim Bau der Villa eher das Herkunftsland seiner Gattin und den zu erobernden amerikanischen Markt im Auge hatte, als den französischen Klassizismus.

Der Bau der mit allem Luxus und Komfort ausgestatteten Villa Söhnlein-Pabst verschlang die astronomische Summe von 2,4 Millionen Goldmark. Gerühmt wurde die wohnliche Atmosphäre in den hellen, großzügigen, mit prachtvollen Stuckarbeiten und edlen Hölzern ausgestatteten Räumen. Das Haupthaus blieb

(9) Söhnlein Rheingold KG (Hrsg.): Wie Herr Söhnlein aus einer Wagner-Oper eine Sektmarke macht. Wiesbaden o. J.; Rainer Gries: Das Champagner-Scharmützel. In: Damals 2 (2002), S. 58–63.

[7] Innenaufnahme der Villa Söhnlein-Pabst mit einem Blick von der großen Halle in das Musikzimmer und in die kleine Halle (li.)

ganz der Familie vorbehalten. Personal und Wirtschaftsräume waren im Seitenflügel untergebracht, sodass im Sockelgeschoss Billardzimmer, Kegelbahn und Kneippanlage Platz fanden. Elf Angestellte sorgten vor dem Zweiten Weltkrieg für das Wohlergehen der Familie. Eine englische Nanny und eine Französisch sprechende Gouvernante betreuten die beiden Töchter der Familie im Wechsel. [6] [7]

Die Villa Söhnlein-Pabst zählte in dieser Zeit zu den vornehmsten Adressen Wiesbadens, auch wenn der Bauherr selbst einiges an seinem Landhaus auszusetzen hatte: So führte die Lage der Küche im Nebengebäude am Übergang zum Haupthaus auf der Rückseite der Villa dazu, dass die darüber liegenden Schlafräume mit Küchengerüchen belastet wurden, die hauseigene Eismaschine erwies sich als Fehlkonstruktion, die Speisekammer als zu klein. Überhaupt, so klagte Söhnlein wütend in einem Schreiben an die Architekten, fehle in dem kellerlos errichteten Haus „selbst das Notwendigste, was man bei einer Drei-Zimmerwohnung als selbstverständlich voraussetzt, das heißt also Platz zur Fristung des täglichen Lebens." (10)

Langfristig war trotz dieser Kritik Söhnleins die Villa wohl eher zu großzügig geplant: Noch vor dem Zweiten Weltkrieg gab die Familie den Wohnsitz auf und zog in ein etwas bescheideneres Domizil in der Rosenstraße. 1944 wurde das Haus an die NS-Volkswohlfahrt verkauft. Nach dem Krieg wehte tatsächlich lange Jahre die amerikanische Fahne auf dem „Weißen Haus" von Wiesbaden. Die amerikanischen Streitkräfte brachten hier verschiedene Dienststellen und Freizeiteinrichtungen, so zum Beispiel den Wiesbadener „Eagle Club" unter. Die prachtvollen Unternehmervillen in Wiesbaden, am Rheinufer, in der Umgebung des Kurparks und im Nerotal, bilden einen der Schwerpunkte der Route der Industriekultur in Wiesbaden, das darüber hinaus noch mit zahlreichen baulichen und technischen Anlagen rund um das Thema „Wasser" sowie nicht zuletzt auch mit einigen großen Traditionsunternehmen in den am Rhein gelegenen Vororten aufwartet.

Für die freundliche Unterstützung bei der Recherche für diesen Beitrag geht der Dank der Autorin an Barbara Burkardt vom Archiv der Sektkellerei Henkell und Söhnlein in Wiesbaden und an Dr. Ulrich Kirchner vom Haniel-Archiv, Duisburg.

(10) Friedrich Soehnlein-Pabst an Pfleghard & Haefeli am 26. Juli 1911. Archiv Sektkellerei Henkell und Söhnlein, Wiesbaden.

DIE GENTILHÄUSER IN ASCHAFFENBURG – DREI UNTERNEHMERVILLEN DER BESONDEREN ART

Bernhard Kessler

Mit den drei so genannten Gentilhäusern sowie einer Anzahl davon beeinflusster Gebäude hat die Stadt Aschaffenburg einen ganz besonderen und in dieser Form im gesamten Rhein-Main-Raum kaum anzutreffenden Baubestand. Von ihrer Entstehungsgeschichte her sind diese drei Gebäude dem gewerblich-industriellen Bauen zuzuordnen, weil sie einen besonderen Gebäudetyp der Fabrikantenvilla repräsentieren, wenngleich in einer Ausprägung, die von dem üblichen Schema dieses Gebäudetyps erheblich abweicht. Diese drei Gebäude wären, wie es im Namen zum Ausdruck kommt, ohne den erfolgreichen Fabrikanten Anton Gentil nicht entstanden und sind daher Ausdruck des ökonomischen, sozialen und kulturellen Selbstverständnisses dieser Aschaffenburger Unternehmerpersönlichkeit aus der ersten Hälfte des 20. Jahrhunderts. Sie stellen einen spezifischen und in dieser Form einmaligen Beitrag der gewerblich-industriellen Baugeschichte des Rhein-Main-Raumes dar.

BIOGRAFISCHE NOTIZEN ZUM UNTERNEHMER UND KUNSTSAMMLER ANTON GENTIL

Anton Kilian Gentil wurde am 29. September 1867 in Aschaffenburg geboren und starb dort am 20. Mai 1951 im Alter von 83 Jahren. Seine Vorfahren lebten nachgewiesenermaßen bereits seit 250 Jahren in Aschaffenburg und übten verschiedene Handwerksberufe aus. Nach der Schulzeit absolvierte Anton Gentil eine Glaserlehre und danach noch eine Lehre als Maschinenschlosser. Er arbeitete danach in verschiedenen örtlichen Betrieben sowie in Frankfurt am Main und erlernte in der Maschinenwerkstatt G. Hirsch in Aschaffenburg das Metallgießen.
Mit 27 Jahren heiratete Anton Gentil eine Aschaffenburgerin und hatte mit ihr vier Kinder, zwei Söhne und zwei Töchter. Einer dieser Söhne, Otto Gentil, geboren 1892, studierte in München an der Kunstakademie Bildhauerei und arbeitete später als freischaffender Künstler in Aschaffenburg.

Die 1892 eröffnete erste eigene (Reparatur-)Werkstatt Gentils war so erfolgreich, dass er bereits 1900 expandieren konnte. Nördlich der Gleisanlagen an der Lange Straße entstand in den folgenden Jahrzehnten ein Großbetrieb, der sich zunehmend auf die Herstellung von Pumpen spezialisierte. Dieser Geschäftszweig war in den 20er Jahren des zwanzigsten Jahrhunderts noch vergleichsweise selten, sodass die Geschäftsbeziehungen von Anton Gentil nicht nur in die Region, sondern über Deutschland hinaus auch ins Ausland reichten. Anton Gentil reiste daher sehr viel im In- und Ausland und verknüpfte seine Geschäftsreisen häufig mit privaten Interessen.
Zeit seines Lebens interessierte ihn das Metallgießen. Er verfeinerte und vervollkommnete seine Fähigkeiten auf diesem Gebiet und vermochte bald selbst große Figuren und schwierige Stücke in Bronze zu gießen.

Auch am gesellschaftlichen Leben Aschaffenburgs nahm Anton Gentil rege teil. Bereits vor dem Ersten Weltkrieg trat er in den traditionsreichen und liberal eingestellten „Bürgerverein Frohsinn" ein. Während des Ersten Weltkrieges wollte er sich zunächst aus dem gesellschaftlichen Leben völlig zurückziehen, doch der Kleiderfabrikant Jakob Desch konnte ihn dazu bewegen, zum Ende dieses Krieges der „Schlaraffia" beizutreten. Dieser 1859 gegründete und international verbreitete „Männerbund", nach altdeutscher Ritterart hierarchisch geordnet und mit eigenem besonderen Verhaltenskodex, kam seinem Interesse an Kreativität und künstlerischem Engagement durchaus entgegen. Gentil fühlte sich dort offensichtlich sehr wohl, denn in seinen Erinnerungen ist zu lesen: „Es waren schöne und erhebende Stunden, die ich im Kreise dieser Männer erleben durfte ... Kunst und Humor waren die Devise unserer Vereinigung, staatserhaltende und patriotische Gesinnung war bei jedem Mitglied eine Selbstverständlichkeit." Ein Ausdruck der intensiven Verbundenheit mit der „Schlaraffia" ist das immer wiederkehrende Uhu-Motiv an den Gentilhäusern und an den von Gentil angefertigten Gegenständen. Der Uhu ist das Wappentier der „Schlaraffia".

Die kunsthandwerklichen Gegenstände, die Anton Gentil zur Ausstattung seiner Häuser selbst schuf, zeigen eine besondere Vorliebe für Dekoration und Volkskunst. Er begeisterte sich für herausragende hochwertige Handwerksarbeit und verstand sich selbst als Handwerker. Sein kunsthandwerkliches Schaffen führte dazu, dass Anton Gentil im Jahre 1920 in die Vereinigung der unterfränkischen Künstler und Kunsthandwerker aufgenommen wurde.

Gentils dem Handwerk zugewandte Einstellung spiegelt sich auch in seiner umfangreichen Kunstsammlung wider, die er etwa ab 1902 aufzubauen begann. Als Kunstsammler knüpfte er viele persönliche Kontakte zu zeitgenössischen Künstlern, aus denen zum Teil lebenslange persönliche Freundschaften entstanden, insbesondere zu dem Bildhauer Ludwig Eberle aus München. Anton Gentil sammelte und erwarb jedoch nicht nur zeitgenössische Kunst, sondern auch altdeutsche Tafelmalerei, Plastik, mittelalterliche Skulpturen sowie Kunsthandwerk mit Steinzeug, Fayencen, Möbeln und Teppichen. Im Jahre 1948 begannen Verhandlungen zwischen Anton Gentil und der Stadt über die Zukunft seiner Kunstsammlung. 1949 übergab er in einem Schenkungsvertrag die Kunstsammlung und das heutige Gentilhaus an die Stadt Aschaffenburg. Dem Sohn Otto Gentil blieb die Nutzung des Ateliergebäudes und er erhielt außerdem eine lebenslange monatliche Rente von der Stadt Aschaffenburg. Diese großzügige Schenkung fand damals national große Beachtung in den Medien.

Nach einem schweren Autounfall in seinem offenen Sportwagen im Mai 1951 verstarb Anton Kilian Gentil kurze Zeit später im Krankenhaus Aschaffenburg. Im Testament bestimmte er das heutige Gentilhaus als seine letzte Ruhestätte. Auf der Bronzeplatte, die die Wandnische mit seiner Urne verschließt, steht nach seinem Willen: Kilian Anton Gentil, Schlosser und Gießer 1867–1951.

DIE DREI GENTILHÄUSER IN ASCHAFFENBURG

Die drei Gentilhäuser sind in der ersten Hälfte des 20. Jahrhunderts entstanden. Sie liegen alle im Osten der Stadt, dort wo das gehobene Bürgertum wohnte, und waren relativ weit entfernt von der Gentil'schen Maschinenbaufabrik nördlich des Hauptbahnhofs. Der oberflächliche Eindruck, insbesondere des äußeren Erscheinungsbildes, lässt sehr viele Gemeinsamkeiten der drei Häuser vermuten. Eine nähere Betrachtung bestätigt dies jedoch nicht, sondern zeigt teils deutliche Unterschiede, die eine architektonische Entwicklung erkennen lassen.

DIE FABRIKANTENVILLA LINDENALLEE 26

Das älteste der drei Gentilhäuser ist das Gebäude auf dem „dreieckigen" Grundstück zwischen der Lindenallee und Grünewaldstraße. Anton Gentil errichtete

[1] Das erste Wohnhaus des Fabrikanten Anton Gentil in der Lindenallee 26, 1909 errichtet, stilistisch angelehnt an die Tradition englischer Landhäuser.

dort im Jahre 1909 für sich eine großbürgerliche Villa. Das Haus wird bis heute als Wohnhaus genutzt und ist im Privatbesitz, sodass es leider nur von außen besichtigt werden kann.

Das Gebäude ist eingeschossiger Massivbau mit steilem Dach und zwei Dachgeschossen. Es verfügt insgesamt über ca. 200 qm Wohnfläche auf allen Ebenen. Der Grundriss steht in der Tradition des englischen Landhauses, wie es Hermann Muthesius auf deutsche Verhältnisse übertragen hat. Um eine zentrale zweigeschossige Halle als Erschließungskern gruppieren sich additiv einzelne Wohnraumzellen sowie der Küchen- und Versorgungstrakt des Gebäudes. Im ersten Dachgeschoss ist dieser Grundriss typologisch beibehalten, nur sind aus den Wohnräumen Schlafräume geworden und aus dem Versorgungstrakt eine Bedienstetenwohnung. Die künstlerische Ausschmückung des Wohnhauses [1] [6] an der Lindenallee hat Gentils Freund Ludwig Eberle vorgenommen. Das äußere Erscheinungsbild des Gebäudes ist wohl proportioniert, klar gegliedert und sorgfältig durchkomponiert. Mit Erkern, Fenstererkern, Holzverkleidungen an Traufe und Gauben und einer zurückhaltenden Bauplastik sowie wenigen ornamentalen Schmuckelementen (Vergitterungen und Flachreliefs an den Erkern) [2] wurde eine sehr individuelle Fassade mit deutlichen Jugendstilanklängen geschaffen. Trotz der modernen Architekturelemente bleibt der Gesamteindruck des Hauses aber noch einem romantischen Landhausstil verbunden.

[2] Mit Erkern, Fenstererkern, schmiedeeisernen Gittern und zurückhaltender Bauplastik mit wenigen ornamentalen Elementen wurde eine sehr individuelle Fassade geschaffen.

[3] Das heute als Gentil-Museum genutzte zweite (Wohn)Haus des Fabrikanten in der Grünewaldstraße 20 wurde 1922 mit Reminiszenzen an den Burgenbau errichtet.

Wie in der damaligen Zeit üblich entstand gleichzeitig mit dem Wohnhaus auch eine durchgestaltete Gartenanlage, zu der Einfriedigungsmauer und Nebengebäude gehörten. Blickfang des Gartens beim ersten Gentilhaus ist eine Brunnenanlage mit Skulpturenschmuck und einer umrahmenden Rosenpergola. Hier werden Einflüsse aus Darmstädter Gartenanlagen und aus der Villa Stuck in München, die Gentil im Jahre 1905 besuchen konnte, sichtbar.

Anton Gentil bediente sich zur Errichtung seiner Villa professioneller Hilfe durch die Architekten Reichhard und Wild aus Aschaffenburg, die neben dem Entwurf auch die Werkplanung und Statik des Gebäudes erarbeiteten. Grundrissgestaltung und äußeres Erscheinungsbild des Gebäudes lassen vermuten, dass den Architekten die aktuellen architektonischen Tendenzen zum „Einfamilienhausbau" der damaligen Zeit bekannt waren. Sie haben, wie Hermann Muthesius in seinem 1904 erschienenen Buch „Das englische Haus" verlangt, am Haus Gentil regionale Gegebenheiten und individuelle Ansprüche zu einem Gesamtkunstwerk verbunden.

Anton Gentil selbst scheint sich vor allem bei der Fassadengestaltung eingebracht zu haben. Die verschiedenen Schmuckformen und die Bauplastik sind nämlich in den Bauplänen nicht enthalten, ebenso fehlt in der Ursprungsplanung der runde Erker. Diese die Architektur ausformenden Architekturelemente sind daher möglicherweise nachträglich vom Bauherrn gewünscht worden. Dafür spricht die Aussage Gentils,

wonach er an seinem Wohnhaus „von den so genannten Kitschbauten mit Blendsteinen und unnötigen Steinmetzarbeiten vollständig abgegangen sei und an dem Haus gute Bildhauerarbeiten und Gitter wieder angebracht habe".

DAS HEUTIGE GENTIL-MUSEUM GRÜNEWALDSTRASSE 20

Das Gebäude Grünewaldstraße 20 baute Anton Gentil im Jahre 1922. 1929 ergänzte er auf dem demselben Grundstück noch das Ateliergebäude für seinen Sohn Otto. Es ist ein glücklicher Umstand, dass diese Ateliernutzung bis heute ausgeübt wird, und zwar derzeit von dem überregional bedeutenden Aschaffenburger Künstler Sigfried Rischar. Das Gebäude selbst ist nach der Schenkung an die Stadt Aschaffenburg seit Ende der 80er Jahre des 20. Jahrhunderts ein öffentliches Museum, das allerdings wegen der Eigenheiten des Gebäudes nur nach Voranmeldung und mit einer Führung besichtigt werden kann. [3] [7]

Das Gebäude ist ein zweigeschossiger Massivbau mit Holzdachstuhl und einem sehr steilen Dach. Der Baukörper ist sehr kompakt und verfügt über fast 400 qm Nutzfläche. Im Sockelgeschoss befindet sich eine Wohnung für „Bedienstete", darüber die „Herrschaftswohnung" mit zwei Geschossen und zwei Dachgeschossen. Kern der „Herrschaftswohnung" ist eine zentrale Halle über zwei Geschosse, von der an drei Seiten Raumnischen bzw. Galerien erschlossen werden. Das Gebäude ist daher in seinem Raumgefüge sehr offen und transparent angelegt und verfügt insofern nur über wenige separat nutzbare Räume. Hierin kommt deutlich der ideelle Nutzungszweck zum Ausdruck. Anton Gentil errichtete zwar offiziell ein Wohnhaus mit zwei Wohnungen. Von Anfang an sah er in diesem Wohnhaus aber auch ein Museum für die von ihm gesammelte Kunstobjekte und die zahlreichen eigenen kunsthandwerklichen Schöpfungen aus Holz, Metall und Keramik.

Das äußere Erscheinungsbild des heutigen Gentilhauses ist von jeder Seite überraschend anders und variantenreich. Die Ansicht verrät wenig über das innere Gefüge, sondern will vor allen Dingen Bild sein. Burgenromantik und die damals übliche Vorstellung vom Erscheinungsbild der mittelalterlichen deutschen Stadt prägen das Äußere. Anklänge an den Jugendstil gibt es so gut wie keine mehr. Will man das Gebäude stilistisch einordnen, so ist es am ehesten noch dem bereits vergangenen Historismus zuzuordnen. In jedem Fall ist das Haus in den 20er Jahren des letzten Jahrhunderts ein Kuriosum, das beziehungslos neben dem damals aktuellen Baugeschehen steht.
Trotz der völligen Abstinenz von zeitgenössischen Architekturtendenzen wurde das Bauvorhaben seitens der städtischen Verwaltung von Anfang an wohlwollend unterstützt. In einer Stellungnahme vom Juni 1922 heißt es „der Wohnungsbau ist außerordentlich zu begrüßen, da dadurch dem Wohnungsmarkt ohne Zuschuss von Reich, Land und Gemeinde 2 Familienwohnungen verfügbar werden und außerdem der künstlerische Geschmack des Bauherrn eine wohl befriedigende Lösung der dortigen Bauverhältnisse erwarten lässt". Daher war es auch kein Problem, die zur Einhaltung der Bauflucht notwendigen Grundstücksbereinigungen mit den Nachbargrundstücken durchzuführen.
Es ist zu vermuten, dass Anton Gentil das Haus Grünewaldstraße 20 weitgehend selbst entworfen und auch die Realisierung wohl nur mit der Hilfe von Handwerksmeistern gesteuert hat, denn es finden sich in den Bauakten keine eindeutigen Hinweise auf die Mitarbeit von Architekten. Dies erklärt möglicherweise die sehr unorthodoxe Fassadengestaltung und auch den für die Wohnnutzung ebenso wie für die museale Nutzung sehr unfunktionalen Grundriss, insbesondere was die Lichtführung betrifft. Die reiche Ausstattung des Gebäudes kommt wegen des schummerigen Lichtes kaum zur Geltung, obwohl gerade die Ausstattung und die Komposition der einzelnen Objekte zueinander

[4] Das Ensemble der so genannten Gentilburg in der Würzburger Straße entstand zwischen 1933 und 1935 und ist in der Gestaltung sehr stark dem Burgenbau verpflichtet.

ein wesentlicher Bestandteil des Gebäudes ist, auf die Anton Gentil mit Sicherheit besonderen Wert gelegt hat. Etliche Objekte wie zum Beispiel Möbel, Beleuchtungskörper oder Kachelöfen sind speziell für das Gebäude entworfen oder gekauft worden. Die Inszenierung der Ausstattung bedeutet jedoch nicht, dass Gentil die Aufstellung einzelner Objekte als unabänderlich ansah. Es ist erwiesen, dass er – insbesondere nach der Richtung des dritten Hauses – immer wieder einzelne Objekte zwischen den Häusern tauschte, um die Wirkung ihrer Szenerie zu optimieren.

DIE GENTILBURG AN DER WÜRZBURGER STRASSE

Das jüngste unter den drei Gentilhäusern ist die so genannte Gentilburg [4] an der ehemaligen Landstraße/Bundesstraße nach Würzburg (heute Gentilstraße 2). Sie ist als Ensemble in den Jahren 1933 bis 1935 entstanden. Zum Ensemble der Burganlage gehört das Hauptgebäude, bestehend aus einem zweigeschossigen Hauptbaukörper mit tief heruntergezogenem Satteldach und ein angebauter Turm mit fünf Geschossen und Walmdach. Das Hauptgebäude war

[5] Die Gentilburg (Hist. Aufnahme um 1935)

großen Bäumen versteckt und wartet darauf, entdeckt zu werden. Das Gebäude ist auch heute noch im Eigentum der Familie Gentil und wurde von ihr lange Zeit als Wohnhaus genutzt. Es kann nur von außen besichtigt werden.

Wie bei den zwei Vorgängerbauten ist der Baukörper äußerlich sehr kompakt gehalten. Der zweigeschossige „Palas" auf einem Sockelgeschoss wird von einem sehr steilen Satteldach mit zwei Dachgeschossen bedeckt. Der fünfgeschossige Turm überragt das Palasdach nochmals mit einer steilen Walmdachhaube. Im Innern des „Palas" befindet sich wieder eine zweigeschossige Halle mit zumeist von dort erschlossenen Einzelzimmern. Die Grundrissorganisation und die Belichtung der einzelnen Räume ist gegenüber dem Gentil-Museum wesentlich verbessert, sodass das Gebäude seine Funktion als Wohnung für eine Familie und Sammlungsstätte erheblich besser erfüllen kann als das Gebäude des Gentil-Museums. Diese Verbesserungen dürften wohl der Mitarbeit des Architekten Benno Baumann zu verdanken sein.

Die Fassadengestaltung des gesamten Komplexes ist wie beim Gentil-Museum einem romantischen Historismus verpflichtet. Der Unternehmer wollte wieder in einem „bodenständigen fränkischen Baustil" bauen, der eine jahrhundertealte Tradition hatte. Daher kommen erneut die als bodenständig geltenden Motive, Fachwerk, spitzes Dach, Erker sowie die Baustoffe Schiefer und Hausstein zur Anwendung. Die Gesamtfassaden sind jedoch im Vergleich zum Gentilhaus wieder mehr nach architektonischen Regeln gegliedert und proportioniert. Wie bei den Vorgängerbauten zieren kunstvolle Gitter im Erdgeschoss und bauplastische Elemente das Gebäude.

Zum Zeitpunkt seines Entstehens war das Gebäude nicht unumstritten. Insbesondere die Proportionen des Turmes erfuhren Kritik. Die Bauverwaltung der Stadt Aschaffenburg kritisierte in ihrer Vorlage an den Stadtrat, dass „der Turm im Verhältnis zu den übrigen Baumassen zu schwer und zu hoch sei, dass das Vielerlei an verschiedenen Fensterformen, Dachaufbauten, Vor- und Rücksprüngen dem Bauwerk die Ruhe und die Ausgeglichenheit nehme und das Gebäude somit nicht dem Kunstempfinden der heutigen Zeit entspräche". Anton Gentil erwiderte darauf, dass er diese Kritik als Schikane gegen ihn auffasse und dass er den Standort des Gebäudes auf der Grundlage von Fotomontagen des Gebäudemodells „gefunden" hätte, sodass der „Platz des Gebäudes in der Landschaft" in einem guten Verhältnis stehe. Er

als Wohnhaus für die Familie Gentil gedacht. Der Turm sollte die weiteren Sammlungen von Anton Gentil aufnehmen. Bestandteil dieses Ensembles sind verschiedene Nebengebäude am nordöstlichen „Burghof" sowie ein unterhalb der „Burganlage" liegendes Gärtnerhaus mit einer weiteren Wohnung; und entlang der Gentilstraße ein Abstellraum und eine gestaltete Grundstückseinfriedigung. Das Freigelände des ca. 3400 qm großen Grundstücks ist mit Terrassen und einer inszenierten Wegeführung vom Haupteingang an der Gentilstraße zum Eingang der „Burg" sorgfältig gestaltet. Dieses Gelände gliedert sich in Aufenthaltsterrassen unmittelbar vor der Burg, etwas tiefer gelegenen in Schmuckgärten sowie in einen Nutzgartenteil, der dem Gärtnerhaus zugeordnet ist.

Zum Zeitpunkt seiner Entstehung lag das Gebäude in einem nahezu unbesiedelten Areal etliche hundert Meter vor der Stadt. Vom „Burgturm" hatte man einen freien Blick nach Westen auf die Stadt Aschaffenburg und zum Main, das ganze Gebäude war auf Fernwirkung von der Landstraße aus komponiert. [5] Dieser Eindruck ist heute bedingt durch die herangerückte Bebauung und die starke Vegetation auf dem Grundstück völlig verloren gegangen. Eher wie ein verwunschenes Schlösschen liegt das Gebäude jetzt hinter

[6] Das erste Wohnhaus in der Lindenallee um 1915

[7] Das Gentilhaus in der Grünewaldstraße um 1930

erklärte außerdem, dass sein neues Gebäude im „bodenständigen fränkischen Baustil" immer noch besser in die Landschaft passe als ein moderner Kastenbau. Außerdem drohte er, dass, „wenn er keine Genehmigung erhalte, er auf ein Bauen in Aschaffenburg vollständig verzichten würde". Er zeigte sich auch verwundert, dass die Genehmigung trotz der „heutigen trostlosen Arbeitslosigkeit und dem Darniederliegen des ganzen Baugewerbes" versagt werden sollte. Diese Ausführungen hatten politisch offensichtlich Erfolg, denn im November 1932 erteilte der „Polizei- und Verwaltungssenat" der Stadt Aschaffenburg die Baugenehmigung.

Auch die Gentilburg hat eine üppige und speziell für das Gebäude von Anton Gentil geschaffene bzw. zusammengetragene Innenausstattung. [8] Besonders hervorzuheben sind alte Glasfenster, die der Bauherr erworben hatte und die an bestimmten Stellen in den Bau integriert wurden, und die originalgroße Kopie des Isenheimer Altars von Matthias Grünewald, für die zentrale Halle.

DER EINFLUSS GENTILS AUF DAS BAUGESCHEHEN IN ASCHAFFENBURG UND UMGEBUNG

Zu den Gentilhäusern ist auch die Buchenmühle in Sulzbach zu rechnen. Gentil hatte diese im 19. Jahrhundert gegründete Mühle 1939 gekauft und wollte sich hier ein weiteres Wohnhaus errichten. Der Zweite Weltkrieg verhinderte dieses Vorhaben. Anton Gentil hinterließ jedoch an der Außenwand der Buchen-

mühle ein großes Wandbild mit der Darstellung der Eligiuslegende. Die Buchenmühle ging nach Gentils Tod in das Eigentum seiner Tochter über, die dort bis 1993 lebte. Außer diesen vier Gentilhäusern gibt es in Aschaffenburg noch eine Reihe von weiteren Gebäuden, an denen Gentils Handschrift sichtbar wird. Er wurde dort offensichtlich von dem jeweiligen Bauherrn als Berater herangezogen, um bei der Außen- und insbesondere Innengestaltung Einfluss zu nehmen. Zu nennen sind hier das Gebäude Schweinheimer Straße 54, Würzburger Straße 30a sowie ein weiteres Gebäude am Godelsberg und in der Hanauer Straße. Nicht auszuschließen ist weiterhin, dass die freundschaftlichen Beziehungen zwischen Anton Gentil und anderen Mitgliedern der „Schlaraffia" zu Raumausstattungen in weiteren Gebäuden führte, die bisher unbekannt sind.

ZUM SELBSTVERSTÄNDNIS DES UNTERNEHMERS ANTON KILIAN GENTIL

Bauen und Gestalten muss bei Anton Gentil eine Leidenschaft gewesen sein. Er setzte seinen überbordenden Gestaltungswillen aber keineswegs bei allen Bauten ein. Über sein allererstes Haus, das er in der Innenstadt von Aschaffenburg errichtete, ist nichts bekannt und auch über die von ihm verantworteten Fabrikbauten lässt sich nichts sagen. Er unterschied also offensichtlich, möglicherweise aus dem Gefühl heraus, zwischen notwendigen Zweckbauten und Gebäuden, die neben ihrem Zweck auch einen besonderen ideellen Wert besitzen.

Ein zweiter Aspekt, den es herauszuarbeiten gilt, ist die Begeisterung Anton Gentils für hoch stehende Handwerkskunst. Dies ist überraschend, da er als Unternehmer und Fabrikant gleichzeitig dem modernen Ingenieurwesen aufgeschlossen gegenüberstand und es praktizierte. Im privaten Bereich bevorzugte er jedoch zunehmend handwerkliche Produktionsmethoden und bekannte sich damit zum Unikat statt zur industriellen Herstellung.

Am augenfälligsten ist der allumfassende Gestaltungswillen Anton Gentils. Er beabsichtigte damit offensichtlich den ihm wichtigen Gebäuden einen nicht nur unverwechselbaren, sondern auch bis ins letzte Detail als Einheit wirkenden Charakter zu geben. Seine Gebäude sind daher Gesamtkunstwerke eines schöpferischen Dilettanten. Es sind Künstlerhäuser und gleichzeitig sozial- und kulturgeschichtliche Zeugnisse des Geistes ihres Erbauers.

Als Sammlungsstätten repräsentieren sie außerdem das Selbstverständnis der privat-bürgerlichen Kunstsammler in der ersten Hälfte des 20. Jahrhunderts. Die starke Verbundenheit mit dem Handwerk, bei der man geneigt ist, eine Verbindung zur „Arts and Craft"-Bewegung in England zu sehen, findet eine Ergänzung auch im starken Heimatbezug der Gentil'schen Gebäude als Ausdruck der Verwurzelung in das örtliche und regionale Geschehen. Bei Anton Gentil ist dies ein sehr persönlicher, individueller Heimatbegriff, der offensichtlich ideologische Nähen zum Heimatbegriff des Nationalsozialismus vermied. Heimat war für ihn wohl mehr eine pittoreske Umsetzung regionaler Erscheinungsformen als ein soziokultureller oder gar ideologischer Anspruch.

Die Gentilhäuser in Aschaffenburg sind daher nicht dazu geeignet, politisch-programmatische Aussagen zu treffen, sondern sind Zeugnis einer individuellen Lebenshaltung, die den Anspruch hat, sich nach außen darzustellen, ohne damit allgemein verbindliche Werthaltungen vermitteln zu wollen.

[8] Üppig und eigenwillig: die Innenausstattung der Gentilburg (Historische Aufnahmen um 1935)

UMNUTZUNG UND REVITALISIERUNG EINER INDUSTRIEBRACHE

Kathrin Nessel

[1] Die Ziegelei Rosbach in der Vogelschau (Foto 2004)

Die ehemalige Ziegelei Rosbach gilt zu Recht als „einmalige Kombination von Industriedenkmal, Kulturzentrum, Begegnungsstätte und kulturlandschaftlichem Biotop". [1] Die im Wildgrabental des Mainzer Vorortes Bretzenheim gelegene Ziegelei ist seit über 25 Jahren gelungenes Beispiel einer Revitalisierung und Erhaltung durch engagierte Bürgerinnen und Bürger.

BIS ZU 30 000 ZIEGEL PRO TAG

Bereits in römischer Zeit wurden in Mainz durch die ansässigen Legionen Ziegel gebrannt. Die Anfänge der alten Ziegelei in Bretzenheim liegen jedoch erst im späten 19. Jahrhundert. In unmittelbarer Nähe ergiebiger Tonvorkommen betrieb hier Nikolaus Tremmel einen Feldbrandofen. Darin konnten je nach Größe des Meilers in 4–6 Wochen über 10 000 Lehmrohlinge gebrannt werden. Die Qualität der gebrannten Ziegel war jedoch höchst unterschiedlich, es gab einen hohen Ausschussanteil. Erst durch den Einstieg von Ludwig Anselm Rosbach in die Ziegelei im Jahr 1900 begann die Produktion im industriellen Maßstab. Rosbach finanzierte 1904 einen Hoffmann'schen Ringofen und führte den Maschinenbetrieb ein.
Der ringförmige Ofen, dessen Konstruktionsprinzip der Berliner Baumeister F. E. Hoffmann 1858 entwickelt hatte, erlaubte das kontinuierliche Brennen von Wand- und Dachziegeln durch eine ständig wandernde Feuerzone. Die gleich bleibende Hitze des Ringofens verbesserte zudem die Qualität der Ziegelsteine. Mit einem Stammpersonal von 23 Mann konnten nun in der Ziegelei pro Tag etwa 30 000 Ziegel hergestellt werden, was der für ein Zweifamilienhaus benötigten Menge entsprach. Auch die Ziegelrohlinge wurden nicht mehr handgestrichen, sondern maschinell geformt. 1922 erfolgte mit einer Modernisierung des Betriebes eine Erweiterung der Anlage um Arbeiterwohnungen und Nebengebäude.
Erst im Jahr 1972 stellte die Familie Rosbach die Ziegelproduktion ein. Der alte Ringofen konnte nicht mehr mit modernen Brennöfen konkurrieren. Außerdem waren die oberflächennahen Lehmvorkommen der Umgebung erschöpft.

... UND EIN STORCHENNEST AUF DEM KAMIN

Der geplante Verkauf des Ziegeleigrundstücks verzögerte sich jedoch nach Aufgabe des Betriebes. Gelände und Gebäude blieben daher längere Zeit ungenutzt. Zahlreiche Planungsideen wurden für das Wildgrabental und die Ziegelei entwickelt. Die ersten Ideen reichten vom kommerziellen Freizeitpark bis hin zum Gewerbegebiet. Als Reaktion hierauf setzten sich Bretzenheimer Bürgerinnen und Bürger 1976 in einem VHS-Gesprächskreis mit alternativen Konzepten auseinander. Die intensiven Bemühungen führten schließlich 1978 zum Erwerb des rund 190 000 qm großen Geländes durch die Stadt Mainz, die die Nutzung als Naherholungsgebiet im Flächennutzungsplan festschrieb.

Seit Ankauf durch die Kommune prägt die Bürgerinitiative maßgeblich die Entwicklung des Ziegeleigeländes. Ganz bewusst bezog man etwa durch eine Fragebogenaktion über die Zukunft der Ziegelei im Jahr 1979 die Anwohner mit ein. Gefordert wurden von den Bürgern besonders Grill- und Lagerfeuerplätze, Hobbywerkstätten und Raum für naturnahes Spiel. Die eingereichten Vorschläge reichten von der Ringofen-Weinstube bis zum Storch auf dem als Wahrzeichen zu erhaltenden Kamin. Vieles konnte, verbunden mit Bestandssicherung und Ausbau, in enger und unbürokratischer Zusammenarbeit zwischen Stadt und Bürgerinitiative bis heute umgesetzt werden.

Die umfangreichen Aufräum- und Baumaßnahmen wurden freiwillig und kostenlos von zahlreichen engagierten Helferinnen und Helfern geleistet. Man gestaltete das Freigelände unter Berücksichtigung der alten Lehmgruben und natürlicher Vorgaben völlig neu. Nach ökologischen Gesichtspunkten entstand ein naturnahes System aus Gehölzen, Obstbeständen und Wiesen, das mit landwirtschaftlich genutzten Flächen abwechselt. Inzwischen sind 250 verschiedene Pflanzenarten und mehr als 30 verschiedene Vogelarten hier heimisch.

ZEUGNIS DER INDUSTRIEKULTUR MIT GEBRAUCHSSPUREN UND PATINA

Grundlegend für die Maßnahmen waren und sind bis heute die Vorstellungen, die die Bürgerinitiative und der 1985 gegründete Verein der Ziegeleifreunde entwickelt haben. Die seit 1993 unter Denkmalschutz stehende Anlage wird als Zeugnis der Industriekultur mit vielen Arbeitsspuren erhalten und dient heute gleichzeitig als nichtkommerzielles Bildungs-, Freizeit- und Kulturzentrum. Hierbei steht auf Wunsch der Ziegeleifreunde nicht Perfektion, sondern Improvisation im Vordergrund. Mittlerweile sind auf dem Gebiet zahlreiche Initiativen und Gruppen beheimatet, u. a. eine Schauspielschule, ein Kindergarten, das 2005 eröffnete Ziegelmuseum, ein BUND-Büro, drei Arbeitslosenprojekte, Künstler, VHS-Kurse u. v. m. [2] Jährlich finden unter den Trockenschuppen und auf den Grillplätzen an die 400 Feste statt. Die Nutzung muss angemeldet werden, ist jedoch kostenlos.

Anschaffungen für den laufenden Betrieb werden u. a. von dem Verein durch Geld- und Materialspenden und Arbeitseinsätze unterstützt. Umfangreichste Maßnahme der letzten Jahre war die Sicherung und Reparatur des hölzernen Dachstuhls über dem Ringofen, die durch Zuschüsse der Landesdenkmalpflege und der Deutschen Stiftung Denkmalschutz realisiert werden konnte. Über die zahlreichen Aktivitäten rund um die ehemalige Ziegelei Rosbach kann man sich seit 2004 auch auf einer eigenen Homepage (www.alteziegelei-mainz.de) informieren.

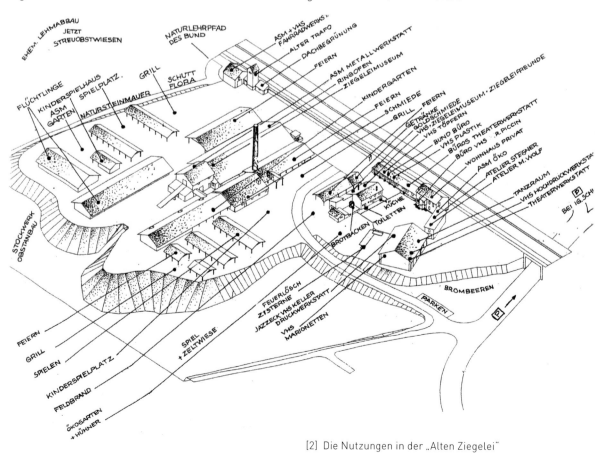

[2] Die Nutzungen in der „Alten Ziegelei"

„ZWISCHEN SPARTA UND ARKADIEN" – EIN ALTER FLUGPLATZ IN FRANKFURT

Klaus Hoppe

Im Spannungsfeld zwischen den beiden antiken Orten Sparta und Arcadia wird das Entwicklungsthema, das den alten Flugplatz prägt, deutlich. Sparta steht dabei für eine militärisch organisierte Gesellschaftsstruktur, während Arkadien den idyllischen und harmonischen Sehnsuchtsort umschreibt, an welchem Wolf und Schaf einträchtig nebeneinander liegen. Der alte Flugplatz befindet sich mit seiner Entwicklung dazwischen. Das Zwischenstadium ist das Ziel – mit einer eindeutigen Tendenz hin zu Arkadien.

Der Flugplatz wurde in den 50er Jahren von den amerikanischen Streitkräften als Militärflugplatz „Maurice-Rose Airfield" in den idyllischen Niddawiesen errichtet. Anfangs von kleineren Militärflugzeugen genutzt, diente er später ausschließlich als Hubschrauberlandeplatz. 1989 wurden von der amerikanischen Armee als letzte Ausbaumaßnahme die Hubschrauberabstellplätze am nordwestlichen Rand des Geländes errichtet. 1992 wurde die militärische Nutzung eingestellt und die Fläche der Bundesrepublik Deutschland übereignet.

DER GENIUS DES ORTES

Die Initialzündung für die Veränderung am alten Flugplatz gab der Naturschutz und der vorausgegangene GrünGürtel-Beschluss von 1991. Der GrünGürtel-Beschluss hat die Sicherung und Entwicklung eines 80 qkm großen Ringes um die Kernstadt Frankfurts zum Ziel. Der alte Flugplatz ist einer der ganz besonderen Orte in diesem weitläufigen Areal. Die Wiedergewinnung der alten Niddaauenlandschaft stand im Vordergrund, die natürliche Besiedlung mit Pflanzen und Tieren sollte durch gezielten Aufbruch der befestigten Flächen beschleunigt werden.

Schwierige Grundstücksverhandlungen zwischen Bund und Stadt verzögerten die Umsetzung. Die Projektgruppe GrünGürtel der Stadt Frankfurt am Main, bestehend aus Mitarbeiter/innen des Umwelt-, des Grünflächen- und Planungsamts, konnte 2002 mit der Umgestaltung beginnen. Neue Nutzer/innen hatten die großen, verkehrsfreien Flächen für die verschiedensten Fortbewegungsarten (Rollschuhfahren, Fahrradfahren, Inlineskaten etc.) längst entdeckt. Die spontane Aneignung des Ortes durch Erholung Suchende wurde kurzerhand in die ursprüngliche Planung aufgenommen.

Der alte Flugplatz befindet sich an einem Kreuzungspunkt zwischen Regionalpark und dem GrünGürtel Frankfurt. Hier treffen zwei große Freiraumprojekte aufeinander, die sich das Erleben der Region und

Stadtnatur zum Ziel gesetzt haben. Vorhandene Orte mit ihrer spezifischen Geschichte werden in den Projekten aufgegriffen und weitergedacht.

RÜCKEROBERUNG EINES TECHNISCHEN BAUWERKS DURCH DIE NATUR

Hier ist der aufgelassene Flughafen das vorgefundene Motiv, das es weiterzuentwickeln gilt. Die Verwilderung des technischen Bauwerks, die Auflösung seiner strengen Form in die völlig ungeregelte Form der „wilden Natur" ist das große gestalterische Thema vor Ort. Ein Motiv, das sich immer wieder durch die Geschichte des Gartens in Europa zieht und hier in einer sehr extremen Form inszeniert wird: Die militärisch komplett versiegelten Flächen wurden hier aufgebrochen, in gestalterisch begrenztem Rahmen wieder eingebaut und dann dem reinen Wirken der Natur überlassen. Ein menschlicher Eingriff unterbleibt fortan.

Insgesamt wurden im Jahr 2003 ca. drei Hektar Asphalt- und Betonflächen aufgebrochen. Gleichzeitig wurden aber auch 750 Meter der alten Landebahn erhalten, um auch weiterhin die genannten Freizeitnutzungen zu gestatten und das besondere Erlebnis einer ein Kilometer langen, schnurgeraden Linie in der Landschaft zu ermöglichen. Dabei trennen Pflanzungen und Barrieren die Landebahn vom bestehenden Wegenetz, um ein Befahren mit motorisierten Fahrzeugen dauerhaft zu verhindern. Die alten Markierungen des Flugbetriebes sind noch überall erkennbar, auch wenn sie ihre eigentliche Funktion verloren haben. Es sind rätselhafte Spuren in einem sich zur „städtischen Wildnis" entwickelnden Areal.

Historische Aufnahme des Flugplatzes aus den 50er Jahren.

DER ALTE FLUGPLATZ ALS
IDENTIFIKATIONSPUNKT

Das Gelände ist über den Ortskern von Bonames erreichbar, der größte Teil liegt auf Kalbacher Gemarkung. Der alte Flugplatz war durch den Fluss Nidda von der Haupterholungsachse, dem sehr beliebten Niddauferweg, abgetrennt. Die im Oktober 2004 eröffnete Brücke kommt einer symbolischen Öffnung gleich. Die jahrelange Isolation des militärischen Bereichs wird aufgelöst und das Baugebiet am Riedberg gleichzeitig angeschlossen. Dem Landschaftsraum kommt auch für das neue Baugebiet eine wichtige identitätsstiftende Funktion zu. Der Flugplatz ist durch seine Geschichte und Relikte der gewollte Kristallisationspunkt. Er vereint die Bewohner/innen aus den alten, gewachsenen Stadtteilen mit den Neubürgern/innen in dem neu entstehenden Stadt-Satelliten. Ausbaumaßnahmen haben die vormalige Flughafennutzung als Gestaltungsvorgabe: Der neue Steg über die Auewiesen ist aus Metallrosten, die neue Brücke aus Beton, die Bänke auf dem Gelände sind Gabbionen, die mit dem Betonaufbruchmaterial vor Ort gefüllt wurden. Neu aufgestellte Windsäcke bieten Orientierung für die Fußgänger/innen und Fahrradfahrer/innen und erinnern gleichzeitig an den Flugplatzbetrieb.
Gleichwohl werden auch zukünftig Teile des Geländes absichtlich nicht erschlossen, um dadurch die notwendigen ungestörten Bereiche für die Natur zu gewinnen. Die Städter sehnen sich nach der urtümlichen Natur. Vor der militärischen Nutzung befand sich auf diesem Standort jahrhundertelang eine bäuerliche Wiesen- und Weidelandschaft, wie sie auch heute noch in den angrenzenden Bereichen zu erleben ist. Diese Landschaft wird und wurde durch das regelmäßige Mähen der Wiesen erhalten. Diese Nutzung war dem Standort angepasst und diente den Bauern und deren Viehwirtschaft.

AUEWIESEN –
ALS WÄRE NICHTS GESCHEHEN?

Wie aber sieht es mit dem alten Flugplatz aus? Die alten Auewiesen hier wiederherzustellen, wäre unzeitgemäß gewesen. Und große Mengen von Abraum hätten auf Deponien verbracht werden müssen. Die Stadt Frankfurt am Main entschied sich für einen anderen Weg: Nur der leicht belastete Asphalt wurde abgefahren, der Rest des Betons und der unbelastete Asphalt wurden aufgebrochen, in verschieden große Fraktionen zerkleinert und vor Ort wieder eingefügt. Und das

Sich begrünendes Ende der Landebahn.

in einer klar erkennbaren Formensprache. Die gefundene Lösung fand inzwischen bundesweite Anerkennung: Ausführung und Gestaltung wurden 2005 mit dem ersten Preis des Bundes Deutscher Landschaftsarchitekten ausgezeichnet.

Inzwischen erobert die Natur diese Flächen zurück, auf jede Pflanzung wurde absichtlich verzichtet. Die Veränderungen werden vom Forschungsinstitut Senckenberg langfristig kartiert und dokumentiert. Auf diesem Wege lassen sich alle neu ankommenden Pflanzen und Tiere detailliert erfassen. Viele Arten werden zwar wieder verschwinden, wenn sich später die Gehölze durchsetzen und ihre Schatten werfen. Ein spannender Prozess, bei dem sich zeigen wird, welche Überraschungen die Natur hier noch bereithält. Die Pflanzen künden auch von der alten Nutzung als Flugplatz. Es sind Ankömmlinge aus aller Welt: armenische Brombeere, kanadische Goldrute, persischer Ehrenpreis und das kurzfrüchtige Weidenröschen – eine Art, die auf fast allen Standorten der Amerikaner in Frankfurt am Main zu finden ist.

Aufgebrochener Asphalt vor einem Helikopterstellplatz.

Luftaufnahme im Juli 2003 – mit freundlicher Unterstützung des Stadtvermessungsamtes Frankfurt am Main.

LANDSCHAFTS-LERNSTATION UND AERONAUTENWERKSTATT

Der alte Flugplatz ist eine von drei Landschafts-Lern-stationen im Frankfurter GrünGürtel. Die Eroberung der aufgebrochenen Flächen durch die Natur wird von großen und kleinen Forscherinnen und Forschern begleitet. Der spielerische, erlebnisorientierte Aspekt des „Natur-Erfahrens" nimmt viel Raum ein. Verschiedene Werkstattnachmittage mit unterschiedlichen Themenschwerpunkten werden angeboten. Die Wiesenlandschaft und der Fluss Nidda stehen dabei im Mittelpunkt des Interesses.

Ein wetterunabhängiges GrünGürtel-Klassenzimmer ist der Startpunkt aller Exkursionen. Die UNESCO hat das Bildungsprogramm 2005 als gutes Beispiel für nachhaltige Entwicklung ausgezeichnet.

Das Thema Fliegen hat den Ort ein halbes Jahrhundert geprägt. Wenngleich die hier startenden Hubschrauber aufgrund ihres Lärms nicht gerade beliebt waren, birgt das Thema noch viele positive Assoziationen. Eine Aeronautenwerkstatt knüpft an den Traum vom Fliegen bei Leonardo da Vinci an. Vom Papierflieger bis zu aufwändigeren Flugapparaten sollen hier Flugobjekte vor Ort entstehen – und natürlich auch fliegen. Und dies alles ohne Motorenlärm, denn der würde die Vögel stören.

NACHHALTIGE NUTZUNG ERMÖGLICHEN

Der alte Flugplatz ist in den Jahren 2003 bis 2005 Teil des europäischen „SAUL"-Programms, wobei SAUL für „sustainable and accessible urban landscapes"

steht (nachhaltige und zugängliche städtische Landschaften). An verschiedenen Stellen in der Stadtlandschaft soll die Öffnung von bisher unzugänglichen Orten in einer nachhaltigen Art und Weise gefördert werden. Sowohl die Brücke über die Nidda als auch viele Angebote für Kinder und Jugendliche im Rahmen des Programms „Entdecken, Forschen, Lernen im GrünGürtel" wurden aus dem SAUL-Programm für den alten Flugplatz bezuschusst. Damit konnte der Entwicklung vor Ort ordentlich Schwung verliehen werden, der über das Jahr 2005 hinaus anhalten wird.

Die Werkstatt Frankfurt ist ein Verein zur Integration von Menschen, die lange ohne Arbeit waren. Über Schulungsmaßnahmen werden diese in verschiedenen Berufssparten durch den Verein qualifiziert. Am alten Flugplatz haben die Servicebetriebe der Werkstatt ihren Standort. Hier werden verschiedene Dienstleistungen angeboten und das „Tower Café" vor Ort betrieben.

In den alten Flugplatzgebäuden befindet sich auch ein Feuerwehrmuseum. Über 600 Exponate in der Ausstellung vermitteln den Besuchern einen Überblick über das Feuerwehrwesen – von der Zeit der Löscharbeiten mittels Löscheimer bis in die jüngste Vergangenheit.

Der große Baumhain auf einer ehemaligen Asphaltfläche in zentraler Lage steht für den Bedeutungswandel des Ortes: Um die langfristige Pflege des Baumhains zu sichern, werden Spenden gesammelt. Somit bekommt jeder die Möglichkeit, sich einen „symbolischen" Baum auszusuchen und für diesen im Rahmen einer Patenschaft die Verantwortung zu übernehmen.

DIE GROSSMARKTHALLE IN FRANKFURT AM MAIN –

VOM „BAUCH DER REGION" ZUM KÜNFTIGEN SITZ DER EUROPÄISCHEN ZENTRALBANK

Björn Wissenbach

Die frühen 1920er Jahre hinterließen der Großstadt Frankfurt ein innovatives, herausragendes, heute noch gut erlebbares Erbe. Auf allen Ebenen wurde damals in der Stadt geplant und gebaut – trotz verlorenem Ersten Weltkrieg, Rezession und Reparationszahlungen oder vielleicht gerade deshalb. In dieser Zeit entstanden Kleinstwohnungen in neuen Siedlungen am Stadtrand sowie Freizeitanlagen und Schulen, ebenso der Flugplatz am Rebstock. Als besonders weit reichende infrastrukturelle Einrichtung galt die Großmarkthalle.

DIE ÄRA LANDMANN UND DAS „NEUE FRANKFURT"

Verantwortlich für diese Maßnahmen war Oberbürgermeister Ludwig Landmann, der Mitglied der Deutschen Demokratischen Partei (DDP) war. Landmann, 1868 in Mannheim geboren, kam als Dezernent für Wirtschaft, Verkehr und Wohnungswesen 1916 nach Frankfurt. Er kannte die Probleme der Stadt gut, als er seinen Parteifreund Georg Voigt am 2. Oktober 1924 ablöste. Die Pläne zur Erneuerung und Weiterentwicklung der Stadt lagen fertig in seinen Schubladen, als er noch im Oktober 1924 eine Eingemeindungskommission einsetzte, um die im Umland sitzenden Industrien wieder in den Steuerbereich Frankfurts zurückzuholen. Mit dieser ersten Maßnahme stärkte er das finanzielle Rückgrat der Stadt.

Landmann suchte zur Umsetzung seiner Vorhaben fähige Leute. Als Leiter des Planungsstabs berief er den Direktor der Siedlungsgesellschaft „Schlesisches Heim" aus Breslau, Ernst May. May, 1886 in Frankfurt-Sachsenhausen geboren, studierte in Darmstadt und München Architektur, bis er sich als freier Architekt in seiner Geburtsstadt niederließ. Dabei rundete er seine architektonischen Kenntnisse bei Auslandsaufenthalten in England ab, wo man die Ideen Ebenezer Howards propagierte und in Form von Gartenstädten umsetzte. May folgte 1919 einem Ruf nach Breslau, um dort seine neuen Erfahrungen anzuwenden.

1925 wies Oberbürgermeister Landmann Ernst May ein „Superdezernat" zu: Als Baurat und technischer Leiter des Hochbau- und Siedlungsamtes sollte er einen Zehn-Jahres-Plan zur Entwicklung der Stadt Frankfurt anlegen. Sprachrohr für ihr anspruchsvolles Vorhaben war die Zeitschrift „Das Neue Frankfurt", die bald internationale Anerkennung fand und alle Entwicklungsstadien dieses herausragenden Beispiels der frühen Moderne in Deutschland publizistisch begleitete.

Unterstützung bei der Realisierung eines der wichtigsten Bauprogramme der Weimarer Republik fanden sie durch weitere Mitarbeiter im Planungsstab. So zum Beispiel neben Mart Stam, Ferdinand Kramer oder Walter Gropius auch durch Margarete Schütte-Lihotzky, die den neuen Kleinstwohnungen mit der „Frankfurter Küche" ein adäquates Innenleben gab. Ein weiterer Mitstreiter war Martin Wilhelm Elsaesser, ein erfahrener Architekt im Bau von Kirchen und Markthallen. Elsaesser wird später die Aufgabe zufallen, die Großmarkthalle zu errichten.

[1] Die Großmarkthalle von Osten (Luftbild um 1929).

MÄRKTE IN FRANKFURT

Schon 1879 wurde in der Stadt die erste Markthalle an der Hasengasse von Oberbürgermeister Mumm von Schwarzenstein eingeweiht. So bekamen die bisher dezentral verkaufenden „Hockinnen" (Marktfrauen) einen zentralen Ort, der sie außerdem noch vor den Unbilden des Wetters schützte, denn jahrhundertelang hatten sie vorher ungeschützt auf den Plätzen der Stadt ihre Waren feilgeboten. Die neue Markthalle im Zentrum der Stadt hatte eine Grundfläche von 4000 qm und war als Eisen-Glas-Konstruktion ausgeführt.

Für die damalige Zeit galt sie als mustergültig und „hochmodern". Dennoch erwies sie sich schon nach wenigen Jahren der Benutzung als zu klein und schon bald mussten weitere Gebäude in der Nachbarschaft für den Marktbetrieb einbezogen werden. Unter Oberbürgermeister Franz Adickes wurde deshalb 1910 ein zu errichtender Neubau mit Gleisanschlüssen am östlichen Rand der Stadt ins Auge gefasst. 1911 entschied sich die Magistratsversammlung für ein ausreichend großes Grundstück an der Sonnemannstraße, wo sie bereits die Kellerfundamente errichten ließ. Der Ausbruch des Ersten Weltkriegs verhinderte jedoch die Ausführung des oberirdischen Baus. 1917 nahmen die Schwierigkeiten der Ernährungs- und Versorgungslage der Bevölkerung so dramatisch zu, dass der rasche Bau einer Lebensmittellagerhalle an der Obermainanlage als notwenig erachtet wurde. Dies war der eigentliche Vorläufer der Großmarkthalle.

DIE „GEMIESKERCH" – EIN PROJEKT NIMMT GESTALT AN

Erst nach dem Krieg – im Jahre 1926 – wurde das Projekt einer neuen Markthalle erneut in Angriff genommen. Einerseits ging es um die Versorgung der Stadt. Darüber hinaus sollte die Halle aber auch die Versorgungszentrale des Rhein-Main-Gebietes werden. Dabei kam es der Stadt darauf an, für die Zukunft auf dem Grundstück auch Raum für mögliche Expansion vorzusehen. Absehbar war außerdem, dass der innerstädtische Verkehr und der Handel sich besonders im Ostend positiv verändern würde. Deshalb wurde die neue Halle in einem Umfang projektiert, der über die augenblicklichen Bedürfnisse hinausging. Für das Gebäude, die Straßen, Gleisanlagen, Maschinenanlagen und die Einrichtung bewilligte die Stadtverwaltung 15 Mio. Reichsmark. Das Gelände, das 1910 unter Oberbürgermeister Adickes ausgewählt wurde, lag in einer weitgehend brach liegenden Landschaft – der begonnene Bau von 1911 konnte daher an Ort und Stelle weiterentwickelt werden. Das weitläufige Areal liegt südlich der Hanauer Landstraße in unmittelbarer Nähe zum Ostbahnhof und der städtischen Hafenbahn, die den Anschluss zum Osthafen herstellt. Damit waren ideale Voraussetzungen für eine optimale Verkehranbindung geschaffen. Ursprünglich beabsichtigt war auch die Errichtung eines speziellen Mainanlegers für Schiffe vor der Halle, der dann aber aus finanziellen Gründen nicht ausgeführt wurde.

[2] Das Innere der Halle nach Osten (1928).

Im Dezember 1926 wurde nach den Plänen von Baudirektor Martin Elsaesser mit den Arbeiten begonnen, Ende 1927 war der Rohbau fertig gestellt. Um möglichst viele Arbeitslose in „Lohn und Brot" zu bringen, durften die Arbeiter nur einen Tag pro Woche arbeiten. Damit floss breit gestreut Geld in die Haushalte der verarmten Frankfurter Bevölkerung. Durch vorübergehende wirtschaftliche Schwierigkeiten verzögerte sich der Weiterbau, sodass erst im Juni 1928 die Halle provisorisch ihrer Nutzung übergeben werden konnte. Im gleichen Jahr wurden die Flügelbauten erstellt und am 26. Oktober 1928 fand die feierliche Einweihung statt. Der Fotograf Paul Wolff drehte zu Dokumentationszwecken zwei Filme, die sich erhalten haben: einen über den Bau der Halle und einen weiteren von der Einweihung und dem ersten Markttag.

Um die übergroße Halle mit ihren 11 000 qm auszufüllen, war anfänglich sogar der Kleinhandel zugelassen – bis zu dem Zeitpunkt, da die Flächen vom Großhandel benötigt wurden.

ELSAESSERS ARCHITEKTONISCHES UND LOGISTISCHES MEISTERWERK

Ein Zeitzeuge beschreibt 1928 (1) die Großmarkthalle mit folgenden Worten: „Man muss Elsässers Halle vom Main aus betrachten, um zu erkennen, wie zielbewusst hier die Aufgabe der Festlegung und Verankerung eines Chaos von Bauten aller Art und Größe angepackt wurde. Doch wäre nichts erreicht, wenn die mächtige

Form einfach in das Industriedurcheinander hineingelegt worden wäre und keine Verbindung mit den die Gegend bestimmenden Hauptfaktoren hätte. Diese sind gegeben in der horizontalen Uferlinie des Mains und in der Wasserfläche. Aus den weit ausgezogenen Horizontalen, die das Flussbild hier aufweist, wird der große Bau rhythmisch empor geführt". [1]

Die Gebäudeanlage ist in ostwestlicher Richtung ausgeführt und parallel zum Main angeordnet. Die eigentliche Halle wird an den Schmalseiten von zwei turmartigen Flügelbauten flankiert. Der westliche beherbergt Büros, der östliche Flügelbau Kühlräume. Den mit dunklen Klinkern verblendeten Kopfbauten wurden noch dreistöckige Wohnbauten angegliedert, um die Masse der Andienung per Schiene optisch zur Straßenfont zu schließen.

Zwischen der Haupthalle und dem Main ruhte die Importhalle auf den Kellerfundamenten der vor dem Ersten Weltkrieg begonnen Halle. Hier befand sich auch die Großküche, in der das Essen für die Schulkinder zubereitet wurde. Beide Hallen wurden mittels eines Tunnels und zweier Brücken über die Bahngleise miteinander verbunden. Die Gleisanschlüsse waren sägeformartig an das Gebäude herangeführt, sodass die Waggons in kürzester Zeit entladen werden konnten. Gleichzeitig sah der Planer an der nördlichen Seitenwand der Halle Stellplätze für die Lastkraftwagen und Fuhrwerke vor. Die Anordnung des Anlieferungs- und Abfahrtsverkehrs ergab einen Warendurchgang in Nord-Süd-Richtung.

(1) Zitat Prof. Dr. F. Wichert; in Zeitungsausschnittmappe S 3 im Institut für Stadtgeschichte Frankfurt am Main.

War die Halle an sich schon ein logistisches Meisterwerk, so fand die Gesamtkonstruktion mit ihren Gewölben erst recht internationale Anerkennung.

Im Inneren sollten keine störenden Pfeiler die Fläche beschränken und in ein – womöglich – störendes Raster bringen. Die Markthalle selbst hat eine Länge von 220 m und eine Breite von 50 m. Die Höhe beträgt 17 m bzw. 23 m in der Scheitellinie der Gewölbe – das sind auch heute noch Ehrfurcht einflößende Abmessungen. Bis zum letzten Markttag galt die Großmarkthalle als größte Europas. Zu überspannen wäre die Grundfläche mit Hilfe einer Eisen- oder Holzkonstruktion gewesen, das hätte aber hohe Kosten für die Instandhaltung verursacht. Andererseits verfügte man noch nicht über genügend Erfahrungen im Bereich der hohen Spannweiten in Eisen-Beton-Bauweise.

Die Gewölbe haben eine Spannweite von 14,1 m und eine Länge von 36,9 m. Über schräg gestellte trapezförmige Pfeiler wurde die Reststrecke zur unteren Innenraumbreite von 50 m hergestellt. Die waagerechten Dachteile an den Dachrändern erhielten Oberlichter. Durch sie und die Tonnengewölbe wurde die Fassadenteilung vorgegeben, die über Eck bis zum Boden in einer Verglasung durchgezogen wurde. Über die gute und ausreichende Belichtung und Belüftung entstand im Inneren ein hervorragendes Raumklima. In der Halle wurden zur rhythmisierenden Gliederung auf den Drittelspunkten zwei „Kaffeebrücken" gebaut. Außerdem entstand in der Längsausrichtung eine Galerie, die jedoch nur dazu diente, Gerüste bei eventuellen Reparaturarbeiten aufzunehmen und den Händlern vor Marktbeginn einen Überblick zu verschaffen. [2]

Anschluss Tonnendach/Dachrand, 2004

Wiederaufgebautes Tonnengewölbe mit Oberlicht, 2004

Die Lösung des Problems bot erst die neu entwickelte Zeiss-Dywidag-Methode der Firma Dyckerhoff & Widmann aus Wiesbaden-Biebrich nach vorangegangenem Wettbewerb an: Die neue Bauweise war das Ergebnis theoretischer Untersuchungen, die beim Bau von Planetariumskuppeln Verwendung finden sollte, sich letztlich aber als ungeeignet erwies.

Eine abgeänderte Version, die als Ergebnis große rechteckige Felder überspannen konnte, wurde im großen Stil erstmals bei der Frankfurter Halle angewandt. Die Großmarkthalle wurde der Länge nach in drei große Abschnitte geteilt, die von jeweils fünf Tonnengewölben quer überspannt wurden. Diese Tonnengewölbe bestehen aus zylindrisch geformten Schalen mit Armierungen eines von Zeiss entwickelten Netzwerks und einer Betonstärke von nur 7,5 cm, die an den Enden durch Scheiben bzw. Binder ausgesteift sind. Parallel zu den Bindern wurden hohe Randbalken (Kämpferbalken) zur weiteren Aussteifung angeordnet.

Die Flügelbauten entstanden als Stahlskelettkonstruktion mit einer Ausmauerung in Hohensteiner Klinkern. Über horizontale Bänder wurden sie in ihrer Masse gegliedert. Die Treppenhäuser wurden gemäß den Gestaltungsprinzipien der 20er Jahre herausgezogen und in Glas ausgeführt. Konsequent hielt Elsaesser auch an kleineren Details die Betonung der Horizontalen und Vertikalen durch. Schmuckdetails wie bei den vor dem Ersten Weltkrieg errichteten Bauten waren zwar verpönt, Betonungen jedoch, etwa durch wechselnde Materialien, wurden immer wieder wirkungsvoll inszeniert.

Durch die innere Erschließung war ein reibungsloser Marktbetrieb gewährleistet, drei Hauptverkehrswege verliefen von West nach Ost durch die Halle und stellten einen optimalen Warendurchgang sicher. Der Anfang der Hallenstraßen befand sich unter den Büroetagen des Flügelbaus; der Ausgang lag auf der gegenüber liegenden Seite unter dem Kühlturm.

Senkrecht zu den Straßen lagen außerdem acht schmalere Nord-Süd-Verbindungen. Vier Lastenaufzüge an der Nordwand verbanden Erdgeschoss und Keller; das Untergeschoss konnte aber auch mit Fuhrwerken und Lastern über Rampen befahren werden. Im Kellerbereich lag außerdem der Eingang des Tunnels zur benachbarten Importhalle.

Wie wegweisend die Konstruktion der Großmarkthalle Elsaessers war, zeigen die wenig später entstandenen Markthallen in Leipzig (1928–1930), Basel (1929/30) und Budapest (1930/31). Die Halle in Budapest übernahm wesentliche Entwurfsideen Elsaessers, inklusive der Überdeckung mit Zeiss-Dywidag-Schalen.

Im Zweiten Weltkrieg wurde die Halle durch Stab-, Brand- und Sprengbomben schwer beschädigt. 1944 stürzte das westliche Hallendrittel ein. Die Großmarkt- und die Importhalle waren zu 30 % und die Freiflächen mit den Gleisanlagen zu 40 % zerstört. Das Bürohaus lag ebenfalls in Trümmern. Nach der Befreiung durch amerikanische Truppen wurde die Halle von den Besatzern beschlagnahmt. Sie richteten eine Motorenreparaturwerkstatt und eine Speiseeiszubereitungsanlage ein. Nach der teilweisen Freigabe der Halle erfolgte seit 1947 durch die städtischen Behörden unter schwierigen Bedingungen der Wiederaufbau, der 1953 vorläufig abgeschlossen war. Bis 1960 wurde die Halle gemeinsam von den amerikanischen Besatzungstruppen und den städtischen Behörden betrieben. Nach der Rückgabe der beschlagnahmten Flächen wurden

Mikrokosmos Großmarkthalle Frankfurt: zwei Impressionen

GEMÜSE AUF BEZUGSSCHEIN

Während die gesellschaftlich-politischen Verhältnisse unter der Diktatur der Nationalsozialisten immer schwieriger wurden, ist die Großmarkthalle 1937 in einen staatlich straff organisierten Erzeugergroßmarkt verwandelt worden. Damit hatte man alle unerwünschten Obst- und Gemüsehändler vom Markt ausgeschlossen, denn nun mussten diese Händler einen entsprechenden Ausweis vorweisen können.
Danach wurde die Großmarkhalle zum Ort grauenhaften Geschehens: Ab 1941 fand in ihren Kellern die „Abfertigung" nicht nur der Frankfurter Juden, sondern auch der des gesamten Regierungsbezirks Wiesbaden statt. Ihr Weg führte in die Vernichtungslager des Ostens.
Noch am 21. Januar 1945 wurden so genannte Mischlinge abgefertigt. Die Zahl der Deportierten liegt nach neuesten Recherchen bei über 11 000 Menschen.

an den Gebäuden die letzten Kriegsschäden beseitigt. Danach fand die Großmarkthalle zu ihrer eigentlichen Bestimmung zurück: Bis zum letzten Markttag am 5. Juni 2004 fanden täglich ab den frühen Morgenstunden die Verhandlungen und Verkäufe der Händler statt.
Seit 1985 sind immer mal wieder im Römer Pläne zur Erweiterung oder Verlagerung der Halle aufgekommen, die aber erst 2001 per Beschluss des „Römer-Bündnisses" zum Tragen kamen. Am 6. Juni 2004 wurde das Frischezentrum am Martinszehnten in Kalbach eröffnet. Die unter Denkmalschutz stehende alte Halle wurde von der Europäischen Zentralbank übernommen, die bis 2009 ihre neuen Gebäude auf dem Areal errichten will. Leider ist nur die eigentliche Halle stehen geblieben: Importhalle, Gleisanlagen und andere periphere Einrichtungen wurden in der ersten Jahreshälfte 2005 abgerissen. Damit ist das Zusammenwirken eines in seiner Art wohl einzigartigen Gesamtensembles leider nicht mehr erfahrbar.

„PIZZABRÜCKE" IN DER GROSSMARKTHALLE

Fotografie: Thomas Schroth

ZUM BEISPIEL FRANKFURTER NAXOSHALLE – KULTUR IN ALTEN FABRIKRÄUMEN

Willy Praml

Die Naxoshalle an der Wittelsbacherallee ist eine brachliegende, unter Denkmalschutz stehende und vom Verfall bedrohte Halle am östlichen Rande der Frankfurter City. Längst sind Industriehallen wie diese zum architektonischen Thema geworden, an dem sich immer wieder kontroverse Diskussionen entzünden: Voids – void corners – leere Ecken im Gesicht, im Image der Stadt. Gleichzeitig sind diese „urban voids", diese städtischen Leerflächen, „blinden Flecken" einer Stadt, auch Sphären metropolen Lebens. Morbide Stadträume mit eigenem Charme und Potenzial.

Zugleich wirken solche „Leerstellen" im Stadtraum als sperrige Provokation – nicht zuletzt, weil sie sich jeder Verwertbarkeit, jedem zweckrationalen Kalkül entziehen und die Suche nach den letzten Ressourcen vermarktbarer Bauplätze irritieren.

Doch wie kann man auf Dauer adäquat mit der Authentizität des Ortes umgehen – zwischen Facelifting, „Hochglanz-Chic" und Kulisse? Einerseits schreit die innerstädtische Lage nach Sanierung und möglichst teurer Vermarktung, andererseits könnte sie als Verfallskunstwerk mit wechselnden Implantaten einen Improvisationsraum entwickeln: zum Laboratorium der Polis werden, Spiegel des ungefilterten städtischen Lebens.

WECHSELNDE KULISSEN VOR INDUSTRIELLEM SZENARIO

Implantieren – das war ein Thema der bisherigen Arbeit an diesem Ort, der Theaterarbeit, der Kulturarbeit, der Forschungsarbeit, der Stadt(teil)-Arbeit in den zurückliegenden Jahren: Industriearchäologie, erzählte Geschichte, Erforschung der Räume, Ausleuchtung der Ecken, Skaten in den Landschaften industrieller Umgebung, theatrale Führungen durch Raum und Zeit.

Bei allem wurde darauf geachtet, dass die Halle in der ihr eigenen, architektonischen und ästhetischen Aussage erhalten blieb – in ihrer räumlichen Wirkung, ihrer einzigartigen Aura, ihrem atmosphärischen Reiz des Bruchstückhaften. Und so hatte vieles, das hier stattfand, den Charakter der Improvisation. Übrigens auch hinsichtlich der Kosten – optimiert, denn Geld gab es nicht immer für alles und jedes. „Das Denken entfaltet sich im Vorstellen", sagt Heidegger. Und so sind die hier bisher entwickelten Szenarien auch programmatisch zu nennen: Implantieren als Strategie zur Nutzung innerstädtischer Brachen.

Interdisziplinäres Arbeiten als Nutzungs-Generator: Fantasievoller Umgang mit Ort und Material, oft auch in Low-Budget-Manier. Improvisation an Stelle eines etablierten Sanierungs-Rezeptes.

Vor dem Hintergrund dieser Überlegungen wurde 2002 unter der Leitung von Professor Guido Jax unter dem programmatischen Titel „Implantate in industrieller Architektur" eine Ausstellung mit Arbeiten von Studierenden des Fachbereichs „Architektur und Städtebau" an der FH Frankfurt in der und über die Naxoshalle eingeleitet.

Das Naxosgelände bis zum Jahr 2000 – EIN HAUCH BRONX IN EINEM BEVÖLKERUNGSREICHEN STADTTEILDREIECK

Seit der Stilllegung des Betriebes der Naxos-Union auf ihrem angestammten Areal an der Wittelsbacher Allee im Jahre 1989 und dem sich bald danach einstellenden Scheitern der Umwandlungspläne der Naxoshalle in ein Industrie- und Technikmuseum gab es immer wieder Versuche der Belebung von Halle und Gelände, mal als Ausstellungsort, wie z. B. zur Einnerung an „100 Jahre IG Metall", mal als Aufführungsort sporadischer freier Theaterprojekte – schließlich als Lager, Park-, und Stellplatz für alles Mögliche und Unmögliche.

Die immer länger werdenden Leerstandszeiten zwischen den verschiedenen Nutzungsansätzen ließen sowohl die Halle als auch deren Umgebung zunehmend in einen unaufhaltsamen Prozess des Zerfalls geraten – eine Art „Bronx" im bevölkerungsreichen Stadtteildreieck Bornheim – Nordend – Ostend.

Erst seit Sommer 2000 gab es dann wieder eine kontinuierliche Nutzung: als das *Theater Willy Praml* im Frühjahr dieses Jahres durch das städtische Liegenschaftsamt die Gelegenheit bekam, dort einen Sommer lang im Rahmen des Millenium-Programms der Stadt Frankfurt seinen Beitrag zur Zeitenwende aufzuführen.

MONUMENTALER RAUM MIT DER AURA VON AUTHENTIZITÄT

Das erste Projekt im Jahr 2000 mit dem Titel „Tarzan – Kein Weg zurück in den Urwald" war eine raumgreifende, die architektonische Monumentalität des Orts nutzende, theatrale (Groß)Inszenierung des Tarzan-Stoffes – des Mythos vom Menschen, der aus seiner ursprünglichen Verwurzelung in der Natur in die Komplexität der modernen Zivilisation katapultiert wird. Die riesige, dreischiffige Halle in ihrer lichtdurchfluteten Stahl-, Glas- und Ziegelstein-Konstruktion bot den imposanten Raum für diese moderne Parabel. Der auch als Bühnenbildner tätige Schauspieler Michael Weber ließ 600 (!) überdimensionale, künstliche Palmblätter – gleichsam als Zeichen des Urwalds – in den 100 Jahre alten Stirnholzboden der Halle ein und die Regie von Willy Praml nutzte die Weite des Raumes für geheimnisvolle Dschungelbilder, Landschaftsillusionen und fulminante Auto-Choreografien. In 30 Vorstellungen erlebten die Bürger Frankfurts einen für Theater ungewöhnlichen Ort, der – mitten in der Stadt gelegen und durch seinen unfreiwilligen Dornröschen-Schlaf baulich in seinem authentischen Zustand belassen – eine eindrückliche historische, architektonische und ästhetische Präsenz ausstrahlte. Weitere Inszenierungen des *Theaters Willy Praml* folgten, bei denen entweder eine jedes Mal andere Nutzung des Raumes oder – neben den Schauspielern des Theaters – die Einbeziehung von ungewöhnlichen Gruppen von Mitwirkenden im Mittelpunkt stand. Mit „Liebesbriefe an Adolf Hitler" begann – zusammen mit zehn Seniorinnen, z. T. Bewohnerinnen des der Naxoshalle benachbarten GdA-Wohnstifts – im Jahr 2001 eine Reihe intensiver Theaterarbeit, bei der wiederum stets darauf geachtet wurde, dass die Halle in der ihr eigenen, architektonischen und ästhetischen Aussage erhalten blieb.

Der Wirkung von Heiner Müllers Untergangsszenario „Quartett" im Jahre 2001 z. B. kam die bunkerartige Atmosphäre eines Nebengebäudes der Halle zugute und Friedrich Hebbels „Nibelungen II / Rache"-Projekt im Jahre 2002 war als Stationentheater an beinahe allen Orten der Halle und ihrer Nebengebäude konzipiert, bei dem die Zuschauer zu den wechselnden Spielorten mitzogen – ein besonders eindrückliches Beispiel für das Konzept eines von der Architektur dieser Halle inspirierten Raumtheaters.

Es folgten 2003 zwei Schiller-Inszenierungen: „Maria Stuart" als monumentale Hallenbespielung sowie „Der Parasit" im Bühnenbild alter Kontor-Teile, die aus umliegenden Abbruchgebäuden des Naxosgeländes stammten und mit den alten Rechnungsbüchern der ehemaligen Naxos-Union eine imposante Requisitenkulisse darstellten. Mit der Umsetzung von Goethes berühmtem Theater-Roman „Wilhelm Meister" im Jahre 2004 für die Bühne in einer dreiteiligen Fassung, die in verschiedenen Kombinationen und schließlich in einer 13-stündigen Marathon-Aufführung an einem

Szenenbild aus „Maria Stuart" von Friedrich Schiller (2003/05) (Bühnenbild: Michael Weber)

Tag zur Aufführung kam, war der vorläufige Höhepunkt der theatralen Nutzung der Naxoshalle markiert, der im Schillerjahr 2005 ein zweites Mal erreicht wurde, mit den beiden Wiederaufnahmen von „Maria Stuart" und „Der Parasit" sowie einer Fassung von Schillers Erzählung „Verbrecher aus verlorener Ehre" für die Bühne, bei der die Naxoshalle die Kulisse für einen überdimensionalen Wald (den Harz) abgab. Ergänzt wurden die Theateraufführungen seither durch eine Vielfalt an Programmen und Veranstaltungen, die sich aus Tanztheaterproduktionen (z.B. der Frankfurter Company Vivienne Newport), Musikveranstaltungen, Lesungen, „Industriekneipenabenden", Ausstellungen und gelegentlichen Events zusammensetzen.

SPUREN SICHERN, SPUREN SUCHEN – FUNDORT NAXOS

Fundstätte Naxos – da spannt sich der Bogen von der Gegenwart bis in die Anfänge der industriellen Gründerzeit zurück, ja, wenn man so will, bis in die Antike. Von den letzten Arbeitern, die hier 1989 ihre Spinde geräumt haben, über die Zwangsarbeiter der 1940er Jahre bis zurück zu den Tagen der Firmengründung

Szenenbild aus „Tarzan – Kein Weg zurück in den Urwald" (2000)
(Bühnenbild: Michael Weber)

Szenenbild aus „Maria Stuart" von Friedrich Schiller (2003/05)
(Bühnenbild: Michael Weber)

1871 durch Julius Pfungst mit seinem Alleinverkaufs-recht für den „ächten Naxos-Schmirgel". Das war der Rohstoff, der von der gleichnamigen größten Kykla-den-Insel in der griechischen Ägäis nach Frankfurt transportiert wurde, der Insel der sagenumwobenen Ariadne. Ein Erzählcafé, das in den Monaten März bis Juni 2002 mit ehemaligen Mitarbeitern der Naxos-Union über die Geschichte dieser einst weltbekannten Frankfurter Firma berichtete, war als archäologisches Projekt zur Industriegeschichte konzipiert, ange-siedelt mitten im Herzen einer Stadt, die einstmals zu den bedeutendsten Industriestädten Deutschlands zählte. Wer das nicht weiß, sieht davon so gut wie nichts mehr im Stadtbild, wer es weiß, noch eine ganze Menge – versteckt hinter und neben dem vielen Glas, Stahl und Hochhausstyling, das heute die Stadt dominiert.

IN DEN WINTERMONATEN: GRÖSSTER SKATERPARK IM RHEIN-MAIN-GEBIET

Da fährt einer durch die Minipipe, landet gekonnt mit dem Vorderrad auf der Oberkante der Rampe, wirbelt das Rad nochmals um die eigene Achse, bis es wieder die knapp eineinhalb Meter hohe Rampe hinuntergeht. Oder statt wilden Sprüngen zeigen sie auf ebener Erde akrobatische Kunststücke, auf und mit ihrem Rad. „Bewegungskunst" nennen sie diese Form der körper-

lichen Selbstdarstellung. In der Stadt und im ganzen Umland gibt es keine ähnliche Anlage, sagen die Kids, die seit Jahren hierher kommen.

Hervorgegangen ist das Skaten und BMX-Fahren an diesem Ort aus einem Kultur-Projekt der besonderen Art. Unter dem Titel „Bauhütte Naxos 2002 ff" nahm sich ein Trägerverbund, bestehend aus Institutionen der sozialen und kulturellen Arbeit der Stadt, in den Jahren 2002 bis 2003 vor, einer Gruppe von Jugendli-chen der verschiedenen Nationalitäten, die über den klassischen Arbeitsmarkt nur schwer zu vermitteln waren, eine modellhafte, denkmalpflegerische, aus-bildungsähnliche Maßnahme anzubieten.

Vierzehn Monate lang konnten, gefördert aus Mitteln des Europäischen Sozialfonds, eine Reihe von Arbeiten getätigt werden, die der weiteren Nutzung der Halle für öffentliche Veranstaltungen zugute kamen: provi-sorische Teilsanierung von Räumen im Kopfbau, Re-animation der Wasser- und Telefonanschlüsse, Er-neuerung sämtlicher Fensterscheiben, wiederholte Grundreinigungen, Aufräum- und Sanierungsarbeiten an und in den Außenanlagen sowie partielle Ausbes-serungen an Gemäuer- und Stahlgewerken und vieles andere mehr. Womit der Grundstein für die weitere intensive Nutzung gelegt war, die bis heute andauert. Und so kam es, dass mit all diesen Aktivitäten sich weit mehr als 50 000 Besucher seither vom Gelände an der Wittelsbacher Allee angezogen fühlten.

Szenenbild aus „Wilhelm Meister 1+2+3" von J. W. von Goethe (2004) (Bühnenbild: Michael Weber)

FAZIT UND AUSBLICK

Der bisherige Erfolg macht Mut, in dem Bestreben fortzufahren, aus dieser attraktiven, am Schnittpunkt dreier bevölkerungsreicher Stadtteile gelegenen Industriebrache ein (Kultur)Zentrum der besonderen Art zu entwickeln: einen Ort, der der künstlerischen Produktion, der kulturellen Aktion und der sozialen Belebung gleichermaßen dient und die Synergien nutzt, die sich ergeben, wenn Leute aus unterschiedlichsten Kulturen, Milieus und Generationen einer Stadt zusammenkommen.

In den zurückliegenden sechs Jahren hat sich das negative Image der Naxoshalle im Bewusstsein der Öffentlichkeit zu einem mit Fantasie besetzten Ort städtischer Zukunftsplanung verwandelt. Die Besucher sind beeindruckt von der Ursprünglichkeit und Ausstrahlung dieses Ortes, der als ein Stück Großstadt (à la Hamburg oder Berlin) empfunden wird.

Auch die Einbindung sowohl unserer Theaterarbeit als auch unserer (industrie)archäologischen Bemühungen in die Programmatik der Route der Industriekultur wird sich weiterhin für unsere Arbeit und damit auch für das Ansehen der Naxoshalle positiv auswirken. Dieser Zusammenhang könnte und sollte in den kommenden Jahren ausgebaut werden. Die Idee, an diesem Ort zusammen mit dem benachbarten Künstlerhaus Mousonturm, dem bereits angesiedelten Kabarett „Die Käs", einer geplanten Spielstätte für freies Theater im ehemaligen Kantinengebäude der Naxos-Union sowie der großen Halle als Kernstück rund um die Waldschmidtstraße/Wittelsbacherallee einen starken und weit ausstrahlenden Kulturort entstehen zu lassen, läge durchaus in der Kontinuität Frankfurter Kulturpolitik. Diese wollte bekanntlich im Jahre 1990 mit der langfristigen Anmietung der Naxoshalle zum Zweck der Gründung eines Technik- und Industriemuseums einen kulturellen Akzent gesetzt sehen. Mit der sukzessiven Ansiedlung von Firmen der audiovisuellen Branche in das der Halle benachbarte, inzwischen sanierte Verwaltungsgebäude des ehemaligen Industriekomplexes wurde ein weiteres Signal in Richtung Synergie zwischen Kunst, Kultur und Kommunikation gesetzt. Alles in allem trag- und entwicklungsfähige Ressourcen, die in dieser Verdichtung an keiner anderen Stelle der Stadt vorhanden sind.

Von der leeren Halle ...

... zur Spielstätte.

VON DER TRÜMMERZEIT BIS INS ZEITALTER DER ROBOTER.

EINE NEUE AUSSTELLUNG ZUR GESCHICHTE DES OPEL-WERKS UND DER STADT RÜSSELSHEIM AB 1945

Peter Schirmbeck

Ochsengasse, 20 Quadratmeter in einem Stallgebäude, ein Nachbau als erstes Produkt – sind dies optimale Voraussetzungen zum Start eines Weltunternehmens? Wohl kaum. Dennoch, aus diesen Anfängen des Jahres 1862 heraus entwickelte sich innerhalb von 140 Jahren ein Werk von 2,5 qkm Fläche mit der derzeit modernsten Automobilproduktion der Welt.

In der tagtäglichen Arbeit in Betrieben ist den wenigsten der oft atemberaubende Spannungsbogen der Entwicklung ihrer Firma bewusst – verloren gehen dürfen solche Unternehmensgeschichten, oft spannend wie ein Krimi, jedoch keinesfalls. Auch die Route der Industriekultur Rhein-Main lebt in ihrer baulichen, sozial- und wirtschaftsgeschichtlichen Substanz von diesen Entwicklungen.

Das 1976 eröffnete Stadt- und Industriemuseum in Rüsselsheim machte es sich zur Aufgabe die industrielle Entwicklung einer Stadt und eines Unternehmens in zwei Hauptabteilungen von den industriellen Anfängen des 19. Jahrhunderts bis ins Zeitalter der Roboter zu erforschen und in Ausstellungen vorzustellen.

Gut bekannt in der Rhein-Main-Region ist bereits die erste Abteilung für den Zeitraum von 1830 bis 1945, denn mit ihr wurde ein neues Konzept zur Darstellung von Industriegeschichte geboren – die Kombination von Technik- und Sozialgeschichte mit der industriellen Arbeitswelt als Schwerpunkt. Highlights und Themen dieser Ausstellung sind die erste Opel-Nähmaschine von 1862, eine Dampfmaschine von 1886, die Rekonstruktion eines Drehersaals mit Halbautomaten von 1912 (Abb. S. 41), eine Drehwand mit Belegschaftsfotos in Lebensgröße, der Beginn der Automobilproduktion 1899, das erste Fließband 1924, der Verkauf der Firma Opel an G.M. 1929–1931 und am Ende die NS-Zeit mit ihren Zerstörungen von Stadt und Werk.

VOM KRIEG ZUM FRIEDEN

Unter dem Motto „Vom Krieg zum Frieden" [1] setzt exakt hier die neue, 2004 fertig gestellte zweite Ausstellung mit der Präsentation eines Opel-Blitz-LKW an. Seine Ladefläche trägt eine doppelte Dokumentation; eine zum militärischen Einsatz des Lastkraftwagens an allen Fronten, eine zur zivilen Nutzung beim Wiederaufbau nach dem Krieg.

Parallel hierzu wird mit Dokumenten, Filmen, Notzeit-Objekten diese Zeit des ‚Umbruchs' beleuchtet: Entnazifizierung, Wohnungs- und Lebensmittelnot, Wiederaufbau demokratischer Strukturen, Integration der Flüchtlinge. Für den anschließenden gewaltigen industriellen Schub der 50er/60er Jahre stehen ein originales Fließband [2] aus dem seinerzeit modernsten Motorenwerk der Welt (M55) und ein Opel-Rekord, gefertigt im damals modernsten europäischen Automobilwerk (K40) für eine tägliche Produktion von 1000 Automobilen.

Prinzip des Rüsselsheimer Museums ist es, die unterschiedlichen Zeitepochen jeweils mit aussagekräftigen Objekten, zugleich aber auch in ihren übergreifenden Strukturen vorzustellen. Am Fließband ließ sich dies gut verwirklichen. Das Band selbst – ein Geschenk der Adam Opel AG – beeindruckt in seiner ‚ehernen', von einer gewaltigen Kette bewegten Konstruktion. Originale, auf diesem Band gefertigte Motoren vervollständigen das Bild ebenso wie ein Film über dieses Fließband und persönliche, über Kopfhörer abrufbare Schilderungen von „Opelanern".

Ebenso anschaulich konnten jedoch die beiden Hauptentwicklungslinien industrieller Produktion im Allgemeinen unter Nutzung eines zweiten, darüberliegenden, auf- und absteigenden Transportbandes vorgestellt werden: Die rasant aufsteigende Linie industrieller Produktivität einerseits, die die handwerklicher Epochen um das Hunderttausendfache überstieg, und die – im Vergleich zum Handwerk – stark abfallende Linie des Verlustes von Stolz und Identität andererseits, bedingt durch den Taylorismus, die industrielle Arbeitsteilung. Sie reduzierte industrielle Fertigung auf einfachste, repetitive Handgriffe. Die Begegnung dieser beiden Linien markiert übrigens exakt den Punkt, aus dem heraus die Idee zur Route der Industriekultur Rhein-Main entwickelt wurde: Industrielle Höchstleistungen bei ausbleibender Identität (vgl. dazu auch den Beitrag auf S. 6).

PRODUKTIONSANLAGEN UND PRODUKTE

In der Darstellung industrieller Entwicklung gehören Produktionsanlagen und die mit ihnen gefertigten Produkte natürlich zusammen. Entsprechend blicken

[1] Der Opel-Blitz ‚transportiert' zugleich seine Geschichte. Unten als Militärfahrzeug, oben beim Wiederaufbau.

[2] Zentrales Ausstellungsobjekt der Industriegeschichte: Original-Fließband aus dem Opel-Werk.

[3] ‚Innovationen' der 50er Jahre in den Bereichen Haushalt und Freizeit.

[4] Industrie-Roboter, jüngste Entwicklungsstufe industrieller Produktion.

freundliche Scheinwerfer-Augen eines Opel-Rekord auf die Ausstellungsbesucher, dessen schwingendes, farbenfrohes Design der 50er Jahre im nebenan platzierten kompletten Wohnzimmer mit Vitrinenschrank, Musiktruhe, Cocktailsesseln und Nierentisch seine Fortsetzung findet.

Das so genannte Wirtschaftswunder findet hier ebenso seinen sinnlichen Ausdruck wie in den zahlreichen ausgestellten Konsum-Träumen – vom Tonbandgerät zur Filmkamera, vom Plattenspieler zum tragbaren Radiogerät bis hin zu Haushaltsgeräten [3], die die Doppelbelastung der Frauen etwas erleichterten, wie Waschmaschine, Mixer und Kühlschrank.

Was die nächsten Schritte industrieller Entwicklung anbelangt, so ist der Roboter heute in aller Munde: Eher ,unsichtbare' Roboter gab es jedoch bereits ab den 60er Jahren. Auf vollautomatischen Transferstraßen von der Größe ganzer Tennisplätze wurden beispielsweise Motorblöcke ausgehend vom Rohling ohne eine einzige menschliche Hand bearbeitet. Die Dokumentation einer solchen Fertigungsstraße verbindet die Rüsselsheimer Ausstellung mit einem wahren Maschinen-,Elefanten', einer vollautomatischen, acht Tonnen schweren Drehmaschine, die alle sieben Sekunden einen Motorkolben bearbeitete. Auf Knopfdruck können Museumsbesucher sie in Bewegung setzen.

Gemälde, Grafiken, Skulpturen zu Technik, Arbeit und Industrie aus der Sammlung des Rüsselsheimer Museums begleiten die Zeitepochen dieser Dauerausstellung, die ihre Besucher bis an die Gegenwart heranführt, ans Zeitalter der Industrie-Roboter. Ab dem Jahr 1983 hielten sie Einzug im Opel-Werk, gefertigt von der Firma KUKA, die dem Museum einen Roboter der ersten Generation stiftete. [4]

Vorgestellt wird er in der Ausstellung aus zwei Aspekten: dem der atemberaubenden technisch-wissenschaftlichen Entwicklung, die er verkörpert, einerseits und dem des Wegfallens von Arbeitsplätzen im Produktionsbereich andererseits. Ein ergänzender Film der Adam Opel AG zeigt Industrieroboter in Bewegung, in der Rohmontage, die zu 99 % automatisiert ist.

ZEITENWENDE

Auch dieses Exponat eines Roboters finden die Museumsbesucher wiederum eingebettet in die kulturgeschichtliche Entwicklung insgesamt. Hierzu sei der dem Roboter beigegebene Ausstellungstext zitiert: „Roboter-Zeitalter. Mit der Vollendung des 2. Jahrtausends n. Chr. ging ein jahrhundertelang gehegter Menschheitstraum in Erfüllung: die Entwicklung vollautomatischer Roboter. Seit der Renaissance im 16. Jh. versuchte man verstärkt naturwissenschaftliche Erkenntnisse auch praktisch nutzbar zu machen. Ziel der industriellen Revolution ab dem 18. Jh. war es, menschliche Arbeit durch Maschinen mehr und mehr zu ersetzen und zu beschleunigen. Der Roboter stellt in dieser jahrhundertelangen Entwicklung einen Höhepunkt dar, von dem vorhergehende Generationen eher fantasieren konnten. Angelangt auf einer solch hohen Entwicklungsstufe könnte die Menschheit tendenziell mehr und mehr ,die Hände in den Schoß legen', ,andere' für sich arbeiten lassen und die Früchte von Wissenschaft und Technik genießen. Voraussetzung hierfür wäre allerdings, dass die Menschheit sich mehr und mehr als solidarische Einheit versteht. Betrachtet man am Beginn des 3. Jahrtausends die politischen, wirtschaftlichen, sozialen und kulturellen Verhältnisse auf der Erde, erscheint ein solcher Zustand eher utopisch."

Großfotos, die die sukzessive Umstellung der Produktion ab den 80er Jahren des 20. Jahrhunderts von Menschen auf Roboter dokumentieren, ergänzen dieses letzte Kapitel der Ausstellung. Für den Besucher findet hier eine Zeitreise durch mehr als 150 Jahre Stadt- und Industriegeschichte mit ihren Exponaten aus Technik-, Sozial- und Kunstgeschichte ihr vorläufiges Ende.

Betrachtet man die beschriebene neue Abteilung aus der Perspektive der Route der Industriekultur Rhein-Main, so ergibt sich eindeutig eine Win-win-Situation: Die Route der Industriekultur als übergreifende Einrichtung wird der Ausstellung neue Besucher auch aus der Region vermitteln. Die Route ihrerseits wird in ihrem Angebot bereichert durch die anschauliche und exemplarische Vorstellung der Geschichte eines der großen Industrieunternehmen der Region.

BETONMODELLE IN OFFENBACH –
EIN EINZIGARTIGES DOKUMENT DES NEUEN BAUENS

D. W. Dreysse

Die Betonmodelle im Offenbacher Dreieichpark sind ein einmaliges Dokument. Sie markieren den Beginn einer industriellen Revolution im Bauwesen, nämlich für die im 20. Jahrhundert vorherrschende Bauweise in (Stahl-)Beton. Sie wurden 1879 als Demonstrationsobjekte anlässlich der an diesem Ort stattfindenden ersten Landesgewerbe-Ausstellung von der Offenbacher „Cementfabrik Feege& Gotthardt" errichtet und haben bis heute an diesem Ort im Originalzustand überdauert.

1970 wurden sie restauriert und in ihrer Standfestigkeit gesichert – eine Arbeit, die von verschiedenen Firmen (Dyckerhoff Zementwerk AG/Wiesbaden, Portland Zementwerk AG/Heidelberg, Buderus´sche Eisenwerke/Wetzlar und E. Schwenk Zementwerk AG/Ulm) gespendet und von der Firma „Wayss und Freytag" (Niederlassung Frankfurt a. M.) durchgeführt worden ist.

Die Modelle bestehen aus drei Objekten:
- einem brückenähnlichen, 1 m breiten Bogen mit zwei Widerlagern und einer Spannweite von ca. 16,0 m
- einem durch Eckstützen markierten Raum. Dieser offene „Gartentempel" hat einen quadratischen Grundriss und eine Höhe von ca. 3,5 m bis zum Ansatz der ca. 70 cm hohen Kuppel (Kreuzgewölbe)
- einer Plattform mit flachem Betonbogen und einer ca. 90 cm breiten Betontreppe, die auf dieses Podest

hinaufführt, wohl weniger zum Zweck der Begehung, als vielmehr um zu demonstrieren, welche Möglichkeiten dieser Baustoff Beton bietet.
Alle Teile bestehen aus einem nicht armierten Beton. Eisen- bzw. Stahleinlagen wurden, um die Zugspannung aufnehmen und großräumige Konstruktionen errichten zu können, erst später entwickelt.

Es ist nicht übertrieben zu sagen, dass diese Beton-Modelle völlig vernachlässigt in einer düsteren Ecke des Parks herumstehen und kaum Beachtung finden. Wenigstens nicht die Beachtung, die sie verdienen. Schließlich handelt es sich hier um die ältesten allgemein bekannten, noch intakten Betonbauwerke in Deutschland.

Es ist daher unser primäres Anliegen, sie quasi ans Tageslicht zu befördern. Dies geschieht durch eine Freistellung auf einem „Präsentierteller". Das Buschwerk, das die Hälfte des Bogens umgibt, muss beseitigt werden, wie überhaupt der Dreieichpark insgesamt gelichtet werden sollte. Vielleicht sollte auch der eine oder andere Baum gefällt werden, um den Anblick der Modelle zu ermöglichen.

Den „Präsentierteller" bildet ein aus Basaltlava gepflasterter Platz. Er sollte einen räumlichen Bezug auf die Villa des Stadtmuseums aufnehmen. Sitzbänke können aufgestellt werden. Bei Dunkelheit könnten die Modelle dezent illuminiert werden.

STATIONEN ZUR INDUSTRIEKULTUR ENTLANG DES MAINS

Erste Skizze zur Route der Industriekultur Rhein-Main

Hanau

Hafenbauten mit Plastiken „Arbeiter der Stirn und der Faust" um 1930

Fechenheim

Cassella, Heizkraftwerk, Farbmühle, Fabrikgebäude

Offenbach

Tabakmanufaktur des 18. Jahrhunderts, Fa. Bernard, heute Büsing-Palais
Schlachthof

Frankfurt/Main (von Osten nach Westen)

Gaswerk Frankfurt/Main-Ost von Peter Behrens (Ensemble von ca. 0,5 km Umfang)
Großmarkthalle, Hanauer Landstraße
Osthafenanlagen
Naxos-Halle
Mouson-Fabrik
Druckwasserwerk, Westhafen
Hauptbahnhof
Adlerwerke
Klärwerk, Niederrad

Höchst

Bolongaro-Palast, Tabak-Manufaktur des
18. Jahrhunderts
Verwaltungsgebäude der Farbwerke Hoechst von Peter Behrens
Arbeitersiedlungen der Farbwerke Hoechst

Hattersheim

Wasserpumpwerk

Raunheim

Fabrikgebäude der Fa. Resart-Ihm
Arbeiterhäuser (4 Familien unter einem Dach!)

Flörsheim

Kalkbrennöfen
Keramag-Areal

Rüsselsheim

Opel-Werke, Ensemble von ca. 2 km² Fläche, gewachsen zwischen 1868 und 1998
Nordfassade des Werks, Trakt Weisenauerstraße, 1907
Ostfassade des Werks, Portalbau 1912
Inneres Werksareal im Stil des Neoklassizismus mit ‚Adamshof', Turmpaar, Gebäude des 1. Fließbandes.
Halle im Stil einer 3-schiffigen Basilika, etc., etc., Bauten entlang der zentralen, nach Westen gerichteten Werksachse.
Südfassade des Werks mit Turmbau als Abschluss, 1916–1929
Verladebahnhof 1930
Kraftwerk am Main, 1936 (Bauhausarchitektur)
Gesenkeschmiede-Halle am Main, 1937, von Ausmaßen die die Titanic aufnehmen könnten
Automobilwerk, K40, 1951–1958
Neues Verwaltungsgebäude der Adam Opel AG, 1998
Opel-Villen am Main, 1916, 1930
Stadt- und Industriemuseum Rüsselsheim, ausgezeichnet mit dem Museumspreis des Europarates
Schwerpunkte:
Industrielle Entwicklung von Seiten der Technik
Industrielle Entwicklung von Seiten der Menschen
Industrielle Arbeitswelt
Industrie-Produkte
Ästhetik im Kontext industrieller Entwicklung:
Bildende Kunst, Architektur, Auswirkungen der Industrialisierung auf Natur und Umwelt (Ökologie)

Gustavsburg

Wohn- und Werkstattgebäude (MAN)
Arbeitersiedlung
Eisenbrücke über den Main

Wiesbaden

Wasserturm
Henkell, Sektkellerei (Bonatz)
Nero-Berg-Bahn

Zusammenstellung:

Dr. Peter Schirmbeck
Rüsselsheim, Frankfurt/Main im Februar 2000

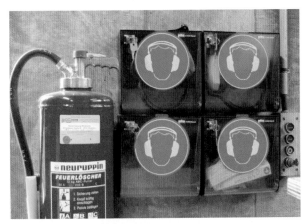

TECHNISCHE SAMMLUNGEN UND MUSEEN IM RHEIN-MAIN-GEBIET

Zusammenstellung und Recherche: Lino G. Másala

Die folgende Liste der Museen und Technischen Sammlungen erhebt keinen Anspruch auf Vollständigkeit, sondern bietet lediglich eine exemplarische Auswahl; sie nennt bevorzugt die Museen entlang der Route der Industriekultur.

AUTOMOBIL

Automuseum Rosso-Bianco
Obernauer Straße 125 | 63743 Aschaffenburg
Tel. (0 60 21) 2 13 58
info@rosso-bianco.de | www.rosso-bianco.de
Öffnungszeiten: So. 10:00–18:00 h (sowie an einigen Feiertagen)
Eintritt: Erwachsene 9 Euro (erm. 5 Euro)
Gruppen nach Vereinbarung

Das weit über die Region hinaus bekannte Automobilmuseum beherbergt seit 1987 die größte Sportwagensammlung der Welt. Gezeigt werden mehr als 200 sportliche Oldtimer von über 50 Marken, darunter auch rare Unikate. Ferner eine bedeutende Autokunstsammlung mit rund 600 Objekten: von Gemälden über historische Plakate bis hin zu Skulpturen und Reliefs von 1890 bis heute. Die attraktive Kollektion reicht vom frühen Grand-Prix-Wagen über ein breites Spektrum von Sportwagen der 50er und 60er Jahre bis hin zu den PS-gewaltigen CANAM- und Gruppe-C-Boliden. Technisch-wissenschaftlich verfolgt die Ausstellung das Ziel, die rund 100-jährige Entwicklung zweisitziger Sportwagen für Straße und Wettbewerb aufzuzeigen und deren Weiterentwicklung in der Serientechnik nachzuzeichnen – ein Konzept, das mittlerweile auch von der obersten bayerischen Museumsbehörde offiziell gewürdigt wurde.

Museum Ober-Ramstadt
Grafengasse/Prälat-Diehl-Straße
64372 Ober-Ramstadt
Tel. (0 61 54) 17 97 (Museum) und
Tel. (0 61 54) 45 98 (zur Autogeschichte)
Öffnungszeiten: So. 14:30–17:30 h (oder nach Vereinbarung)
Eintritt frei | Gruppenführungen auf Anfrage

Zwischen 1922 und 1935 wurden in Ober-Ramstadt Automobile gefertigt. Hervorgegangen aus den Falcon Automobilwerken (1922–1926) erlebte der Ober-Ramstädter Automobilbau mit dem Hersteller Röhr zwischen 1926 und 1935 seinen Höhepunkt. Dieses Kapitel der regionalen Technikgeschichte ist Teil der Geschichte eines Industriestandorts, der im 1. Weltkrieg als Munitionsfertigung begann und nach dem 2. Weltkrieg mit einem Betrieb der amerikanischen Streitkräfte zur Runderneuerung von Reifen seinen Ausgang nahm. Die Dauerausstellung im Museum Ober-Ramstadt (Altes Rathaus) präsentiert zahlreiche Exponate, darunter auch Fahrzeuge der Marken Röhr, MIAG und HAG. Unter Trägerschaft des Vereins für Heimatgeschichte bietet das Museum neben dieser Dauerausstellung zur Industrie- und Sozialgeschichte eine biografische Sammlung zu dem Ober-Ramstädter Naturwissenschaftler und Aphoristiker Georg Christoph Lichtenberg.

Opel Werkstour
Friedrich-Lutzmann-Ring 2 (bis Januar 2006)
Treffpunkt Opel Hauptportal (ab Februar 2006)
65423 Rüsselsheim
Tel. (0 61 42) 76 56 00
opel.live.reservierung@de.opel.com | www.opel.de
Führungen: Mo. bis Fr. 11:00 und 15:00 h (Familien und Einzelpersonen) | Gruppen ab 10 Personen nur nach vorheriger Reservierung.
Eintritt: Erwachsene und Kinder (ab 13 Jahren) 4 Euro, Kinder (6–12 Jahre) 2 Euro | Gruppen ab 10 Personen je 3 Euro, Behinderte 2 Euro | Kurzfristige Änderungen vorbehalten (bitte telefonisch erfragen)

Bei dieser Führung durch eines der modernsten Automobilwerke der Welt kann man für zwei Stunden die Zeit vergessen. Den Besucher erwartet eine außergewöhnliche Reise in das Herz des Opel-Stammwerks in Rüsselsheim und die Möglichkeit, den Menschen über die Schultern zu schauen, die diese Automobile bauen. Gleichzeitig können modernste Maschinen- und Robotertechnologie und dazu faszinierende Produktionsabläufe im Presswerk, im Rohkarroseriebau sowie in der Fertig- und Endmontage erlebt werden. Angeboten werden vier Termine pro Tag (auch fremdsprachig). An den Werkstouren dürfen Kinder erst ab sechs Jahren teilnehmen. An produktionsfreien Tagen bzw. gesetzlichen Feiertagen in Hessen finden keine Werkstouren statt.

BEKLEIDUNG

Museum im Gotischen Haus
Tannenwaldweg 102 | 61350 Bad Homburg v. d. Höhe
Tel. (0 61 72) 3 76 18
stadtmuseum@bad-homburg.de
www.bad-homburg.de
Öffnungszeiten: Di., Do., Fr., Sa. 14:00–17:00 h
Mi. 14:00–19:00 h | So. 12:00–18:00 h
Eintritt: Erwachsene 2 Euro, Kinder 1 Euro

Das Museum der Stadt Bad Homburg hat sein Domizil im „Gotischen Haus", einem ehemaligen Jagd- und Lustschlösschen der Landgrafen von Hessen-Homburg. 1823 im neugotischen Stil erbaut, beherbergt es heute in ebenso noblem wie stilvollem

Ambiente das „Hutmuseum", das „Museum im Gotischen Haus", eine Münzsammlung sowie die Sammlung Marienbad. Eine echte Besonderheit in der deutschen Museumslandschaft ist das „Hutmuseum Bad Homburg": Star und Anlass der Sammlung ist der „Homburg Hut", der erstmals 1882 von der in Bad Homburg ansässigen Hutfabrik Möckel für einen modebewussten Kurgast, den englischen Kronprinzen Edward, hergestellt wurde. Rund 300 Exponate veranschaulichen die Kulturgeschichte der modischen Kopfbedeckungen. Anhand von Werkzeugen und Bildern lässt sich der langwierige und komplizierte Prozess der Herstellung von Hüten in Handwerk und Fabrik nachvollziehen. An die Blütezeit des Maschinenbaus der Kurstadt erinnert indes eine im „Museum im Gotischen Haus" ausgestellte Horex Regina von 1953. Die Firma Mahle – Nachfolger des 1923 in Bad Homburg gegründeten Motorrad-Herstellers Horex – hat das einst beliebte Alltagsmotorrad jüngst der Stadt überreicht.

COMPUTER- UND RECHNERTECHNIK

technikum29
Museum für Rechner-, Computer- und Kommunikationstechnik
Am Flachsland 29 | 65779 Kelkheim am Taunus
Tel. (0 61 95) 21 70
post@technikum29.de | www.technikum29.de
Öffnungszeiten: So. 14:00–16:00 h (geplant)
Prinzipiell nur Führungen, pünktlicher Besuch erbeten, Schwerpunktthema telefonisch erfragen.
Gruppenführungen sind ab ca. 8 Personen auf Anfrage auch zu anderen Zeiten möglich.
Wegen der komplexen Materie ist ein Mindestalter von ca. 14 Jahren sinnvoll.
Eintritt: ca. 3 Euro

Seit November 2005 ist das Museum westlich der Mainmetropole in neuen Räumlichkeiten untergebracht. Neu ist auch das Konzept von Dipl.-Phys. Heribert Müller, das keine bloße Darstellung lebloser Objekte anvisiert, sondern auf eine lebendige Darstellung der Exponate abzielt. Das „technikum29" umfasst die Themengebiete Kommunikationstechnik (Entwicklung von Rundfunk, Tontechnik, Fernsehen, Faximile, Fernschreiben, Schreibautomaten u.a.) sowie Rechner- und Computertechnik (von mechanischen Rechenautomaten über ein komplettes historisches Rechenzentrum der 60er Jahre bis zu den ersten PCs). Zentrales Unterscheidungsmerkmal dieser Präsentation ist die Funktionstüchtigkeit der meisten Exponate – eine im Rhein-Main-Gebiet in dieser Art sicher einmalige Darstellungsform. An einigen Geräten können Besucher selbst „arbeiten", z.B. E-Mails über vernetzte Fernschreiber versenden oder Hollerith-Karten an einem Automaten lochen, die dann von

„antiker EDV" verarbeitet werden. Ein Besuch in diesem Museum mit seinen weit über 300 Exponaten (darunter vielen Raritäten) lohnt sich also nicht nur für „alte Technikhasen", die dort nostalgisch von der guten alten Zeit transparenter, großformatiger Technik schwärmen können, sondern auch für Technikinteressierte, die verstehen möchten, welch rasanten Fortschritt die Entwicklung in dieser Sparte vollzogen hat.

DAMPFMASCHINEN & MOTOREN

Siehe auch → Industrialisierung & Industriegeschichte
→ Museum Großauheim

Stiftung Technische Sammlung Hochhut
Hattersheimer Straße 2–6 | 60326 Frankfurt am Main
Tel. (0 69) 7 39 27 26 | mobil (01 71) 3 69 15 32
m.wolf@hochhut-museum.de
www.hochhut-museum.de
Öffnungszeiten: Besuch nach Vereinbarung
Eintritt frei

Die gemeinnützige Stiftung ist aus der privaten Sammlung von Karola und Fritz Hochhut hervorgegangen und dient der Förderung von Bildung und wissenschaftlicher Forschung auf dem Gebiet der Technik, insbesondere Motorentechnik. Mit dieser Zielsetzung präsentiert die Sammlung mehrere hundert Exponate: Dampfmaschinen, Stationärmotoren, Motorrad-, Auto-, Schiffs- und Flugzeugmotoren sowie komplette Fahrzeuge aller Art. Bemerkenswerteste Exponate sind zurzeit ein Bergman 1898, ein Stanley-Dampfwagen 1902 sowie Nachbauten des ersten Automobils von Carl Benz von 1886 und des ersten Motorrades von Gottlieb Daimler aus dem Jahre 1885. Weitere Highlights: eine Dampfmaschine von 1908 mit 2,8 m Schwungraddurchmesser, ein 42-Zylinder-Sternmotor für den Schiffsbetrieb oder die erste Dampffeuerspritze der Feuerwehr Frankfurt von 1888.

DESIGN

BraunSammlung
WesterbachCenter
Westerbachstraße 23c | 61476 Kronberg im Taunus
Tel. (0 61 73) 30-21 88 (zu Förderkreis und Sammlung)
Tel. (0 61 73) 30-25 43 (Presseanfragen)
info@braunsammlung.info (zu Förderkreis und Sammlung)
birte_cobarg@gillette.com (Presseanfragen)
www.braunsammlung.info
www.foerderkreis-braunsammlung.de
Öffnungszeiten: Di. bis So. 10:00–16:00 h
Mi. 10:00–20:00 h (oder nach Vereinbarung)

50 Jahre nach Vorstellung des neuen Braun-Designs auf der Düsseldorfer Phonoausstellung von 1955 wurde in Kronberg im neu gestalteten WesterbachCenter die von Darmstadt nach Kronberg verlagerte BraunSammlung der Öffentlichkeit präsentiert. Damit kehrte ein Stück Firmengeschichte an den Sitz der Unternehmenszentrale zurück. In Kronberg wird künftig auch das Braun-Archiv seinen Platz finden, das allerdings der Öffentlichkeit nicht zugänglich ist. Somit sind die Braun Sammlung und das Braun-Archiv zum ersten Mal unter einem Dach vereint. Die Dauerausstellung beherbergt über 300 Exponate – historische wie aktuelle Produkte, Designmodelle, Skizzen sowie umfangreiches Dokumentationsmaterial zu Designgeschichte und technischen Entwicklungen. Dokumentiert wird die Produktrevolution seit den Anfängen in den 20er Jahren, als Max Braun noch Rundfunkteile herstellte. Originale aus dieser Zeit sind ebenso zu besichtigen wie technische Entwicklungen und die ungewöhnliche Designgeschichte des fast 85-jährigen Unternehmens. Ergänzt wird diese Dauerausstellung künftig durch halbjährlich wechselnde Sonderausstellungen. Den Anfang macht die bis zum 27. Januar 2006 laufende Ausstellung „Braun – 50 Jahre Design", auf der auch der legendäre Messestand von 1955 zu sehen ist.

Institut für Neue Technische Form e.V.
Design Haus | Eugen-Bracht-Weg 6 | 64287 Darmstadt
Tel. (0 61 51) 4 80 08 | info@intef.de | www.intef.de
Öffnungszeiten: Di. bis Sa. 10:00–18:00 h und
So. 10:00–13:00 h (Ausstellungen)
Di. bis Fr. 10:00–18:00 h (Büros)
Eintritt frei

Das Institut für Neue Technische Form, abgekürzt INTEF, ist 1952 von Prinz Ludwig von Hessen und bei Rhein und der Stadt Darmstadt als erstes deutsches Designinstitut gegründet worden. Sein Schwerpunkt liegt in der Kommunikation zwischen Design und Technik, Forschung und Entwicklung, Ökologie und Ästhetik sowie Ausbildung und Wirtschaft – regional wie überregional. Das INTEF versteht sich ebenso als Forum für unveröffentlichte Produktideen wie für hervorragende Beispiele industrieller Leistung. Design wird in einen Zusammenhang gestellt mit Architektur, Städteplanung, Umweltgestaltung und wissenschaftlichen Themen aus Forschung und Entwicklung. In Ausstellungen wird die Arbeit schöpferischer Persönlichkeiten dokumentiert, ferner werden die Ergebnisse der Zusammenarbeit fortschrittlicher Industriefirmen mit Designern präsentiert. Themen aus benachbarten Gebieten wie Grafik, Fotografie, Architektur, Kunst, Wissenschaft und Technik werden ebenfalls behandelt. Neben Produktsammlungen verschiedenster namhafter Firmen besteht ein Archiv mit einer Vielzahl von Medien, darunter Fotos, Dias, Videos, Super8-Filme, Tonträger, Bücher, Zeitschriften, Pläne, Modelle, Prototypen, Unikate und vieles andere mehr. Das Institut für Neue Technische Form konzentriert sich in seiner permanenten Ausstellung auf die Arbeit einzelner Designer, in deren Mittelpunkt Dieter Rams steht. Die Schau, die eine Vielzahl von Produkten vereint, versteht

sich als didaktische Präsentation, in der vor allem Materialien, die dem Designprozess zugrunde liegen, sowie die gesamte Entstehung eines Industrieproduktes – von der Skizze über Modelle bis hin zum Ergebnis – gezeigt werden.

DRUCKINDUSTRIE

Außenstelle Hessisches Landesmuseum Darmstadt
Abteilung für Schriftguss, Satz- und Druckverfahren
Kirschenallee 88 | 64293 Darmstadt
Tel. (0 61 51) 89 91 76
hik@hlmd.de | www.hlmd.de
Öffnungszeiten: Di., Fr. 10:00–12:00 h
Do. 15:00–17:00 h | Letzter Sa. im Monat 14:00–17:00 h
Eintritt: Erwachsene 2,50 Euro (erm. 0,50 Euro)

Mit dem Ziel der Wahrung des kulturellen Wertes der alten Kunst des Druckens und der Bewahrung des industriellen Erbes des Maschinenzeitalters übernahm das Land Hessen im Jahre 2001 das 1996 eröffnete Spezialmuseum für Drucktechnik. In einem 1906 errichteten Industriegebäude, das ursprünglich der Möbelfabrikation diente, können Besucher historische und künstlerische Druckverfahren kennen lernen. Während im ersten Stock einzelne Arbeitsschritte des mechanisierten und industriellen Buchdrucks an Maschinen des 19. und 20. Jahrhunderts vorgeführt werden, demonstrieren Schriftsetzer in der Handsetzerei den manuellen Satz mit Bleilettern. Die Erfindung der Linotype durch Ottmar Mergenthaler in den USA brachte 1886 den Durchbruch – mit dieser Maschine, von der im Museum noch einige Exemplare in Funktion stehen, konnten erstmals ganze Zeilen gesetzt und gegossen werden. Im dritten Obergeschoss befindet sich übrigens die einzige noch arbeitende Schriftgießerei Deutschlands: Ein Schriftgießer hält hier das kulturelle Erbe der bedeutenden Schriftgießerei D. Stempel AG aus Frankfurt lebendig, deren Gussformen für Bleisatzschriften zum Bestand des Museums gehören. Dank eines vielfältigen pädagogischen Angebots besteht die Möglichkeit, das historische Wissen in speziellen Workshops für Kinder wie Erwachsene vor Ort zu vertiefen und praktisch umzusetzen.

Gutenberg-Museum
Liebfrauenplatz 5 | 55116 Mainz
Tel. (0 61 31) 12 26 40-42 (Verwaltung)
gutenberg-museum@stadt.mainz.de
Öffnungszeiten: Di. bis Sa. 9:00–17:00 h
So. 11:00–15:00 h | Mo. und an gesetzlichen Feiertagen geschlossen
Eintritt: Erwachsene 5 Euro (erm. 3 Euro)

Seit der Erfindung von Johannes Gutenberg hat die Schwarze Kunst als Mittel zur Verbreitung von Information über sechs Jahrhunderte unsere Kultur- und politische Geschichte geprägt. Sie als altes Handwerk, als bedeutsamen Teil der Technik- und Arbeitsgeschichte zu bewahren ist eine kulturhistorische Aufgabe. Das Gutenberg-Museum der Stadt Mainz ist ein weltweit bekanntes und renommiertes Spezialmuseum der Schrift- und der Druckkunst. Gegründet wurde es von Mainzer Bürgern im Jahre 1900 anlässlich des 500. Geburtstages von Johannes Gutenberg, dem Erfinder der Druckkunst. Untergebracht ist das Museum heute im alten Haus zum römischen Kaiser und einem dahinter liegenden Neubau aus den 60er Jahren, der im Jahre 2000 modernisiert und mit einem zeittypischen Erweiterungsbau verbunden wurde. Zu den Highlights des Museums zählt die Rekonstruktion einer alten Druckerstube mit benutzbarer Presse. Wie vor 500 Jahren gedruckt wurde, wird in der Werkstatt „live" demonstriert. Auf 2700 qm Ausstellungsfläche werden Handschriften, historische Drucke, Grafiken, Druckpressen und Setzmaschinen früherer Epochen präsentiert und runden das mannigfaltige Spektrum dieses in seiner Art wohl einzigartigen Museums ab.

Klingspor-Museum Offenbach
Herrnstraße 80 | 63061 Offenbach am Main
Tel. (0 69) 80 65 29 54
www.klingspor-museum.de
klingspormuseum@offenbach.de
Öffnungszeiten: Di., Do., Fr. 10:00–17:00 h
Mi. 14:00–19:00 h | Sa., So. 11:00–16: 00 h
Führungen auf Anfrage
Eintritt: Erwachsene 2,50 Euro, Kinder 1 Euro,
mittwochs frei

Die Schriftgießerei der Gebrüder Klingspor in Offenbach genoss seit 1901 Weltruhm. Die Idee Karl Klingspors, zeitgenössische Schriftkünstler (u.a. Peter Behrens, Rudolf Koch, Otto Eckmann) mit der Entwicklung neuer Schriften zu beauftragen, statt überlieferte Schriften neu zu gießen, führte zur Erneuerung des Schriftwesens zu Anfang des 20. Jahrhunderts. Der systematisch aufgebaute Sammlungsbestand in Form einer Privatbibliothek, der bei Klingspors Tod im Jahre 1950 über 3000 Druckwerke umfasste, wurde von den Erben Karl Klingspors der Stadt Offenbach übereignet und bildete den Grundstock des 1953 eröffneten Museums. Zusammen mit den Nachlässen der Schriftkünstler Rudolf Koch und Rudo Spemann sowie den Ankäufen des Museums der letzten fünf Jahrzehnte erwartet den Besucher heute ein umfassender Überblick über die Buch- und Schriftkunst des 20. Jahrhunderts.

Eisenbahnmuseum Darmstadt-Kranichstein
Steinstraße 7 | 64291 Darmstadt
Tel. (0 61 51) 37 64 01
info@museumsbahn.de | www.dme-darmstadt.de
Öffnungszeiten: So. 10:00–16:00 h | Mi. 10:00–16:00 h
(April bis September)
Gruppen ab 20 Personen nur nach Voranmeldung
Eintritt: Erwachsene 4/5 Euro, Kinder 2/2,50 Euro
(ohne Zuatzprogramm/an Dampftagen)

Das Eisenbahnmuseum im ehemaligen Bahnbetriebswerk Darmstadt-Kranichstein geht auf private Initiative zurück und wurde 1976 gegründet. Heute besteht die Sammlung, die bei einem Rundgang besichtigt werden kann, aus Schienenfahrzeugen der verschiedensten Gattungen – von Dampfloks über Diesel- und Elektroloks bis hin zu Trieb-, Güter- und Personenzugwagen. Die Sammlung besteht aus über 40 Triebfahrzeugen und mehr als 150 Wagen. Hinzu kommt eine Vielzahl von interessanten Sammlungen aus dem Eisenbahnwesen. Über 100 aktive Mitarbeiter und freiwillige Helfer bemühen sich in ihrer Freizeit im zarten Duft von Ruß, Rauch und heißem Öl um den Erhalt des historischen Bestands. An Veranstaltungstagen kann der vielfältige Fahrzeugpark in Aktion erlebt werden. Informationen zum Veranstaltungsprogramm können dem Internet oder der Presse entnommen werden.

Feldbahn-Sammlung Hainstadt
IG Blumörsche Ziegeleibahn
Auf das Loh (gegenüber der Sammelstelle für Grünschnitt)
63512 Hainburg (Ortsteil Hainstadt)
Tel. (01 71) 3 32 13 34 (Herr Kray) | krayj@web.de
Öffnungszeiten: Besichtigung nur nach Voranmeldung
Eintritt frei

Bis zur Umstellung auf LKW-Verkehr im Jahre 1980 transportierte die Blumörsche Ziegelei den geförderten Ton mit einer 600-mm-Werksfeldbahn zu ihrem Ziegelwerk. Die ca. zwei Kilometer lange Stammstrecke zur Grube ist erhalten und kann mit einem rudimentär erhaltenen Fuhrpark unter Erläuterungen zur Historie der Hainstädter Feldbahnen nach Terminabsprache besichtigt werden. Die Strecke wurde in den 90er Jahren saniert und teilweise erneuert, sodass jetzt wieder ein sporadischer Fahrbetrieb möglich ist. Der Fuhrpark umfasst heute sechs Diesellokomotiven, darunter zwei Gmeinder-Loks von 1937/38 sowie vier weitere Loks von Gmeinder, O&K und Kröhnke aus der Nachkriegszeit. Zur Sammlung gehören auch diverse Munitionstransportanhänger der Bundeswehr sowie ein Schienenfahrrad unbekannten Baujahrs. Gefahren wird in alten Kipploren über eine durch einen Wald verlaufende Trasse mit einem kleinem Durchstich (Tal) bis zu der heute fast komplett zugewachsenen Tongrube. Diese in Hessen wohl einmalige Ziegelei-Feldbahn auf Originaltrasse ist für Technikinteressierte und Naturliebhaber ein Augenschmaus.

Frankfurter Feldbahnmuseum e.V.

Am Römerhof 15a | 60486 Frankfurt am Main

Tel. (0 69) 70 92 92 (wochentags erst ab 17:00 h)
ffmev@feldbahn-ffm.de | www.feldbahn-ffm.de
Öffnungstage ohne Fahrbetrieb
So. 14:00–17:00 h (jeden ersten Sonntag im Monat)
Fr. 17:00–19:00 h (jeden ersten Freitag im Monat)
Öffnungstage mit Fahrbetrieb
So. 10:00–17:00 h (nähere Informationen auf Anfrage)
Eintritt: Erwachsene 4 Euro , Kinder 2 Euro

Das Frankfurter Feldbahnmuseum bemüht sich seit einem Vierteljahrhundert um die betriebsfähige Erhaltung von historischen Feldbahnfahrzeugen. Während dieser Zeit standen zwei Zielsetzungen im Vordergrund: zum einen die oft schwierige Beschaffung von Fahrzeugen und feldbahntypischen Geräten zum Aufbau einer repräsentativen Sammlung, zum anderen der kontinuierliche Aufbau eines in dieser Art wohl einigartigen Feldbahnmuseums. Heute präsentiert sich ein Großteil der Fahrzeugsammlung in betriebsfähigem Zustand. Zum Fahrzeugbestand gehören zurzeit 16 Dampf-, 16 Diesel- und drei Elektrolokomotiven verschiedenster Herkunft sowie sieben Sonderfahrzeuge, darunter eine Handhebeldraisine, zwei Schienenfahrräder und eine Druckluftlokomotive. Nachdem bereits vier Feldbahndampflokomotiven aus deutscher Produktion aus Übersee zurück nach Deutschland geholt wurden (Lok 10 und 11 aus Indien, Lok 13 aus Indonesien, Lok 14 aus den USA), wurde das Museum nun auch in Japan fündig: Dort konnte ein rarer E-Kuppler mit 600 mm Spurweite erworben werden. Zum Fahrbetrieb mit diversen Antriebsgattungen gehören auch regelmäßige internationale Feldbahnertreffen mit Informationsaustausch in geselliger Runde sowie Sonderveranstaltungen mit besonderem Programm.

Historische Eisenbahn Frankfurt e.V.

Intzestraße 34 (Betriebsgelände)
60314 Frankfurt a.M.

Tel.: (0 69) 43 60 93
info@HistorischeEisenbahnFrankfurt.de
www.historischeeisenbahnfrankfurt.de
Öffnungszeiten: Mi. ab 16:30 h (Betriebsgelände)
Fahrplanmäßige Fahrten nach Regelfahrplan

Der Verein Historische Eisenbahn Frankfurt e.V. wurde 1978 mit dem Ziel gegründet, historisch wertvolles Eisenbahnmaterial, insbesondere Dampflokomotiven, als technische Kulturdenkmale betriebsfähig zu erhalten. Auf den Gleisen der städtischen Hafenbetriebe wurden nach Erwerb der ersten Zuggarnitur vornehmlich an Wochenenden regelmäßige Fahrten veranstaltet. In den folgenden Jahren konnten mehrere Schnellzug-Dampflokomotiven der Baureihen 01, 03, 18 und 23 sowie Güterzugdampflokomotiven der Baureihen 41, 50, 52, 81 und 95 beschafft werden. Der seitdem kontinuierlich erweiterte Fahrzeugpark besteht heute aus einer Vielzahl teils seltenen Rollmaterials, das vom Salonwagen über Güterwagen der verschiedensten Bauart bis hin zu einer VW-Bus-Draisine reicht. Das auf Loko-

motiven wie Wagen eingesetzte Personal ist entsprechend ausgebildet und eingewiesen und sorgt bei den fahrplanmäßigen Ausfahrten für eine professionelle Abwicklung des Betriebsablaufs. Ein auch übers Internet abrufbarer Regelfahrplan informiert über den Dampf-, Diesel- oder Schienenbusbetrieb sowie über die Fahrpreise.

Museumseisenbahn Hanau e.V.

Bahnhofstraße 2 | 61138 Niederdorfelden

Tel. (0 61 87) 47 92 45 | Mobil (01 79) 6 78 30 55
info@Museumseisenbahn-Hanau.de
www.museumseisenbahn-hanau.de
Öffnungszeiten: Sa. 10:00–17:00 h (Lokschuppen Hanau)
Eintritt frei (Betriebsgelände) | Fahrkarten für die einzelnen Fahrten nur im Zug erhältlich

Der Verein wurde 1988 als „Dampfbahnfreunde Kahlgrund e.V." gegründet und 2001 in „Museumseisenbahn Hanau e.V." umbenannt. Das ehemalige Bw-Hanau mit 8-ständigem Rundlokschuppen und Drehscheibe war von Anfang an der betriebliche Standort des Vereins. Hier erfolgt auch die Wartung und Reparatur der Fahrzeuge. Um der Öffentlichkeit diese mittlerweile selten gewordene Atmosphäre näher zu bringen, veranstaltet der Verein regelmäßig Bw-Feste, bei denen die Lokomotiven in ihrer „natürlichen Heimat" bewundert werden können. Hinzu kommen noch zahlreiche Sonderfahrten auf Strecken des Rhein-Main-Gebiets (z.B. in den Odenwald, den Kahlgrund oder den Taunus). Durch diese Sonderfahrten und den Aufbau des Eisenbahnmuseums soll die historische Bedeutung der Stadt Hanau als ehemaliger Standort des preußischen Eisenbahnpionierregiments und Eisenbahnverkehrsknotenpunktes ins öffentliche Bewusstsein gehoben und der Nachwelt erhalten werden. Informationen zu Veranstaltungsprogramm, Fahrterminen und Sonderfahrten auf Anfrage oder im Internet.

Nassauische Touristik-Bahn e.V.

Moritz-Hilf-Platz 2 | 65199 Wiesbaden

Tel. (06 11) 1 84 33 30
webmaster@aartalbahn.de | ntb@aartalbahn.de
www.aartalbahn.de
Öffnungszeiten (Geschäftsstelle):
Do. 16:00–19:00 h | Fr. 15:00–17:30 h
Fahrten zu den angekündigten Fahrzeiten
Eintritt frei (Betriebsgelände)

1889 wurde von Wiesbaden aus eine Eisenbahnstrecke eröffnet, die als „Langenschwalbacher Bahn" in die Geschichte des Bahnbaus eingegangen ist. Unter Leitung des Eisenbahningenieurs Moritz Hilf wurde mit genialer Trassenführung eine Bahnlinie konzipiert, die ohne aufwändige Tunnel- und Viaduktbauten auskam und so zur steilsten Bahnstrecke im Deutschen Reich wurde. Nach fast hundertjährigem Betrieb wurden zwischen 1983 und 1986 alle Streckenabschnitte stillgelegt. Im gleichen Jahr wurde die Historisch-Technische Vereinigung Nassauische Touristikbahn e.V. gegründet und mit dem Ziel der Beschaffung, Restaurierung und Erhaltung von historischen Schienenfahrzeugen sowie dem Aufbau eines Museumsbahnbetriebes gegründet, 1987 wurde schließlich die gesamte Strecke vom Landesamt als längstes technisches Kulturdenkmal Hessens unter Schutz gestellt. Inzwischen verfügt die NTB über eine Vielzahl historischer Eisenbahnfahrzeuge, die nach umfangreichen Restaurierungsarbeiten und bahntechnischer Abnahme auf der Aartalbahn eingesetzt werden. Die Museumsbahn besitzt auch ein kleines Eisenbahnmuseum. Informationen zu Veranstaltungsprogramm, Fahrplan und Fahrpreisen liegen im Bahnhof Dotzheim aus oder können übers Internet abgerufen werden.

Stadtwerke-Verkehrsmuseum Schwanheim
Rheinlandstraße 133 | 60529 Frankfurt
Tel. (0 69) 2 13-2 62 09 | Tel. (0 69) 2 13-2 21 76 (Info)
presse@vgf-ffm.de
www.vgf-ffm.de/frankfurt_verkehrsmuseum.html
Öffnungszeiten: Sa., So. und Feiertag 10:00–18:00 h
Gruppenführungen ab 10 Personen auf Anfrage
Eintritt: Erwachsene 1,50 Euro, Kinder 0,80 Euro

Das im Frankfurter Stadtteil Schwanheim an der Endstation der Linie 12 gelegene Verkehrsmuseum informiert in zwei ehemaligen Wagenhallen über die Geschichte des öffentlichen Personennahverkehrs in Frankfurt. In der Ausstellung „Von der Pferdebahn bis zur Neuzeit" können bei einem Rundgang 30 liebevoll restaurierte Originalexponate bestaunt werden: darunter der erste Pferdebahnwagen der Frankfurter Trambahngesellschaft von 1872, Straßenbahntrieb- und -beiwagen diverser Epochen, ein O-Bus, eine Dampflok von 1900, Gerätewagen sowie die „Kinder-Fahrschule". Auch die Gegenwart ist mit aktuellen Modellen vertreten. Zu bestaunen gibt es außerdem historische Netzpläne, Fahrausweise, Signalanlagen, Fahrmotoren, Dienstkleidung und eine Wartehalle der Frankfurter Lokalbahn AG von 1910 im Außenbereich.

GETRÄNKEINDUSTRIE

Asbach Besucher Center
Ingelheimer Straße 4 | 65385 Rüdesheim
Tel. (0 67 22) 49 73 45
www.asbach.de
Öffnungszeiten: Di. bis Sa. 9:00–17:00 h
(nur April–Oktober und zur Adventszeit)
Eintritt frei

Im neu konzipierten Asbach Besucher Center kann man die Welt von Asbach kennen lernen. Eine neu entwickelte Multivisions-Show, in deutscher und englischer Sprache, informiert eingehend zum Unternehmen und zur Herstellung des Asbach. Anschließend lädt der Asbach-Shop zum Verweilen und Einkaufen in stilvollem Ambiente ein. Auf Anfrage kann auch der Konferenz- und Veranstaltungsraum des Hauses für bis zu 50 Personen mit kompletter Tagungs- und Präsentationstechnik angemietet werden.

Betriebsmuseum Hassia & Luisen Mineralquellen
Gießener Straße 18–30 | 61118 Bad Vilbel
Tel. (0 61 01) 40 30
info@hassia.com | www.hassia.com
Öffnungszeiten: Mo. bis Fr. (Museum und Betriebsführung nach Vereinbarung) | So. 14:00–16:00 h
Eintritt frei

Das Hassia Quellenmuseum vermittelt dem Besucher einen spannenden Rückblick auf mehr als 140 Jahre Unternehmensgeschichte, die zugleich auch ein Stück Industrie-, Familien- und regionaler Geschichte widerspiegelt. Anhand von historischen Exponaten dokumentiert das Museum die erfolgreiche Geschichte der regionalen Wassergewinnung und -vermarktung, zeigt dabei aber auch die wirtschaftliche Bedeutung des Quellenreichtums für Hessen auf. In dem modernen Ambiente des Museums lässt sich in lebendiger und anschaulicher Weise der weit reichende Bogen von der Handarbeit bis ins Hightech-Zeitalter unserer Tage nachvollziehen. Dabei werden seltene Exponate aus der Geschichte der Mineralbrunnen der Quellenstadt ebenso präsentiert wie Reinigungs-, Abfüll- und Etikettiermaschinen aus der Frühzeit der Industrialisierung oder ungewöhnliche Fotos und Dokumente aus der Gründerzeit. Ein Rückblick auf die hundertjährige Werbehistorie des Unternehmens rundet die Darstellung ab.

Henkell Sektkellerei
Biebricher Allee 142 | 65187 Wiesbaden
Tel. (06 11) 6 30
willkommen@henkell.de | www.henkell.de
Öffnungszeiten: Mo. bis Fr. jeweils um 10:00 oder um 14:00 h
(Voranmeldung zwingend erforderlich)
Gruppenführungen von 5 bis 45 Personen
Eintritt: 7 Euro (pro Person)

Im Jahre 1832 gründete Adam Henkell eine Weinhandlung in Mainz und legte damit den Grundstein für das heutige Unternehmen. Mit der Schaffung des Markenartikels Henkell Trocken Ende des 19. Jahrhunderts gelang seinem Enkel Otto Henkell der Durchbruch auf dem nationalen und internationalen Markt. Der von Otto Henkell hergestellte Sekt erfreute sich so großer Beliebtheit, dass die bisherigen Räumlichkeiten bald zu klein wurden. So ließ Henkell zwischen 1907 und 1909 nach Plänen von Paul Bonatz in Wiesbaden-Biebrich einen im klassizistischen Stil gehaltenen neuen Stammsitz errichten – ein Gebäude, in dem sich Repräsentation und effiziente Arbeitsbedingungen für Produktion und Verwaltung auf optimale Art vereinen. Heute ist das Unternehmen eine der größten und modernsten Sektkellereien Deutschlands und einer der renommiertesten Sekthersteller der Welt. Nach vorheriger Anmeldung können Besucher an einer Unternehmensführung teilnehmen und sich nach der Besichtigung der modernen Füllanlage über eine lange Kellertreppe in den sieben Stockwerke tiefen Weinkeller begeben, in dem die großen 200 000-Liter-Fässer mit den zur Sektkomposition bestimmten Weinen lagern.

INDUSTRIALISIERUNG & INDUSTRIEGESCHICHTE

Dauerausstellung „Zeitstreifen"
Industriepark Höchst
Besucherempfang Tor Ost (Gebäude C 820)
65926 Frankfurt
Tel. (0 69) 3 05-33 33
kommunikation@infraserv.com | www.ihr-nachbar.de
Öffnungszeiten: Mo. bis Fr. 8:00–16:30 h

Die Dauerausstellung „Zeitstreifen" im Empfangsgebäude am Tor Ost des Industrieparks Höchst vermittelt aufschlussreiche Einblicke in die vielfältige Geschichte des traditionsreichen Industriestandorts. Die mehr als 140 Jahre umfassende Entwicklung des heutigen Industrieparks wird mit vielen Exponaten, Schautafeln und Texten dargestellt. Die Industriepark-Betreibergesellschaft Infraserv Höchst hat die Ausstellung in enger Abstimmung mit den Standortgesellschaften initiiert. Auf 300 Quadratmetern werden einzelne Zeitabschnitte dargestellt, ohne dabei einer üblichen Einteilung in Epochen zu folgen. Ein Ausstellungskatalog ist am Besucherempfang gegen eine Schutzgebühr von 10 Euro erhältlich.

Museum der Stadt Rüsselsheim
Hauptmann-Scheuermann-Weg 4
65428 Rüsselsheim
Tel. (0 61 42) 83 29 50
museum.ruesselsheim@t-online.de
www.stadt-ruesselsheim.de
Öffnungszeiten: Di. bis Fr. 9:00–12:30 h und 14:30–17:00 h | Sa./So. 10:00–13:00 h und 14:00–17:00 h
Gruppenführungen auf Anfrage
Eintritt: Erwachsene 1,50 Euro, Kinder, Schüler 1 Euro

Schwerpunkt des 1976 eröffneten Stadtmuseums ist die exemplarische Darstellung der Industriegeschichte am Beispiel der Stadt und des Opel-Werkes von den Anfängen im 19. Jahrhundert bis ins Zeitalter der Roboter. Hierfür entwickelte das Museum eine neue, vom Europarat ausgezeichnete Konzeption, die erstmals industrielle Technik in ihren sozialen und kulturellen Kontext einbettete. Die Ausstellungen zur industriellen Entwicklung zeigen Exponate zu folgenden Schwerpunkten: Technik – von der Dampfmaschine bis zum Roboter. Industrielle Arbeitsverhältnisse – vom Drehersaal bis zum Fließband. Industrieprodukte – von der ersten Opel-Nähmaschine bis zum Opel Rekord. Wohnen – von der Arbeitersiedlung bis zum 50er-Jahre-Wohnzimmer. Kunstwerke zu Technik, Arbeitswelt und Industrie von Künstlern des 19. und 20. Jahrhunderts. Aus der Arbeit des Rüsselsheimer Stadt- und Industriemuseums heraus entstand u. a. 1986 die erste Ausstellung zum industriellen Erbe in Hessen – „Hessen – Denkmale der Industrie- und Technik" – und im Jahr 2000 die Idee zur Route der Industriekultur Rhein-Main.

Museum Großauheim
Pfortenwingert 4 | 63457 Hanau-Großauheim
Tel. (0 61 81) 57 37 63 (Museum)
Tel. (0 61 81) 2 02 09 (Verwaltung)
www.museen-hanau.de | info@museen-hanau.de
Öffnungszeiten: Do. bis So. 10:00–12:00 h und 14:00–17:00 h
Eintritt: Erwachsene 2 Euro (erm. 1,50 Euro)

Die großen, schweren gusseisernen Schwungräder der im Museum Großauheim ausgestellten Dampfmaschinen stehen gleichsam als Symbol für die Industrialisierung, dem thematischen Schwerpunkt des Museums. Am Beispiel des Hanauer Stadtteils Großauheim wird anhand zahlreicher Environments der Übergang von der bäuerlich-handwerklich geprägten Lebens- und Arbeitswelt eines Dorfes zur industriellen Lebens- und Produktionsweise einer Kleinstadt anschaulich dargestellt. Das Museum befindet sich in einem Gebäudekomplex der ehemaligen öffentlichen Badeanstalt, des einstigen Elektrizitätswerks sowie des alten Spritzenhauses der Feuerwehr von 1906/08. Gegenwärtig wird an einer neuen Präsentation der Inhalte sowie an der inhaltlichen und räumlichen Erweiterung des Museums gearbeitet. Die Darstellung neuer Technologien von Hanauer Betrieben wird künftig den Auftakt des Museums bilden.

KOMMUNIKATION – RADIO, FERNSEHEN, TELEFON, POST

Siehe auch → Computer- und Rechnertechnik → technikum29

Museum für Deutsche Fernsehgeschichte
Wiesbadener Landstraße 18 (im Hof)
65203 Wiesbaden
Tel. (06 11) 7 16 75 20
fernsehmuseum@t-online.de | www.televiseum.de
Öffnungszeiten: Besichtigung nur nach Voranmeldung
Gruppenführungen bis 20 Personen auf Anfrage (Voranmeldung telefonisch oder per E-Mail)
Eintritt frei

In Wiesbaden-Amöneburg befindet sich seit einigen Jahren der Fundus des geplanten Museums für Deutsche Fernsehgeschichte. Die Planungen für dieses Museum reichen bis ins Jahr 1978 zurück. Damals wurde mit der Zielsetzung, ein bisher einzigartiges Fernsehmuseum zu errichten, der „Förderverein Museum für Deutsche Fernsehgeschichte e.V." gegründet. In den folgenden Jahren wurde eine umfangreiche Sammlung zur Geschichte des Fernsehens aufgebaut, die heute nach zeitiger Voranmeldung besichtigt werden kann. Das in einem geräumigen Fundus eingelagerte technische Gerät beinhaltet u.a. Fernsehkameras, Studioanlagen, Bild- und Tongeräte, professionelle Magnetische Aufzeichnungsanlagen (MAZ), Mischpulte und Periphergeräte der verschiedensten Baujahre sowie eine Vielzahl rarer Einzelstücke. Ferner diverses Schrifttum zur Geschichte des Fernsehens in Deutschland sowie einen umfangreichen Bücherbestand. Weitere Highlights: ein Nachbau der Olympia-Kamera von 1936, ein für die Produktion der Mainzelmännchen des ZDF eingesetzter Filmtricktisch oder ein Fernsehübertragungswagen von 1960, das wohl herausragendste Sammlungsstück des Vereins.

Museum für Kommunikation
Schaumainkai 53 | 60596 Frankfurt am Main
Tel. (0 69) 6 06 00
www.museumsstiftung.de
Öffnungszeiten:Di. bis Fr. 9:00–17:00 h
Sa., So., Feiertag 11:00–19:00 h
Eintritt frei

Die historischen Wurzeln dieser Institution gehen auf das 19. Jahrhundert und die Gründung des „Reichspostmuseums" in Berlin zurück. Als Pendant zu diesem Museum baute die damalige Deutsche Bundespost nach dem 2. Weltkrieg in Frankfurt ein weiteres Postmuseum auf – das heutige „Museum für Kommunikation Frankfurt". Viele Exponate, die während des Krieges aus Berlin ausgelagert worden waren, wurden in diese Sammlung überführt. In den neu konzipierten Ausstellungsbereichen Zeichen, Schrift, Nachricht, Brief und Paket, Telegrafie, Telefon, Radio, Fernsehen und Internet erzählen die Exponate, wie Menschen zu allen Zeiten mit Kommunikationsmedien gelebt und gearbeitet haben. Die sieben Themenbereiche sind um einen Lichthof angeordnet und ermöglichen eine einfache Orientierung. Präsentiert werden annähernd tausend Objekte – vom Tontäfelchen aus Mesopotamien über Telegramme von der Titanic bis hin zu aktuellen Entwicklungen des PCs und Internets. Kunstexponate zum Thema Kommunikation – von Carl Spitzweg und Max Ernst bis Salvador Dali und Joseph Beuys – ergänzen diese sehenswerte Ausstellung zur Kommunikationsgeschichte.

Radio-Museum Linsengericht e.V.
Schulstraße 6 | 63589 Linsengericht
Tel. (0 60 51) 7 19 31
vorstand@radio-museum.de | www.radio-museum.de
Öffnungszeiten: So. 14:00–18:00 h (Besichtigung nach Voranmeldung jeden 2. und 4. Sonntag im Monat)
Eintritt frei

Das Radio-Museum Linsengericht im Ortsteil Altenhaßlau ging ursprünglich aus dem 1998 gegründeten Verein „Die Ohrwürmer" hervor. Das Museum dokumentiert die Geschichte der Rundfunkempfänger – vom Detektorgerät der frühen 20er Jahre bis zu den letzten Geräten der Röhren-Generation. Die umfangreiche Sammlung in der „Alten Schule" eröffnet einen nostalgischen Rückblick auf Röhren-, Stereo- und Kofferradios, Verstärker, Tonbandgeräte, Plattenspieler, Fernseher sowie Messgeräte verschiedenster Hersteller und Baujahre. Ergänzt wird die Sammlung durch eine Datenbank historischer

Radios und anderer Geräte mit ausführlichem Hersteller- und Baujahrsverzeichnis sowie ein Radio-Archiv. Informationen über die regelmäßig stattfindenden Medienstammtische zu den verschiedensten Themen findet man im Internet.

KOSMETIK

Wella Museum
Berliner Allee 65 | 64274 Darmstadt
Tel. (06151) 34 21 90
wellamuseum@wella.de | www.wellamuseum.de
Öffnungszeiten: Mo. bis Fr.   10:00–17:00 h (und nach Vereinbarung)
Führungen für Gruppen auf Anfrage
Eintritt frei

Das Unternehmen Wella, Spezialist für hochwertige Haarpflegeprodukte sowie Kosmetik und Duft kann auf eine 125-jährige Geschichte zurückblicken. 1880 legte der Friseur Franz Ströher mit der Herstellung von Perücken, Zöpfen und Haarteilen aus Echthaar den Grundstein für eines der heute weltweit führenden Kosmetikunternehmen. In der Hauptverwaltung in Darmstadt befindet sich das Wella Museum, eine in Konzept, Präsentation und Raumgestaltung wohl einzigartige Ausstellung zur Geschichte der Schönheitspflege. Das Museum zeigt etwa 300 Objekte aus der über 3000 Artefakte umfassenden Wella Sammlung, die einen repräsentativen Querschnitt durch die Geschichte der Schönheitspflege bietet. In den Themenbereichen Haut- & Körperpflege, dekorative Kosmetik, Duft & Parfum, Friseurhandwerk, Bart & Rasur sowie Haar erhält der Besucher spannende Einblicke in fünftausend Jahre Kulturgeschichte der Schönheitspflege. Neben individuellen Führungen für Gruppen nach Vereinbarung besteht auch die Möglichkeit, das Museum individuell mit einer Audio-Führung zu erkunden.

LEDERWAREN

DLM Ledermuseum Offenbach
Frankfurter Straße 86 | 63067 Offenbach
Tel: (0 69) 82 97 98-0
info@ledermuseum.de | www.ledermuseum.de
Öffnungszeiten: So. bis Fr. 10:00–17:00 h | Sa. 10:00–22:00 h
Eintritt: Erwachsene 3 Euro (erm. 1,50 Euro)

Das DLM vereinigt drei Museen unter einem Dach: das „Museum für angewandte Kunst" mit Kunsthandwerk und Design vom Mittelalter bis zur Gegenwart, das „Ethnologische Museum" mit den Abteilungen Afrika, Amerika und Asien und das „Schuhmuseum" mit internationaler Fußbekleidung aus vier Jahrtausenden sowie eine Kunstgalerie. Die Vielfalt des DLM kann bei einem individuellen Besuch erlebt werden – vom ältesten verzierten Ledergefäß aus einem ägyptischen Grab über die Aktentasche Napoleons I. bis zu Joschka Fischers Turnschuhen! Nach vorheriger Anmeldung auch in Gruppen bis zu 25 Personen. Weiterführende Informationen zu Führungsthemen und dem museumspädagogischen Programm für jedes Alter findet man im Internet.

Stadtmuseum Hofheim am Taunus
Burgstraße 11 | 65719 Hofheim am Taunus
Tel. (0 61 92) 90 03 05
stadtmuseum@hofheim.de | www.hofheim.de
Öffnungszeiten: Di. 10:00–13:00 h und 14:00–20:00 h
Mi. bis Fr. 14:00–17:00 h
Sa. 14:00–18:00 h | So. 11:00–18:00 h
Eintritt: Erwachsene 1,60 Euro (erm. 0,80 Euro), Kinder 0,50 Euro

Parallel zur Lederwarenproduktion im Rhein-Main-Gebiet entstanden ab 1850 im Taunus viele Feinlederfabriken. Die Ausstellung zeigt die Produktionsschritte von der Tierhaut zum Leder und die vielfältigen Arbeiten bei der Veredelung. Präsentiert werden Maschinen und Hilfsstoffe sowie die in Handarbeit verrichteten Produktionsschritte. Ein Videofilm dokumentiert den Fabrikationsablauf einer Lorsbacher Lederfabrik der 1950er Jahre. Lederarten und -eigenschaften sind anhand von Materialproben „hautnah" zu vergleichen. Am Beispiel des Gewässerschutzes werden historische und aktuelle Umweltschutzmaßnahmen erläutert. Hanna Bekker vom Rath und der Künstlerkreis des Blauen Hauses, Archäologie und Stadtgeschichte sind weitere Abteilungen des Museums.

LUFTFAHRT

Rolls-Royce Werksmuseum
Prof. Dr. Günter Kappler Haus
Hohemarkstraße 60–70 | 61440 Oberursel
Tel. (0 61 71) 90 61 21
museum@rolls-royce.com | www.rolls-royce.de
Öffnungszeiten: Jeden letzten Freitag im Monat
15:00–18:00 h (und nach Vereinbarung)
Eintritt frei

Eine ebenso spannende wie informative Zeitreise durch die hessische Luftfahrtindustrie-Geschichte bietet das Rolls-Royce Werksmuseum in Oberursel. Zahlreiche Exponate aus über 110 Jahren Motorenbau dokumentieren einen bedeutsamen Abschnitt hessischer Industriegeschichte, die mit der 1892 gegründeten Motorenfabrik Oberursel aufs Engste verbunden ist. Das hauseigene Werksmuseum informiert über die Anfänge des Ingenieurs Willy Seck und die Konstruktion eines neuartigen Petroleummotors in der väterlichen Werkstatt. Dieser unter dem Markennamen GNOM vertriebene Motor markierte den Beginn des Oberurseler Motorenbaus und entwickelte sich bald weltweit zu einem erfolgreichen Produkt mit Lizenznehmern im Ausland. Anhand vieler Exponate erhält der Besucher einen Überblick über sämtliche Produkte und Entwicklungen der Oberurseler Motorenbauer und die Aktivitäten von Rolls-Royce Deutschland in der Taunusregion – vom GNOM über den ersten Umlaufmotor für die legendären Fokker-Jagd-

flugzeuge des 1. Weltkriegs bis zum neuesten BR710 Turbofan-Triebwerk für moderne Langstreckenflugzeuge.

Zeppelin-Museum-Zeppelinheim
Kapitän-Lehmann-Straße 2
63263 Neu-Isenburg/Zeppelinheim
Tel. (0 69) 69 43 90
Margot.Chelius@zeppelin-museum-zeppelinheim.de
www.zeppelin-museum-zeppelinheim.de
Öffnungszeiten: Fr. 13:00–17:00 h,
Sa., So. und Feiertag 10:00–17:00 h
Gruppenführungen bis 20 Personen auf Anfrage
Eintritt frei

Der 1935 gebaute und 1936 mit der ersten großen Luftschiffhalle eröffnete Flug- und Luftschiffhafen Rhein-Main war seinerzeit Ausgangspunkt fahrplanmäßiger Fahrten der Deutschen Zeppelin-Reederei nach Nord- und Südamerika. Mit ihm entstand die Luftschiffersiedlung Zeppelinheim, die 1937 bezogen wurde. Dieser Epoche der zivilen Luftschifffahrt hat sich das Zeppelin-Museum verschrieben. Der 1988 fertig gestellte postmoderne Museumsbau, der konstruktiv schon von außen an ein Luftschiff erinnert, beherbergt heute eine Vielzahl von Exponaten zur zivilen Luftschifffahrt. Auf ca. 300 Quadratmetern wird dem Besucher ein umfassender Überblick über 40 Jahre Zeppelin-Luftschifffahrt vermittelt und ein fast schon in Vergessenheit geratener Teil regionaler Industriegeschichte präsentiert. In einem separaten Vorführraum kann der Besucher darüber hinaus anhand von historischem Filmmaterial die gewonnenen Erkenntnisse vertiefen oder im Museums-Shop themenbezogene Bücher erwerben, die übrigens auch per E-Mail bestellt werden können.

MUSIKINSTRUMENTE

Siegfried's Mechanisches Musikkabinett
GmbH & Co Museum KG
Oberstraße 29 (Im Brömserhof)
65385 Rüdesheim am Rhein
Tel. (0 67 22) 4 92 17
info@siegfrieds-musikkabinett.de
Öffnungszeiten (März bis Dezember):
Mo. bis Fr. 10:00–18.00 h
Mo. bis Fr. 18:00–22:00 h (mit Reservierung/im Winter auf Anfrage) | Gruppenanmeldungen über Siegfried Wendel im Brömserhof
Eintritt: Erwachsene 5,50 Euro, Kinder (ab 6 Jahren), Jugendliche, Studenten, Behinderte 3 Euro

Die Gründung dieses Museums für automatische Musikinstrumente durch Siegfried Wendel erfolgte 1969 in Hochheim am Main. 1973 bezog das Museum in Rüdesheim am Rhein die Räume der ehemaligen Winzergenossenschaft. Wachsende Besucherströme zwangen dort schon bald zum Umzug in größere Räumlichkeiten. Mit dem Brömserhof, einem Rittersitz aus dem 15. Jahrhundert, fand Siegfried Wendel oberhalb der berühmten Drosselgasse den passenden Rahmen. Derzeit präsentiert das Musikkabinett bei einem 45-minütigen Rundgang durch sieben Räume etwa 350 selbst spielende Musikinstrumente aus drei Jahrhunderten – von der aparten Spieluhr aus dem 18. Jahrhundert bis zur wuchtigen Jahrmarktsorgel. In zehn Sprachen können Besucher bei den Führungen Wissenswertes über die Geschichte und das Innenleben der Instrumente erfahren. Seine kulturelle Aufgabe sieht das Museum in der Erforschung, Erhaltung und Pflege mechanischer Musikinstrumente im wissenschaftlich-technischen und musikalischen Bereich sowie im Versuch, die Entwicklungsgeschichte des Kulturgutes „Mechanische Musik" möglichst lückenlos durch funktionsfähige Instrumente zu präsentieren.

PORZELLAN

Kronberger Haus
Außenstelle des Historischen Museums
Bolongarostraße 152 | 65929 Frankfurt-Höchst
Tel. (0 69) 2 12-4 54 74
info.historisches-museum@stadt-frankfurt.de
www.historisches-museum.frankfurt.de
Öffnungszeiten: Sa., So. und Feiertag 11:00–18:00 h
Führungen auf Anfrage
Eintritt: Erwachsene 2,50 Euro (erm. 1,20 Euro)

In dem nach seinem Erbauer Franz von Cronberg benannten Adelspalais unterhält das Historische Museum seit 1994 eine Dependance. Wer sich für die fast 250-jährige Tradition der Porzellanmacherkunst in Hessen und die Wirtschaftsgeschichte des „weißen Goldes vom Main" interessiert, wird in dieser Sammlung umfassend informiert. Gezeigt werden über 1500 Höchster Fayencen und Porzellane aus der Zeit des Rokoko und Klassizismus. 1746 wurde diese zweitälteste Porzellanmanufaktur Deutschlands gegründet, seit 1750 wurden Figuren und Geschirre aus „ächtem Porzellan" gefertigt. Vom „Höchster Porzellan 1746 bis 1797" über die bedeutende „Stiftung Kurt Bechtold" bis hin zur Sammlung „Höchste Güte und barocke Zier" präsentiert die Ausstellung die Vielfalt an Höchster Formen und Dekoren von den Anfängen bis zur Gegenwart. Zum 125-jährigen Jubiläum des Historischen Museums überließ das Nachfolge-Unternehmen der Hoechst AG, die Histo-Com GmbH, dem Historischen Museum als Dauerleihgabe rund 370 Figuren und Geschirre aus der hochkarätigen Sammlung der ehemaligen Hoechst AG.

SCHIFFBAU & SCHIFFFAHRT

Schifffahrts- und Schiffbaumuseum
Rathausstraße 72 | 63939 Wörth am Main
Tel. (0 93 72) 7 29 70
Tel. (0 93 72) 9 89 30 (außerhalb der Öffnungszeiten)
postmaster@woerth-am-main.de (Verwaltung)
www.woerth-am-main.de
Öffnungszeiten: Sa., So. 14:00–17:00 h (und nach Vereinbarung)
Gruppenführungen nach Vereinbarung
Eintritt: Erwachsene 1,50 Euro (erm. 0,80 Euro)

Wörth ist immer noch eine der bedeutendsten „Schifferstädte am Untermain". Seit 1652 ist dort der Schiffbau urkundlich nachgewiesen. Die Stadt steht zu dieser Tradition und hat deshalb in der ehemaligen St. Wolfgangskirche ein Schifffahrts- und Schiffbaumuseum eingerichtet. Das ungewöhnliche Museum dokumentiert Schifffahrt und Schiffbau in seinen wesentlichen historischen Entwicklungslinien. Dabei werden die technischen Veränderungsprozesse, die großen Umwälzungen im 19. Jahrhundert und die moderne Entwicklung sichtbar gemacht. Der Rundgang beginnt im Erdgeschoss, dort gibt eine Informationstafel Auskunft über den thematischen Aufbau des Museums. Die Themengebiete zu Schifffahrt und Schiffbau informieren im Einzelnen über den Main als Wasserstraße, über Schlepptechniken, Dampfschiffe und das Leben der Binnenschiffer von gestern bis heute. Eine Bibliothek sowie ein Archiv zu den Themen Binnenschifffahrt und Binnenschiffbau mit umfangreicher Plansammlung stehen dem Besucher auf Wunsch zur Verfügung.

WASSERGEWINNUNG

ESWE Technicum
Fasaneriestraße | 65195 Wiesbaden
Tel. (06 11) 7 80 22 59
Anja.Pschiebl@ESWE.com
Öffnungszeiten (Juni bis Oktober):
So. 10:00–16:00 h (jeden ersten Sonntag im Monat)
Gruppenführungen ab 5 Personen auf Anfrage
Eintritt frei

Mit der Entwicklung Wiesbadens zur modernen Großstadt entstanden zwischen 1875 und 1910 die vier Wiesbadener Trinkwasserstollen, darunter der 1910 fertig gestellte, knapp drei Kilometer lange Schläferskopfstollen. In unmittelbarer Nähe des Pumpwerks Klosterbruch oberhalb des Tierparks Fasanerie befindet sich auch das ESWE Technicum, ein Unternehmensmuseum der Stadtwerke Wiesbaden, das Wissenswertes über historische Gasanlagen, Verkehrsmittel und das Thema Wassergewinnung vermittelt. Die historischen Exponate reichen vom hydraulischen Widder über technische Geräte, Gaslaternen, Kabelnetze und verschiedenste Pumpenkonstruktionen bis hin zu einer chronologischen Dokumentation zur Geschichte der Wassergewinnung.

DIE MITGLIEDER DER ROUTE DER INDUSTRIE-KULTUR RHEIN-MAIN

Stand Dezember 2005

Frankfurt am Main

Wiesbaden

Hattersheim
am Main

Rüsselsheim

Mainz

Bischofsheim

Bingen
am Rhein

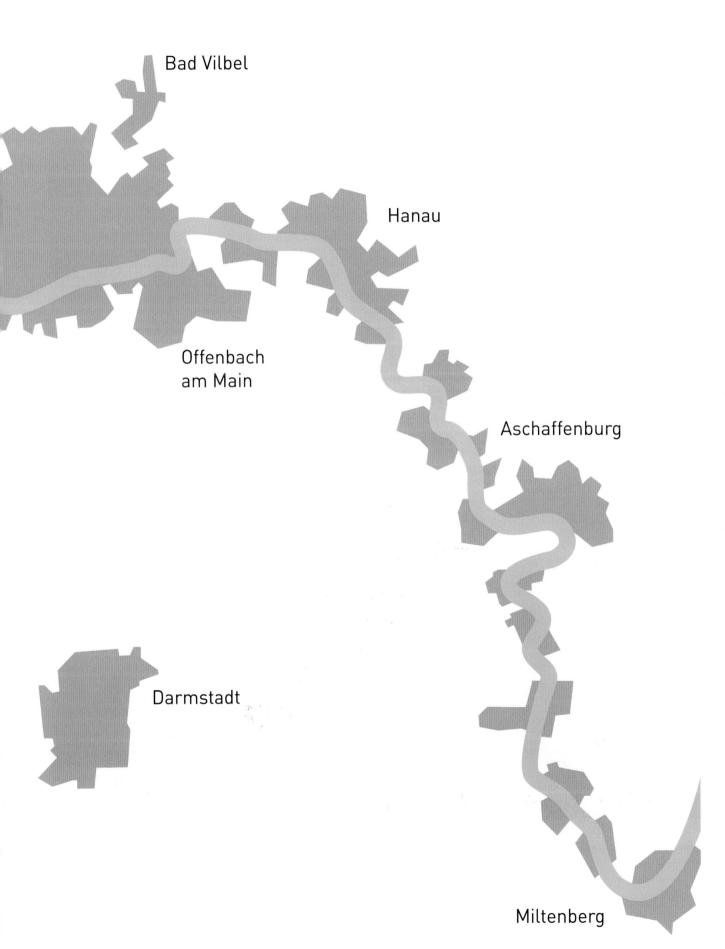

Bad Vilbel

Hanau

Offenbach
am Main

Aschaffenburg

Darmstadt

Miltenberg

Auftaktveranstaltung zum Aktionswochenende, 14.07.04 im ehemaligen Klärwerk Mainz-Kostheim, mit Verköstigung durch lokalen Winzer

Prof. Dreysse und Dr. Schirmbeck vor Ort, September 2005

Infostand im Wiesbadener Hauptbahnhof, 24.08.03

Ausstellung in der Hessischen Landesvertreung, Berlin 3.10.04

„SAUL Joint Planning Group" mit Experten aus Saarland, Ruhrgebiet, Amsterdam und London im Wasserwerk in Hattersheim, 2003

Informationsaustausch mit Hochschullehrern aus der Region im ehemaligen Weinlager des Mainzer Zollhafens, 6.12.04

„Anprobe" der Beschilderung an der Ruhrorter Werft in Frankfurt, Juni 2005

Theaterspieler und Illumination in der Kläranlage Kostheim, 14.07.04

Offenbacher Veranstaltungsreihe „Junge Künstler in alten Industriebauten": Künstlerinnen im Hof der Heynefabrik, Juli 2004

Peter Kaus vom Auto-Museum Rosso Bianco in der ehemaligen Kleiderfabrik Däfler entdeckt sein Elternhaus in der Ausstellung der Route, Aschaffenburg 17.07.05

Routen- und Programm-Macherinnen aus der Region vor dem „Rosenturm" (ehemaliger Faulturm) der Kläranlage Mainz-Kostheim, 14.07.04

Dr. Peter Schirmbeck demonstriert, wie mit Dampfkraft Strom erzeugt wird. Schiffstour auf dem Main, 24.08.03

Dampfmaschinentag im Museum Großauheim, Hanau 18.07.04

Sabine von Bebenburg

Jahrgang 1960, Dipl.-Geographin und Absolventin der London School of Economics and Political Science, 1988–1992 bei der Messe Frankfurt, seit 1992 beim Umlandverband Frankfurt bzw. Planungsverband. Seit 2003 Regionale Koordinatorin der Route der Industriekultur Rhein-Main in der Geschäftsstelle der Kulturinitiative Rhein-Main.

Georg Böhm

Jahrgang 1946, Technischer Bundesbahn-Amtsrat a. D. Maschinenschlosserlehre, Lokführerausbildung, Lokdienstleiter, Gruppenleiter Zulassung und Instandhaltung historischer Lokomotiven bei der Zentralstelle Technik in Mainz. Forschungen und Publikationen zur Eisenbahngeschichte in Bischofsheim und Nordfriesland/Schleswig-Holstein. Seit 1995 Aufbau der Abteilung Eisenbahn im Museum Bischofsheim.

Claus C. Cobarg

Jahrgang 1921, Diplom-Physiker, ist Mitglied des Vorstandes des Förderkreises für Industrie- und Technikgeschichte, der 1987 in Frankfurt/Main gegründet wurde. C. C. Cobarg war während seines Studiums Schüler u. a. von Hans Geiger und Werner Heisenberg. Er verfügt über 40 Jahre Industrieerfahrung. Auf ihn gehen über 150 Patente und Gebrauchsmuster zurück.

D. W. Dreysse

Jahrgang 1937, Prof. Dipl.-Ing., 1957 bis 1963 Studium TH Darmstadt. 1963 bis 1970 Mitarbeiter von G. Candilis in Paris. 1972 bis 1974 am Institut Wohnen und Umwelt in Darmstadt. Seit 1970 freier Architekt und Stadtplaner mit Büro in Frankfurt, seit 1981 als Architekten ABS. 1975 bis 2002 ordentliche Professur EA-Strasbourg. Seit 2001 Planer der Route der Industriekultur Rhein-Main.

Reinhard Henke

Jahrgang 1960, Diplom-Ingenieur der Raumplanung (Universität Dortmund), seit 1986 beim Umlandverband Frankfurt bzw. beim Planungsverband. Aufbau des Bereichs Europaprojekte seit Ende der 1990er Jahre. Regionalkoordinator der Interreg-Projekte SAUL und SOS.

Günter Hinkel

Jahrgang 1938, ist seit 43 Jahren geschäftsführender Gesellschafter der Hassia Mineralquellen GmbH & Co. KG, der Firma, die im Jahre 1864 von seinem Urgroßvater gegründet wurde. Während seiner beruflichen Laufbahn hat er das Unternehmen in die Spitzengruppe der deutschen Mineralbrunnen geführt und in seiner langjährigen Verbandstätigkeit die Gesamtentwicklung der Bad Vilbeler Mineralbrunnen positiv begleitet.

Rolf Höhmann

Jahrgang 1950, Dipl.-Ing., Studium der Architektur TU Darmstadt, 1984–1987 Wissenschaftlicher Mitarbeiter beim Forschungsprojekt „Frühe Industriebauten im Rhein-Main-Gebiet" und Lehrauftrag für Industriearchäologie. Seit 1989 eigenes Büro für Industriearchäologie: Dokumentation, Bewertung und Instandsetzung historischer Industriebauten mit Schwerpunkt großindustrielle Anlagen und Eisenbahnen in Deutschland und den Nachbarländern. Lehrauftrag für Technikgeschichte an der Universität Leipzig.

Klaus Hoppe

Jahrgang 1960, Dipl.-Ing., studierte Landschaftsplanung an der Universität Kassel. Von 1991 bis 1995 war er Sachgebietsleiter „Ökologie" im Stadtplanungsamt der Stadt Frankfurt am Main, seit 1995 Abteilungsleiter „Umweltvorsorge" im Umweltamt der Stadt Frankfurt. Seit 1997 ist er zudem Leiter der verwaltungsübergreifenden Projektgruppe GrünGürtel.

Bernhard Kessler

Jahrgang 1952, Dipl.-Ing., Architekturstudium an der Universität Karlsruhe (TH) von 1973 bis 1983, danach zwei Jahre Wissenschaftlicher Angestellter am Institut für Orts-, Regional- und Landesplanung. 1984 bis 1986 Städtebaureferendar in Freiburg, anschließend Tätigkeit als Stadtplaner bei der Stadt Villingen-Schwenningen. 1991 Wechsel zur Stadt Aschaffenburg als Leiter des Stadtplanungsamtes, seit 2002 Leiter des Stadtentwicklungsreferats Aschaffenburg. Wissenschaftliche Tätigkeit und Veröffentlichungen zur Sanierung historischer Schwarzwaldhöfe und zur Dorferneuerung.

Bärbel Maul

Jahrgang 1964, Dr. phil., Historikerin und Pädagogin. 1990/91 Aufbau der Gedenkstätte „Unter den Eichen" in Wiesbaden, 1993–1995 Wissenschaftliche Mitarbeiterin an einem Bildungsforschungsprojekt der Universität Mainz, 1996/97 Mitarbeiterin an der Zentralstelle für wissenschaftliche Weiterbildung der Universität Mainz, 1997–2000 Wissenschaftliche Mitarbeiterin am Pädagogischen Institut der Uni Mainz, seit Herbst 2000 Wissenschaftliche Mitarbeiterin im Aufbaustab des Stadtmuseums in Wiesbaden.

Wolfgang Metternich

Jahrgang 1948, ist Kunsthistoriker, Historiker, Journalist und Geschäftsführer der HistoCom GmbH, eines Dienstleistungsunternehmens für Archivierung und Kommunikation im Industriepark Höchst, Frankfurt am Main. Seit 1978 Lehrtätigkeit an der Frankfurter Akademie für Kommunikation und Design in den Fächern Kunstgeschichte, Designgeschichte und Politik. Zahlreiche Publikationen und Vorträge zu den Arbeitsgebieten Architektur des Mittelalters und der Renaissance, Malerei des 19. Jahrhunderts, Landes- und Ortsgeschichte sowie Industriegeschichte des 19. und 20. Jahrhunderts.

Ulrike Milas-Quirin

Jahrgang 1954, Kunsthistorikerin (M.A.), Leiterin des Büros des Bürgermeisters sowie der Presse- und Öffentlichkeitsarbeit der Stadt Hattersheim am Main.

Roland Mohr

Jahrgang 1965, Dr. rer. nat., ist Geschäftsführer der Infraserv Verwaltungs GmbH & Co. Höchst KG. Der promovierte Chemiker war zuletzt kaufmännischer Leiter für Forschung und Entwicklung bei der Aventis Pharma Deutschland GmbH und Koordinator der klinischen Entwicklung.

Rosita Nenno

Jahrgang 1957, Dr. phil. Nach der Promotion über ein architekturhistorisches Thema Mitarbeit am Musée d´Art Moderne de la Ville de Paris. Seit 1989 stellvertretende Museumsleiterin des DLM Ledermuseum Offenbach, zuständig für die Bereiche Angewandte Kunst, Kunst und Design, Lederwarenindustrie sowie das Deutsche Schuhmuseum. Veröffentlichungen zu Gerbverfahren, Lederverarbeitung und Ziertechniken sowie zur zeitgenössischen Kunst.

Kathrin Nessel

Jahrgang 1969, Dr. phil., studierte in Mainz und Berlin Kunstgeschichte und promovierte über Kirchenbau und Raumkunst im frühen 20. Jahrhundert. Seit 2000 ist sie Wissenschaftliche Angestellte im Denkmal- und Sanierungsamt der Stadt Mainz.

Werner Plumpe

Jahrgang 1954, Professor für Wirtschafts- und Sozialgeschichte. Studium der Geschichte und Wirtschaftswissenschaften in Bochum. Promotion 1985, Habilitation 1994 in Bochum, 1994 Hochschuldozentur an der Ruhr-Universität Bochum, 1998 Gastprofessur an der Keio-Universität Tokio. Seit 1999 ordentlicher Professor an der Johann Wolfgang von Goethe-Universität in Frankfurt am Main.

Willy Praml

Jahrgang 1941, Studium der Germanistik, Geschichte und Geografie in München. Danach Experimente mit neuen Theaterformen. Seit 1968 Leitung internationaler Theaterseminare. Ab 1970 hauptamtlicher Dozent für Theater und Kulturarbeit an der Staatlichen Hessischen Jugendbildungsstätte Dietzenbach. 1979 Verleihung des Brüder-Grimm-Preises. Ab 1979 Entwicklung neuer Theaterformen auf der Basis verschütteter traditioneller Elemente der Volkskultur. Seit 1990 Leiter und Regisseur des professionellen freien „Theater Willy Praml" in Frankfurt/Main, ab 2000 mit eigener Spielstätte in der Frankfurter Naxoshalle. Seither Dozent für Theater und Kulturarbeit an der Frankfurter Fachhochschule.

Clemens Reichel

Jahrgang 1973, studierte an der Johann Wolfgang von Goethe-Universität Mittlere und Neuere Geschichte mit Magisterabschluss im Sommer 2001. Seit 2002 ist er Wissenschaftlicher Mitarbeiter an der Goethe-Universität, Lehrstuhl für Wirtschafts- und Sozialgeschichte. Zurzeit arbeitet er an der Fertigstellung seiner Dissertation zur Unternehmensgeschichte der Metallgesellschaft AG.

Volker Rödel

Jahrgang 1941, Dr.-Ing., Feinmechaniker, 1969 Diplom als Architekt, u. a. tätig für die Deutsche Milet-Grabung (Türkei) und beim Wiederaufbau der Alten Oper in Frankfurt am Main. Von 1981 bis 2003 Denkmalpfleger in Frankfurt am Main. Autor zahlreicher Sachbücher.

Richard Schaffer-Hartmann

Jahrgang 1950, ist Leiter der Museen der Stadt Hanau. Studium der Geschichte (Lehramt) und Politik sowie Kulturanthropologie/Europäische Ethnologie an der Johann Wolfgang Goethe-Universität, Frankfurt. Seit 25 Jahren im Museumswesen tätig und Autor zahlreicher Publikationen.

Bernd Schiffler

Jahrgang 1956, Diplom-Soziologe. Studium der Gesellschaftswissenschaft, Politik und Pädagogik an der Johann Wolfgang Goethe-Universität Frankfurt. Seit 1990 kommunale Kulturarbeit bei der Gemeindeverwaltung Bischofsheim, langjährige Tätigkeit in der Jugend- und Erwachsenenbildungsarbeit. Forschungen zur lokalen und regionalen Geschichte.

Peter Schirmbeck

Jahrgang 1943, Dr. phil., lebt seit 1955 in Frankfurt/ Main, studierte Kunstgeschichte, Soziologie, Germanistik. Seit 1974 Leiter des Stadt- und Industriemuseums Rüsselsheim, dessen exemplarische Darstellung der Industriegeschichte den Museumspreis des Europarats erhielt. Schwerpunkte seiner Tätigkeit sind Forschungen und Ausstellungen zur Industrialisierung, hieraus entstanden u. a. 1986 die erste Ausstellung zum industriellen Erbe in Hessen „Hessen-Denkmäler der Industrie und Technik" und 2000 die Idee zur Route der Industriekultur Rhein-Main.

Jürgen Schultheis

Jahrgang 1959, Politologe (M.A.), Studium der Politischen Wissenschaften, Mittleren und Neueren Geschichte und der Philosophie in Erlangen und Frankfurt. Stellvertretender Leiter des Ressorts Rhein-Main & Hessen der Frankfurter Rundschau, zahlreiche Moderationen, Buch- und Zeitschriften-Veröffentlichungen zum Thema Regionalisierung, Standortwettbewerb und Metropolregionen.

Thomas Schroth

Jahrgang 1965. Bis 1991 Baustoffprüfer am Hessischen Straßenbauamt. 1991 bis 1998 Studium der Bildenden Kunst und der Geografie in Mainz. 1997 dritter Preisträger des Kulturkreises der Deutschen Wirtschaft im B.D.I., Gremium Architektur. 1998 Förderstipendium der Johannes Gutenberg-Universität Mainz. Seit 1999 freischaffender Künstler mit Teilnahme an einer Vielzahl von Ausstellungen.

Jürgen Vormann

Jahrgang 1962, ist Vorsitzender der Geschäftsführung der Infraserv Verwaltungs GmbH und der Infraserv GmbH & Co. Höchst KG. Der Betriebswirtschaftler hatte zuvor die globale Geschäftsverantwortung als Vice President für die Business Line Specialties der Celanese AG und war kaufmännischer Geschäftsführer und Arbeitsdirektor der Celanese Chemicals Europe GmbH.

Martina Winkelmann

Jahrgang 1961, Assessorin jur., von 1990 bis 1993 bei der Wirtschaftsprüfungs- und Steuerberatungsgesellschaft Coopers & Lybrand. 1997 bis 1999 Tätigkeit als freie Journalistin. Seit 1999 bei der IHK Hanau-Gelnhausen-Schlüchtern Leiterin des IHK-Forums Rhein-Main.

Helmut Winter

Jahrgang 1939. Studium der Politik, Neueren Geschichte und Germanistik an der Johann Wolfgang Goethe-Universität, Frankfurt. Von 1972 bis 1987 Gymnasiallehrer an der Hohen Landesschule Hanau. Von 1987 bis 2005 Erster Bürgermeister von Karlstein. Vorsitzender des Geschichtsvereins Karlstein sowie der Arbeitsgemeinschaft für Heimatforschung Kahlgrund e.V. Autor einer Vielzahl von Beiträgen zur Heimat- und Regionalgeschichte.

Björn Wissenbach

Jahrgang 1969, Dipl. Ing., Studium der Architektur und des Städtebaus an der FH Frankfurt. Von 2003 bis 2005 Volontariat am Historischen Museum Frankfurt am Main mit dem Schwerpunkt „Studien zur Entwicklung der Stadt Frankfurt am Main".

BILDNACHWEISE/LITERATURHINWEISE

2   Die Route der Industriekultur Rhein-Main. Ein Erfolgsprojekt regionaler Kooperation

[FOTO] Sabine von Bebenburg

GRUNDLAGEN

6   Die Route der Industriekultur Rhein-Main. Von der Quelle bis zur Mündung

[1] [2] Museum der Stadt Rüsselsheim
[3] Liz Rehm, Frankfurt/Main
[4] Adam Opel AG, Rüsselsheim
[5] Archiv Heinrich Sinz, Waldalgesheim

Schirmbeck, Peter (Hrsg.): Route der Industriekultur. 40 Stationen zwischen Bingen und Aschaffenburg. Frankfurt am Main 2003

12   Route, Raum, Region – Notizen zur Konzeption der Route der Industriekultur Rhein-Main

[1-10] Zeichnungen/Foto: D.W. Dreysse
[11] Montage von B. Kammer

24   Zugängliche und nachhaltige Stadtlandschaften oder: Was interessiert Europa an der Route der Industriekultur Rhein-Main?

[KARTE] http://europa.eu.int/comm/regional_policy/interreg3/images/pdf/int3b_nw_eur_a4p.pdf

26   Am Anfang standen die Schiffstouren ...

[FOTOS] Sabine von Bebenburg (S. 26, 27, 29), Reiner Strack (S. 28)

30   Die Tage der Route der Industriekultur Rhein-Main

[FOTOS] Sabine von Bebenburg (S. 31, S. 34 oben, S. 35 oben), Marcus Kaufhold (S. 32 oben, Mitte und rechts, S. 35 unten), Annette Lisy (S. 32 unten links), TheaterTräume Mainz (S. 33 links), Druckerei Henrich (S. 33 rechts), Reinhard Henke (S. 34 unten)

36   Industriedenkmale in Rhein-Main vor 20 Jahren und heute – ein Vergleich. Trends, Tendenzen, Perspektiven

[1]-[7] Rolf Höhmann

Hessen – Denkmäler der Industrie und Technik. Hrsg. von Axel Föhl; Fotos: Peter Seidel; Autoren: Wolfram Heitzenröder, Rolf Höhmann, Peter Schirmbeck, Peter Seidel; Nicolaische Verlagsbuchhandlung, Berlin 1986

40   Produzieren und Wohnen im Bereich der Route der Industriekultur Rhein-Main – Fabriken, Arbeitersiedlungen, Unternehmervillen

[1] [2] Museum der Stadt Rüsselsheim
[3] Adam Opel AG
[4] Sektkellerei Henkell & Co.
[5] Museum der Stadt Rüsselsheim
[6] Bildagentur Rath, Schwabenheim
[7] Lino Masala

BRANCHEN UND UNTERNEHMEN

48   Der Industriepark Höchst – ein Standort mit Geschichte und Zukunft

[1] [3] [4] Infraserv Höchst
[2] HistoCom GmbH, Industriepark Höchst

54   Von Buchbindern und Futteralmachern, Babbschern und Portefellern: Offenbacher Lederwaren im Wandel der Zeit

[1] [2] [4] [5] Deutsches Ledermuseum Schuhmuseum Offenbach
[3] Holger Grebe

58   Phrix – Aufstieg und Fall einer Papierfabrik

[1] Stadtarchiv Hattersheim, aus privatem Nachlass Schäfer
[2] Stadtarchiv Hattersheim (Foto von 1958)
[3] Herbert Weiner, Hattersheimer Stadtanzeiger, 21. November 1985

Schäfer Grundstücksverwaltung R.A.M.S. Grundstücksverwaltungsges. mbH & Co. Objektentwicklung KG, Kirchgrabenstraße 18, Hattersheim am Main

Magistrat der Stadt Hattersheim am Main, Büro für Öffentlichkeitsarbeit, Rathausstraße 10, Hattersheim am Main

Stadtarchiv Hattersheim am Main, Im Nassauer Hof 1, Hattersheim am Main

Künstlergemeinschaft „Phrix KG", Rheinstraße 3, Hattersheim am Main

63   Quellenstadt Bad Vilbel – Mineralquellen als sprudelnder Wirtschaftsfaktor

[1] – [3] Stadtarchiv Bad Vilbel
[4] Foto Sommer, Bad Vilbel
[5] Firmenarchiv Hassia Mineralquellen GmbH & Co. KG

66   85 Jahre Braun-Innovationen. 50 Jahre Braun-Design. Von der einfachen Werkstatt für Apparatebau zum Weltmarktführer

[1] – [7] BraunSammlung, Kronberg im Taunus

70   Wohin mit dem Unrat? Fortschrittliche Maßnahmen für eine neue Hygiene

[1] – [9] Dr. Volker Rödel

Lindley, W. H.: Canalisation. In: Frankfurt am Main in seinen hygienischen Verhältnissen und Einrichtungen, Frankfurt 1881

Lindley, W. H.: Entwässerung. In: Frankfurt und seine Bauten, Frankfurt 1886

Stadtentwässerung Frankfurt am Main (Hrsg.): Rein in den Main, Frankfurt 2004

Rödel, Volker: Ingenieurbaukunst in Frankfurt am Main 1806–1914, Frankfurt 1983

76   Die Bedeutung der Eisenbahnlandschaft und des Verkehrsknotenpunktes Mainz-Bischofsheim für die Route der Industriekultur Rhein-Main

[1] Aus: Peter Scheffler: Eisenbahnknotenpunkt Mainz/ Wiesbaden, Freiburg 1988
[2] Liz Rehm

[3] Georg Böhm
S. 79 Architekten ABS

Bahnbetriebswerk Mainz-Bischofsheim (Hrsg.): 125 Jahre Bw Mainz-Bischofsheim 1868–1993, Bischofsheim 1993

Böhm, Georg: Das Bw Mainz-Bischofsheim. In: Fuhrmann, Matthias: Deutsche Bahnbetriebswerke 39. Ergänzungsausgabe, München 2004

Hager, Bernhard: Im Frieden wie im Kriege. In: Eisenbahn Geschichte, Nr. 5, Sommer 2004

Höhmann, Rolf: Eisenbahnlandschaft Bischofsheim. Bestandanalyse. Hrsg. vom Landesamt für Denkmalpflege Hessen, Darmstadt 2003

Leiwig, Heinz und Neliba, Dieter H.: Die Mainspitze im Fadenkreuz der Royal Air Force und der 8. USAAF – Bischofsheim 1939–1945, Ginsheim-Gustavsburg 1985

Scharf, Hans-Wolfgang: Eisenbahn-Rheinbrücken in Deutschland, Freiburg 2003

Scheffler, Peter: Eisenbahnknotenpunkt Mainz/Wiesbaden, Freiburg 1988

80   100 Jahre Industriegeschichte Großwelzheim – Von der Braunkohle über die Kernkraft zum Innovationspark

[1] [2] [3] [5] Archiv Gewerkschaft Gustav, Karlstein
[4] Archiv VAK, Karlstein
[6] Archiv IPK, Karlstein

Fuchs, Richard: Karlstein, Von der Gewerkschaft Gustav zum RWE, von der Braunkohle zum Strom. In: Unser Kahlgrund 1999, S. 182–188, und 2000, S. 134–143

Karlsteiner Geschichtsblätter, Ausgabe 8, November 1998: 100 Jahre RWE, 70 Jahre RWE Dettingen, 40 Jahre VAK

Karlsteiner Geschichtsblätter, Ausgabe 9, August 2004: 100 Jahre Gewerkschaft Gustav

Rücker, Edmund: 1200 Jahre Großwelzheim, 1972

INDUSTRIEKULTURELLE ORTE

86 Prinz Dampf erweckt Dornröschen Museum aus ihrem Schlummer oder: Die Route der Industriekultur Rhein-Main und das Museum Großauheim

[1]-[4] Museum Großauheim
[5] R. von Gottschalk

91 Das Technische Verwaltungsgebäude von Peter Behrens im Industriepark Höchst – Industriearchitektur als Gesamtkunstwerk

[1]-[6] HistoCom GmbH, Industriepark Höchst

Farbwerke Hoechst Aktiengesellschaft (Hrsg.): Peter Behrens schuf Turm und Brücke. Dokumente aus Hoechster Archiven – Beiträge zur Geschichte der Chemie 4, 1964

Bernhard Buderath (Hrsg.): Umbautes Licht – Das Verwaltungsgebäude der Hoechst AG. Mit Beiträgen von Tilmann Buddensieg, Bernhard Buderath, Andrea Gleiniger, Susanne Hahn, Wolfgang Metternich, Wolfgang Pehnt, München 1990

Infraserv GmbH & Co. Höchst KG (Hrsg.): Architektur, Baukunst, Skulptur, Funktion – Der Behrensbau im Industriepark Höchst. Mit Beiträgen von Bernhard Buderath, Norbert Dörholt, Wolfgang Metternich, Frankfurt am Main 2005

96 Umnutzungspotenziale des ehemaligen Sozialgebäudes der Allessa in Offenbach

[ZEICHNUNGEN/FOTOS] Architekten ABS

100 „Eisenbarone, Sektdynastien, Bierprinzessinnen" – Prunkvolle Unternehmervillen in Wiesbaden

[1][3] Projektbüro Stadtmuseum Wiesbaden
[2] Haniel Archiv, Wiesbaden
[4]-[7] Archiv Sektkellerei Henkell und Söhnlein, Wiesbaden

105 Die Gentilhäuser in Aschaffenburg – drei Fabrikantenvillen der besonderen Art

[1]-[4] Bernhard Kessler
[5]-[8] Museum der Stadt Aschaffenburg

Akten der Museumsverwaltung Aschaffenburg und der unteren Denkmalschutzbehörde der Stadt Aschaffenburg

Auktionskatalog zur „Burgauktion", September 2004

Original-Bauakten der Gebäude Lindenallee 26, Grünewaldstraße 20 und Würzburger Straße 165

Testament von Anton Gentil

Wolf, Kati: Das Gentilhaus. Museen der Stadt Aschaffenburg, 1989

112 Zum Beispiel ehemalige Ziegelei Rosbach: Umnutzung und Revitalisierung

[1][2] Verein der Ziegeleifreunde e.V., Mainz

114 „Zwischen Sparta und Arkadien" – Ein alter Flugplatz in Frankfurt

[FOTOS] Unbekannt (S. 114), Harry Schneider-Reckels, im Auftrag des Umweltamtes Frankfurt am Main (S. 115), Stadtvermessungsamt Frankfurt am Main (S. 116)

117 Die Großmarkthalle in Frankfurt am Main – Vom „Bauch der Region" zum künftigen Sitz der Europäischen Zentralbank

[1][2] Institut für Stadtgeschichte Frankfurt am Main
[FOTOS] Thomas Schroth (S. 117, 120), Sabine von Bebenburg (S. 121 links), Frank Kambor (S. 121 rechts)

122 „Pizzabrücke" in der Großmarkthalle

[FOTOS] Thomas Schroth, Wiesbaden

124 Zum Beispiel Frankfurter Naxoshalle – Kultur in alten Fabrikräumen

[FOTOS] Seweryn Zelazny (S. 123, S. 124 rechts, S. 125), Katrin Schander (S. 124 links), Raimo Drögemeier (S. 126), Sabine von Bebenburg (S. 127)

130 Von der Trümmerzeit bis ins Zeitalter der Roboter. Eine neue Ausstellung zur Geschichte des Opel-Werks und der Stadt Rüsselsheim ab 1945

[1]–[4] bild.raum Baumann

134 Betonmodelle in Offenbach – Ein einzigartiges Dokument des Neuen Bauens

[FOTOS/GRAFIKEN] Architekten ABS

ANHANG

136 Stationen zur Industriekultur entlang des Mains. Erste Skizze zur Route der Industriekultur Rhein-Main

[FOTOS] Sabine von Bebenburg (S. 137)

150 Menschen – Akteure

[FOTOS] alle Sabine von Bebenburg, außer S. 150 links Mitte: Dr. Klaus Kröger, S. 150 links unten: Planungsverband, S. 151 links oben und rechts Mitte: Annette Lisy, S. 151 rechts unten: Museum Hanau-Großauheim, S. 151 links unten: Reiner Strack

IMPRESSUM

Herausgeber

KulturRegion Frankfurt RheinMain
Geschäftsstelle der Kulturinitiative Rhein-Main
Poststraße 16
60329 Frankfurt am Main

Projektleitung
Sabine von Bebenburg

Redaktion
Lino G. Másala

Art-Direktion: Patrick Amor
Grafik: Andreas Mayer

Corporate Design
unit design

Reproduktion
Piltz Reproduktionen, Stuttgart

Druck und Verarbeitung
freiburger graphische betriebe

Frankfurter Societäts-Druckerei GmbH
Societäts-Verlag

ISBN 3-7973-0960-0